나도 이제,
돈 좀 벌어야겠습니다!

당신이 누구든, 뭐 하는 사람이든 상관없이,
자본금이 있든 없든, 그것도 아무 상관없이,
오늘 당장 시작할 수도 있는 행복한 돈벌이!
그런 게 분명히 있습니다. 잘 몰라서 그렇지!
좋아하는 것을 팔면서 돈 버는 '스마트스토어'를
시작해 보면 어떨까요?

아직 학생입니다만,

선배들을 보면 자꾸 두려워집니다. 학교만 졸업하면 뭐해요? 일할 곳 하나 없는데! 취직을 하면 또 뭐 하죠? 앞이 전혀 안 보이는데! 나는 조금 다르게 살고 싶습니다. 좋아하는 일을 하면서도 돈 걱정 없이 사는 게 지금의 꿈이에요. 나는 정말 돈 좀 벌어야겠습니다.

나는 직장인입니다만,

단 하루도 허투루 산 적 없이 일합니다만. 오늘보다 내일이 나을 거라 믿고 살았습니다만, 앞이 보이지 않습니다. 매일 똑같이 힘들어요. 월급날이 무섭지요. 다들 나만 바라보니까요. 그저 사는 낙을 찾고 싶을 뿐입니다. 나도 정말 돈 좀 벌어야겠습니다.

나는 살림꾼입니다만,

여태 살림에 대한 자부심을 갖고 살았지만 이제 알 것 같습니다. 열심히만 산다고 해서 되는 것은 아니라는 사실을! 내가 정말 잘할 수 있는 일이 뭔지를 찾고 있는 중입니다. 돈 들이지 않고 돈 벌 수 있는 방법은 없는 걸까, 항상 궁리하고 있는 요즘인 걸요. 네, 나도 돈 좀 벌어야겠습니다.

나는 자영업자입니다만,

요즘은 다달이 월세를 맞추기도 힘이 들어요. 다들 불황이라니까, 하면서 마음을 달래 보지만 이런 게 무슨 소용인가요? 확 접자니 들인 돈 날릴까 무섭고, 계속 하자니 앞이 캄캄합니다. 이것 말고 무슨 뾰족한 답이 없는 걸까요? 정말 하루하루가 고통스럽기만 합니다. 나도 이제, 돈 좀 벌고 싶습니다.

직업, 내가 스스로 선택하는 시대

한 가지 직업만으로 만족할 만한 소득을 얻기에는 부족한 시대다. 대다수의 직장인이 현재 다니는 회사의 월급에 불만족하거나, 이러한 삶이 계속해서 이어지지 못할 것이라는 불안감에 힘든 나날을 보내고 있다. 최근 'N잡'을 가진 이가 증가한 이유이자 '탈잉'이 사랑받게 된 계기이기도 하다.

'잉여 시간'을 탈출한다는 의미로 이름 지은 '탈잉'은 현재 월평균 100만 명 이상의 고객이 이용하는 플랫폼이 되었다. 그렇다면 많은 사람이 탈잉을 찾는 이유는 무엇일까. 자신이 가르치고 싶은 분야를 수업하면서 동시에 별도의 수입까지 얻을 수 있어서다. 누군가를 가르치며 얻는 보람은 덤이다.

이 책을 쓴 최은남 저자 역시 여가 시간을 활용해 누군가를 가르치며 성장해 왔다. 시간을 쪼개고 쪼개 자신만의 경력을 쌓아 왔고, 결국에는 인기 강사로 자리매김했다. 탈잉 '라이징 튜터상'을 수상한 지난해를 시작으로, 지금은 책까지 출판하게 되었으니 앞으로의 미래가 더욱 기대되는 것이 사실이다.

무엇보다 탈잉과 이 책의 공통점은 직장인들이 보다 쉬운 방법으로 투잡을 즐기면서 '제2의 월급'을 창출한다는 데 있다. 갈수록 심해지는 경기불황 속, 어떤 방식으로 월급 외 수익을 확보하고, 나아가 자신의 미래까지 설계할 수 있는지에 대한 해답이, 이 책에는 담겨 있다.

삶을 살아가는 데 필요한 수입은 누구나 일정하지 않고, 늘 부족할 것이다. 그러나 그 힘든 가운데에서도 분명 돈을 버는 사람은 존재한다. 회사의 소속된 삶이 아닌, 이제는 나 자신이 브랜드화 되는 시대. 늦지 않았다. 이 책과 함께 지금 바로 시작하자.

2020년 8월

(주)탈잉 대표이사 김윤환

나도 이제,
돈 좀 벌어야겠습니다!

저자 최은남 셀러 '탈잉' 강좌 수강료 30% 할인 이벤트 참여 방법

이 책을 구입하신 독자 분들에 한해 최은남 저자의 '탈잉' 강의 수강 시 30% 할인 및 직꾸 할인 쿠폰(적립금 2,000 포인트) 증정 혜택을 드립니다.

1 본인의 인스타그램에 올릴 **책 표지 사진과 아래 서명 란에 본인 이름**을 적은 후, 사진을 찍습니다.

↓

2 해시 태그 **'#나돈벌'**, **'#스마트스토어 오너'**, **'#직꾸'**와 함께 게시물을 작성하신 후

↓

3 최은남 저자의 **인스타그램(ymseller7)**으로 **다이렉트 메시지(DM)**를 보내 주세요.

↓

4 저자가 확인 후, 탈잉 사이트에서 30% 할인된 금액으로 수강하실 수 있는 개인 결제 창을 안내해 드립니다. 또한 직꾸 회원 가입시 적립금 2,000포인트를 드립니다.

※ 이벤트 적용 예시는 최은남 저자의 인스타그램에서 확인하실 수 있습니다.
※ 강의 수강 인원이 제한되어 있는 관계로, 강의 일정에 따라 순차적으로 접수되오니 참고 바랍니다.

서명

[이벤트 인증을 위해 서명(사인)하신 후 사진을 찍어 주세요.]

스마트스토어 오너,
나도 이제 돈 좀 벌어야겠습니다!

2020년 8월 25일 초판 1쇄 발행

지은이 | 최은남 · 홍예지
펴낸이 | 계명훈
편집 | 손일수
마케팅 | 함송이
경영지원 | 이보혜
디자인 | design group ALL(02-776-9862)
인쇄 RHK홀딩스
펴낸 곳 | for book

주소 | 서울시 마포구 공덕동 105-219 정화빌딩 3층
출판 등록 | 2005년 8월 5일 제2-4209호
판매 문의 | 02-753-2700(에디터)

값 19,800원
ISBN 979-11-5900-097-3 13320

NAVER
SMART STORE

스마트스토어 오너, 나도 이제 돈 좀 벌어야겠습니다!

O₩NER

최은남·홍예지 지음

출판사 포북

Prologue

레고 팔찌로 시작해 스마트스토어 오너가 되다

그때 나는 신문사에서 잔뼈가 굵은 20년 차 편집 기자였다. 출근은 늘 고되고, 매일 똑같이 반복되는 무기력한 일상에 조금 지쳐 있었으며, 내 인생의 후반부를 어떻게 채워 갈 것인가에 대한 질문도 스스로에게 끊임없이 던지는 중이었다.

어떻게 살고 싶은데?

나는 나에게 물었고, 내 마음은 언제나 똑같이 대답했다.

좋아하는 일을 하면서 돈을 많이 벌고 싶어!

얼마나 맹랑한 소린가. 안 그러고 싶은 사람이 어디 있다고. 헛된 꿈은 그만 꾸고, 그냥 좋아하는 팔찌나 만들자, 하면서 나의 욕망을 잠재우곤 했다.

그 무렵, 나는 레고 팔찌를 만드는 재미에 빠져 있었다. 잡념을 씻어 주는 취미거리였다. 자, 이야기는 여기서부터 시작된다. 내가 만든 팔찌 하나를 같은 직장에서 일하는 홍예지 기자에게 선물했다. 이 책을 함께 쓴 바로 그 홍예지 기자다. 햇병아리처럼 늘 긴장하며 지내던 그가 왠지 늘 마음이 쓰였었나 보다.

어떤 이에게 작은 기쁨이 되기를 바라며 건넸던 소소한 팔찌 하나. 그 때는 짐작조차 하지 못했다. 그것이 내 인생을 통째로 바꾸는 스노우볼이 될 줄은!

팔찌를 선물 받은 홍 기자가 뛸 듯이 기뻐했다. 그런 모습을 본 후로 주변 사람들에게 레고 팔찌를 만들어 선물하기 시작했다. 사랑하는 이들을 위한 선물이었기에, 그 어느 때보다 정성을 쏟아 팔찌를 만들었다. 그 덕분이었을까? 나는 제품의 완성도를 인정받아 프리마켓에 참여할 기회를 얻었고, 생각지도 못한 기회에 조금의 욕심을 갖게 됐다. 그래서 결심했다. 팔찌를 포함한 액세서리 아이템을 직접 판매해 보기로.

그렇게 시작된 프리마켓은 마치 가뭄 속의 단비와도 같았다. 바쁜 일상 속에서 지치는 것도 잠시, 프리마켓에 빠져드는 주말에는 잠까지 줄여가며 액세서리 상품을 진열했다. 나를 찾는 고객들과 신나게 소통하는 하루를 보내다 보면, 어느새 내 지갑은 지폐 뭉치로 가득 차 있었다. 다람쥐 쳇바퀴처럼 굴러가는 인생이 아닌, 내가 좋아하는 일을 하면서 돈을 버는 삶이 이렇게 행복하다는 걸 뒤늦게나마 깨달은 순간이었다.

인생의 후반부를 어떻게 살아갈 것인지에 대한 고민에 하나 둘, 답이 생기고 있었다. 좋아하는 일을 하고 싶다, 그것으로 돈을 많이 벌고 싶다… 이런 꿈이 결코 헛된 것이 아니란 생각이 들었다. 평생직장의 개념이 사라진 지금, 꼭 직장에만 목숨을 걸어야 하는 건 아니니까.

그렇게 시작된 고민은 투잡으로까지 이어졌고, 이런저런 일자리를 알아보며 한 걸음 한 걸음 계단을 오르듯 나아간 길의 종착지는 네이버 스마트스토어였다. 무점포, 투자 시간 대비 효율성, 거기다 큰 자본도 들지 않고. 이보다 더 좋은 조건은 없다고 생각했기에 망설이지 않고 결단을 내렸다.

컴퓨터에도 능숙하지 않았던 나는 이곳저곳에서 얻은 정보를 바탕으

로 스마트스토어를 시작했다. 첫 달에는 여러 시행착오를 겪으며 경험을 쌓는 것에 만족했다. 그런데 이게 웬일인가. 두 번째 달에는 광고비를 한 푼도 쓰지 않고 2,600만 원의 큰 매출을 올린 것이다. 그리고 4개월 만에 '빅파워 등급'을 달성했다. 자화자찬일 수도 있겠지만, 그야말로 대박을 터뜨린 것이다.

4개월이라는 짧은 시간에 빅파워 등급을 달성할 수 있었던 이유는 무엇이었을까? 나는 내 스토어만이 가진 '차별성' 덕분이라고 생각한다. 그리고 그것이 가능했던 이유는 중국 온라인 쇼핑몰 '타오바오'를 통해 차별화 된 아이템을 공략했기 때문이다.

타오바오는 저렴한 가격을 앞세워 몸집을 불리고 있는 오픈마켓으로, 국내외 여러 곳에서 소비자들의 관심을 한 몸에 받고 있다. 지금도 여러 포털 사이트에서는 '타오바오 직구(직접 구매)', '타오바오 배대지(배송대행지)' 등의 연관 검색어가 끊이지 않는 것을 확인할 수 있다.

나는 네이버 스마트스토어에서 자리를 잡은 이후, 보다 많은 이들에게 타오바오와 스마트스토어를 통해 돈 벌 수 있는 방법을 알려 주고자 2019년 4월부터 탈잉에서 오프라인 강의를 시작했다. 사람들의 관심은 예상을 뛰어넘어 폭발적이었고, 내 인생은 180도 달라졌다. 혹자는 궁금해 할 수도 있다.

'이미 커질 대로 커져 버린 스마트스토어와 타오바오 시장에 뛰어들기에는 너무 늦은 게 아닐까?'

'남들도 다 아는 노하우를 적용한다고 해서 과연 성공할 수 있을까?'

나는 그런 사람들에게 '시작이 반이다', '늦었다고 생각할 때가 가장 빠르다'는 말을 해주고 싶다. 다만 이 책만 읽고 따라 하면 누구나 억대

부자가 된다는 감언이설로 사람들을 속이거나, 처음부터 회사를 그만두라고 권하지는 않는다. 하지만 스마트스토어는 누구나 도전할 수 있고, 자신의 부족한 월급에 보탬이 될 수 있다는 점만은 분명하다고 확신한다. 스마트스토어의 성공 비결은 많은 경험이나 뛰어난 기술에 있지 않기 때문이다.

그렇기에 이 책에는 스마트스토어 운영에 대한 기술적인 측면만을 담기 보다는 남들과 차별화할 수 있는 운영의 노하우를 함께 보여주고자 했다. 이를 위해 내 주변 사람들이 원하는 것이 무엇인지, 좋아하는 것이 무엇인지를 탐구하고, 그것을 기반으로 스마트스토어를 키워 나간 이야기들을 차곡차곡 적어 나갔다.

스마트스토어 운영의 핵심은 누군가가 원하는 것을 제공하는 것이다. 돈을 위한 것도, 내가 원하는 것도 아닌, 누군가가 원하는 것을 제공하는 것. 이 책을 읽는 여러분이 그 점을 잊지 않는다면, 자신이 원하는 만큼의 돈과 바라는 만큼의 삶을 얻을 수 있다.

당신이 사랑하는 이들에게 레고 팔찌를 만들어 선물하는 정도의 마음가짐이 있는가?

그 정도만 실천할 수 있다면, '스마트스토어 오너' 그까짓 거 별것 아니다.

2020년 8월

최은남

Contents

SMART STORE

1주일이면 나도 스마트스토어 오너!

Chapter TWO

SMART STORE

오너십 열정 조절기

Chapter THREE

CHAPTER ONE

투잡으로
시작한
스마트스토어

팍팍한 살림 속에서 '부수입 100만 원 벌기',

'퇴근 후, 용돈 벌기' 등 투잡을 유혹하는 문장의 공통적인

핵심은 '월급 외의 부수입'이다. 대기업 직원을 제외하고는

사실상 입에 풀칠할 정도의 월급을 받는 일반 직장인들에게

'투잡'이라는 단어는 매력적으로 다가올 수밖에 없다.

투잡으로 시작할 수 있는 일거리 중에서 많은 시간을

투자하지 않고도 짭짤한 수입을 올릴 수 있는

네이버 '스마트스토어'는 직장인이나 주부가 처음 시작하기에

안성맞춤이다. 하지만 다른 쇼핑몰에 비해 접근성이 쉬워

경쟁자도 많은 것이 사실. 그렇다면 어떤 전략으로

스마트스토어를 운영해야 할까?

1부에서는 남다른 접근 방식과 투자로 스마트스토어

셀러들과의 경쟁에서 살아남는 방법을 소개한다.

SMART STORE

투잡의 조건과 투자의 스펙트럼

001

우리는 넘쳐나는 정보의 홍수 속에서 자신도 모르는 사이에 많은 정보를 얻게 된다. 다만 예를 들어 '○○ 주식이 대박 났다던데', '○○ 아이템이 인기라던데' 등과 같은 정보를 듣고도 쉽게 접근하지 못하는 이유는 생각보다 명확하다. 현재 직장에서 받는 월급보다 더 나은 수입을 얻을 수 있을지에 대한 불안감 때문이다.

처음부터 회사를 그만두고 다른 직업을 택하자니 위험 요소가 크고, 계속 직장을 다니자니 다가올 미래가 막막하다. '평생직장'이라는 말이 사라졌을 정도로 노후를 책임질 만한 회사가 없다는 생각에 초조함이 삶을 갉아먹기도 한다. 주변의 친구들은 철저하게 노후 관리를 한다던데, 나만 뒤처지는 느낌에 막연한 두려움이 찾아올지도 모른다. 그렇다면 우리는 어떤 선택을 해야 할까?

과거 우리는 '티끌 모아 태산'이라는 표현을 만고불변의 진리처럼 이야기하곤 했었다. 그 시절에는 그 말이 옳았다. 일정 금액 이상만 가지고 있으면, 은행에 저축하며 높은 이율에 따른 이자를 받아 나름대로의 계획적인 생활이 가능했다. 계산적인 투자 플랜 없이도

노력한 만큼 보상을 받을 수 있는 시대였다.
그러나 2020년인 지금은 상황이 다르다. 은행 금리가 1%대를 웃도는 시대. 수도권 아파트 보유는 '금수저'나 가능한 일이 되어 버렸다. 오죽하면 금수저, 흙수저와 같은 '수저계급론'이라는 신조어가 생기게 됐을까.
2020년 현재는 최저 임금을 기준으로 한 달 월급이 1,795,310원밖에 되지 않음에도 불구하고, 고용주 입장에서는 이마저도 큰 부담을 느껴 직원 수를 줄이고 있는 추세다. 그만큼 불경기로 인해 고용주와 근로자 모두 어려움을 겪으며 하루하루를 힘겹게 버티고 있다. 한편 신종 코로나바이러스 감염증(코로나19)으로 인해 다니던 회사에서 하루아침에 권고사직을 당하거나, 무기한의 무급 휴직자가 되기도 한다.
이러한 현상이 뜻하는 바는 명확하다. 우리가 원하지 않더라도, 우리는 경제적인 상황이나 회사 사정으로 인해 언제든지 실업자가 될 수 있다는 점이다.
어쩌면 이제 투잡은 선택이 아닌 필수가 되어 버렸는지도 모르겠다. 현재 다니던 직장을 그만두지 않으면서도, 일정 이상의 부수입을 통해 부족한 월급을 메우고, 직장을 그만두거나 잃게 되더라도 삶을 이어 나갈 수 있는 든든한 뒷배가 되는 것이다. 이뿐이랴. 투잡은 우리에게 인생의 갈림길에서 방황하지 않도록 길잡이가 되어 준다. 만약 투잡의 수익이 높을 경우에는 직장을 그만두면 되고, 수익이 높지 않을 경우에는 원래 다니던 직장을 계속해서 다니면 된다. 어쩔 수 없이 버티거나, 어쩔 수 없이 그만둬야 하는 괴로운 선택에서 벗어나 오롯이 나만을 위한 즐거운 선택을 할 수 있는 것이다.
그렇다면 대체 우리는 어떤 투잡에 시간과 돈을 투자해야 할까? 좋은 투잡의 조건은 간단하다. 첫째, 본업에 악영향을 끼치지 않을 것. 둘째, 초기 투자 자금이 많이 들지 않을 것. 셋째, 차후 본업을 대체할 수 있을 정도의 성장 가능성을 지닐 것.
안타깝게도 대부분의 직종은 이 간단한 세 가지 조건을 충족시키지 못한다. 따라서 많은 이가 투잡을 하며 원활한 본업 업무를 포기하거나, 큰 금액을 무리해서 융통하거나, 별다른 성장 가능성이 없는 업종을 선택하는 우를 범한다. 하지만 이제 걱정할 필요가 없다. 투잡의 세 가지 조건을 만족하는 업종은 의외로 우리 가까운 곳에 존재한다.
우리가 늘 접속하고, 꼼꼼히 살펴보며, 많은 시간을 머무르는 바로 온라인 쇼핑몰, 그리고 네이버 스마트스토어다.
스마트스토어는 위에서 이야기한 좋은 투잡의 조건을 모두 갖췄다. 다시 말하면 일반적으로 선택하는 투잡과는 다른 조건을 지녔다는 이야기도 된다. 다른 조건을 지녔다면 그에 따르는 투자 방식도 달라질 수밖에 없다. 물론 여기서 말하는 투자란, 단순한 금액의 문제가 아니다. 투잡에 소진해야 하는 시간, 당신의 사고와 삶의 방식까지, 그 모든 것이 투자다.
당신의 남다른 투자.
어쩌면 이 책의 첫 장을 펼치는 순간, 이미 시작되었는지도 모른다.

왜, 스마트스토어일까?

개인이 쇼핑몰을 운영하는 대표적인 방법으로는 '11번가, G마켓, 쿠팡, 티몬, 위메프 등 다양한 오픈마켓에 입점하기', '자사 홈페이지 운영', '네이버 스마트스토어 입점'이 있다. 각 방법의 장단점을 간단히 살펴보자.

오픈마켓 입점 많은 업체가 입점해 있는 오픈마켓(11번가, G마켓, 쿠팡 등)은 큰 규모답게 판매 방법, 쇼핑몰 구축 및 관리, 판매할 제품 업로드 등의 시스템이 잘 갖춰져 있고, 단기간에 수많은 소비자에게 노출되는 장점이 있다. 다만 가장 큰 단점으로 '높은 수수료'가 꼽힌다. 따라서 초보 운영자에게는 수수료에 대한 금전적인 부담이 따를 수 있다.

쇼핑몰 홈페이지 운영 쇼핑몰 홈페이지를 직접 운영하는 방식은 브랜드 구축에 도움이 된다. 하지만 본인이 디자인과 운영 방법 등을 배워서 직접 운영하거나, 누군가를 고용해야 하므로 직장인이 회사

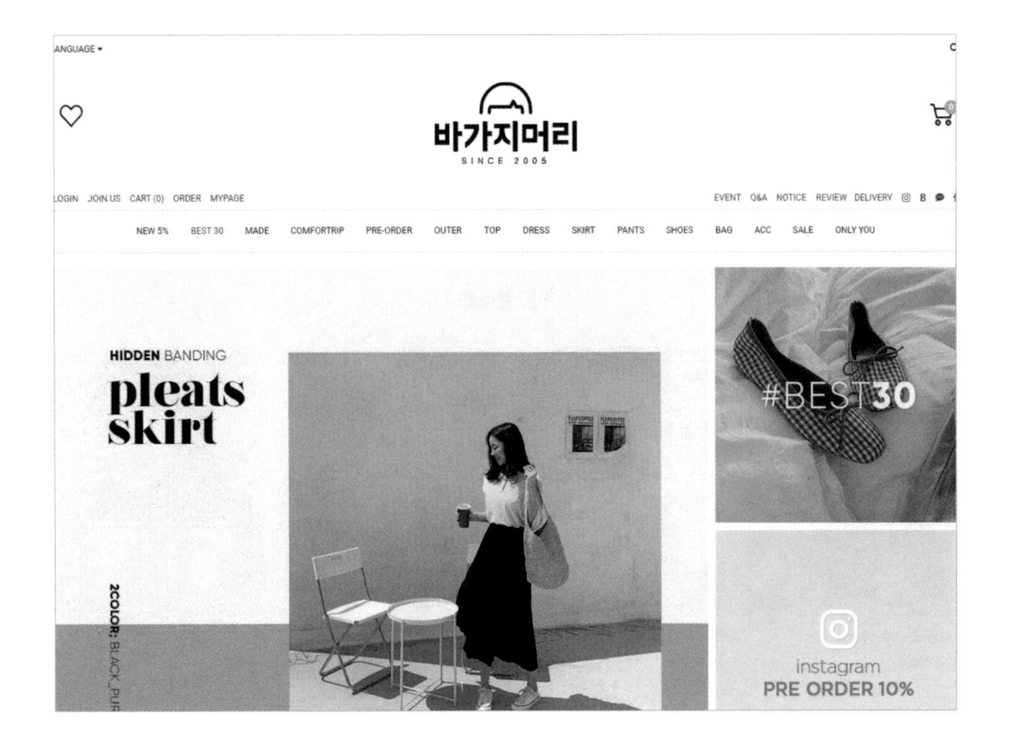

자사 홈페이지를 직접 운영하는 패션 쇼핑몰 '바가지머리'.

일을 병행하면서 운영하기에는 큰 어려움이 따른다. 또한 디자인과 서버 비용 등 초기 혹은 고정적으로 들어가는 투자비용도 부담해야 한다. 그렇기 때문에 홍보 등을 통해 빠른 시일 내에 사람들의 인식에 자리 잡아야만 한다는 불안감이 따른다.

네이버 스마트스토어 입점 네이버에서 운영하는 쇼핑몰인 스마트스토어는 수수료가 5% 미만인 데다가 고객이 구매 확정 버튼만 누르면, 다음 날 금액이 바로 입금되기에 운영비에 대한 부담이 적은 편이다. '네이버'라는 브랜드 파워도 있어 누구나 쉽게 접근할 수 있는 장점도 있다.

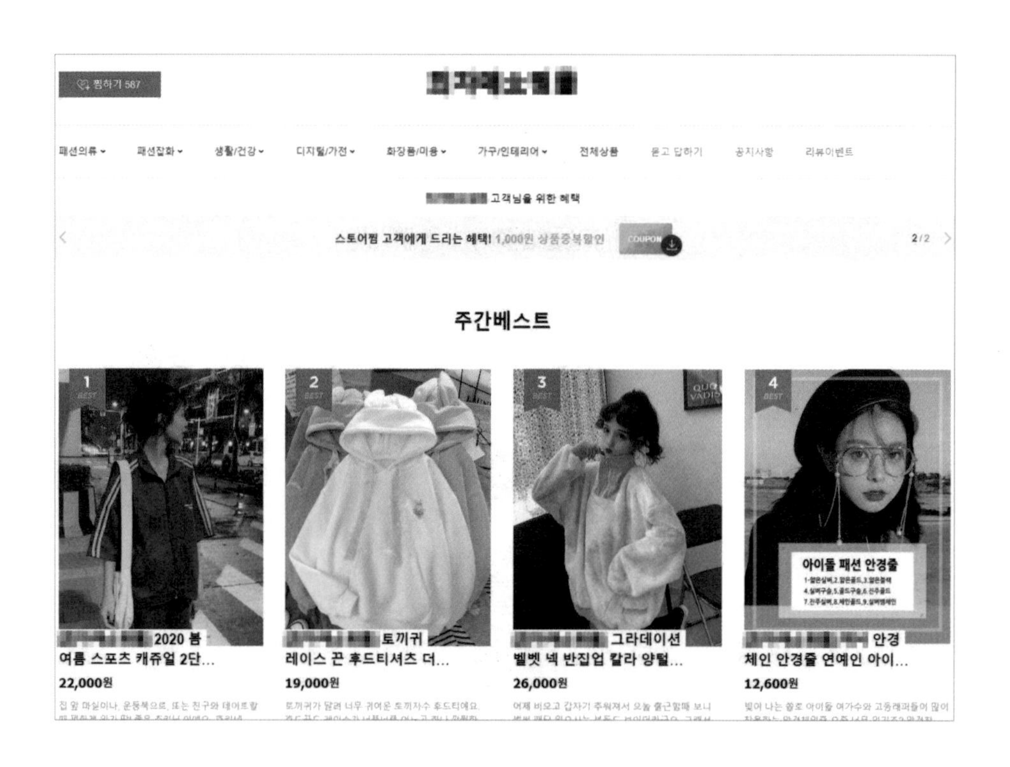

네이버 스마트스토어 중 한곳.

하지만 다른 방식들과 마찬가지로 스마트스토어에도 단점은 존재한다. 해외 배송일 경우에는 날씨 상황에 따라 운송이 지연될 수가 있는데, 이럴 경우에는 배송 날짜를 지키지 못했다는 이유로 페널티를 받을 수 있다. 또한 이와 같은 문제가 계속해서 발생하면, 해당 계정이 영구 정지될 수 있으므로 배송 날짜를 철저하게 지키는 것이 좋다. 따라서 처음부터 배송 날짜를 넉넉하게 공지해 둘 것을 추천한다.

나는 오픈마켓과 자사 홈페이지 운영, 스마트스토어 입점 중 스마트스토어의 장점에 반해 2018년 3월부터 본격적으로 스마트스토어에 발을 들였다. 그해는, 네이버 '스토어팜'에서 '스마트스토어'로 이름이 바뀌면서 큰 붐이 일었을 때였다. 예전부터 소소하게 소셜 네트워크 서비스나 블로그를 통해 공구(공동 구매)를 진행해 온 경험이 있었던 나는 망설임 없이 '스마트스토어에 도전해 보자'는 결단을 내리게 됐다.

스마트스토어는 네이버 블로그나 타 사이트의 카페, 블로그 등을 운영했던 사람이라면 생각보다 쉽게 운영할 수 있다.

네이버 블로그 경험자라면, 무조건 OK!

무작정 스마트스토어를 운영한다고 생각했을 때는 누구나 지레 겁을 먹기 쉽다. 하지만 본인이 네이버 블로그나 타 사이트의 카페, 블로그 등을 운영했던 사람이라면 생각보다 쉽게 운영할 수 있다고 말해 주고 싶다.

컴퓨터를 능수능란하게 다룰 줄 모르던 나 역시도 큰 어려움 없이 스마트스토어를 개설할 수 있었다. 기존의 네이버 블로그 운영 방식과 매우 흡사해서다.

블로그를 운영하는 데 있어서는, 특별한 테크닉 보다는 꾸준하게 게시물을 업데이트하는 성실함이 중요하다. 물론 좋은 카메라가 있다면 금상첨화겠지만, 핸드폰 카메라만으로도 자신이 원하는 게시물을 충분히 작성할 수 있다. 좋은 장비가 없어도 우수한 콘텐츠를 하나하나 쌓아 올리다 보면 '파워 블로거(Power Blogger)'가 되는 일이 어렵지만은 않다.

스마트스토어도 마찬가지다. 작은 아이템부터 하나하나 쌓아 가는 것. 거창한 계산보다는 오늘 할 수 있는 일에 충실히 하는 것. 그러한 자세가 스마트스토어를 통한 성공의 길을 열어 준다고 나는 믿고 있다.

이러한 개념적인 내용 외에도 블로그와 스마트스토어 페이지에서 공통적으로 중요한 것이 있다. 바로 '동영상의 유무'다. 사람의 시선을 끌어들이는 제목과 사진, 내용, 태그, 위치를 올리는 것도 중요하다. 특히 본인이 소개하고자 하는 콘텐츠의 여러 모습을 보여줄 수 있는 동영상이 있다면, 보는 이의 궁금증을 해소해 줄 수 있어 고객의 유입을 늘릴 수 있다.

스마트스토어 운영 입문자라서 영상 촬영이 부담스러울 경우에는, 여러 각도에서 촬영한 사진을 모아 하나의 동영상으로 편집해 올리는 것도 효율적인 방법 중 하나다. 간혹, 게시글 작성이 미흡한 초보들이 각종 대행업체에 거금을 주고 의뢰를 맡기는 경우가 있는데, 그럴 필요가 없다고 말해 주고 싶다. 여러 각도의 사진을 모아 만든 영상만으로도 고객들에게 충분한 설명과 상품 어필이 가능하다.

그래도 영상의 중요성이 이해되지 않는다면, 다음 예시를 살펴보기 바란다. 만약 당신이 의류를 판매한다고 가정했을 때, 제품의 정면 사진만 게시한다면 어떤 일이 벌어질까? 곧바로 고객의 문의가 쇄도할 것이다.

'소매 디자인이 어떤지 보여주세요.', '뒷모습을 보고 싶어요. 어떤 그림이 있나요?' 등.

당신은 시각적으로 보여주지 않은 정보를 일일이 고객에게 설명하느라 진땀을 빼지도 모른다.

이렇게 닮은 점이 많은 블로그와 스마트스토어지만, 둘은 엄연히

블로그와 스마트스토어의 각 상세 페이지만 보더라도 둘의 차이를 거의 구별하기 어렵다.
그만큼 블로그 운영에 익숙한 사람이라면 스마트스토어에 아이템을 업데이트할 때도 훨씬 수월하게 진행할 수 있다.

다른 플랫폼이다. 따라서 블로그와는 다른 운영 방식이 존재한다. 바로, '필독 사항'이다. 블로그와 달리 스마트스토어의 상세 페이지에서는 반드시 필독 사항을 게재할 것을 추천한다.

예를 들어 잘 구겨지는 소재인 리넨 소재의 의류를 판매한다고 했을 때, '세탁기에 돌리지 말라'는 문구를 넣어 준다면 고객은 해당 내용을 숙지하여 손세탁이나 드라이클리닝을 맡길 것이다. 하지만 미리 언질을 주지 않는다면, 고객들은 임의대로 세탁기에 옷을 돌려 사이즈가 줄어드는 등의 낭패를 본 후 환불을 요청할 것이다.
이러한 불미스러운 일을 방지하기 위해서라도 반드시 판매할 상품을 본인이 먼저 사용해 보고, 장단점을 파악한 후에 자세한 정보 게재와 함께 판매를 진행하는 것이 좋다. 그렇게 하다 보면 보다 완벽한 셀러로 거듭날 수 있을 것이다.

처음부터 큰 욕심은 금물

"시간을 얼마나 투자해야 할까요?"
"매달려서 하다 보니, 잠잘 시간이 부족해요."
"생각보다 매출이 나오지 않아요."
오프라인 강의에서 가장 많이 듣는 질문들이다.
대부분 처음 스마트스토어를 시작하게 되면 초반부터 큰돈을 벌고자 하는 욕심으로 온종일 쇼핑몰에 매달리게 된다. 더군다나 일명 '개미지옥'이라 불리는 중국 오픈마켓 '타오바오'까지 접하게 되면, 쉽게 헤어 나오지 못하고 밤을 꼬박 새우게 되는 일도 비일비재하다. 아이템이 셀 수 없을 정도로 많기에, 본인이 운영하는 쇼핑몰에 하루라도 빨리 더 많이 올리고자 하는 욕심이 앞서서 그렇다.

아이템이 매력적이라면 한두 개만으로도 주문이 폭주할 수 있고, 아이템이 평범하다면 가짓수가 아무리 많아도 소비자들에게 매력을 어필할 수 없다.

그런 이들에게는 '힘을 빼라'고 조언하고 싶다. 나를 포함해 스마트스토어에서 큰 매출을 올렸던 사람들은 '스마트스토어로 일확천금

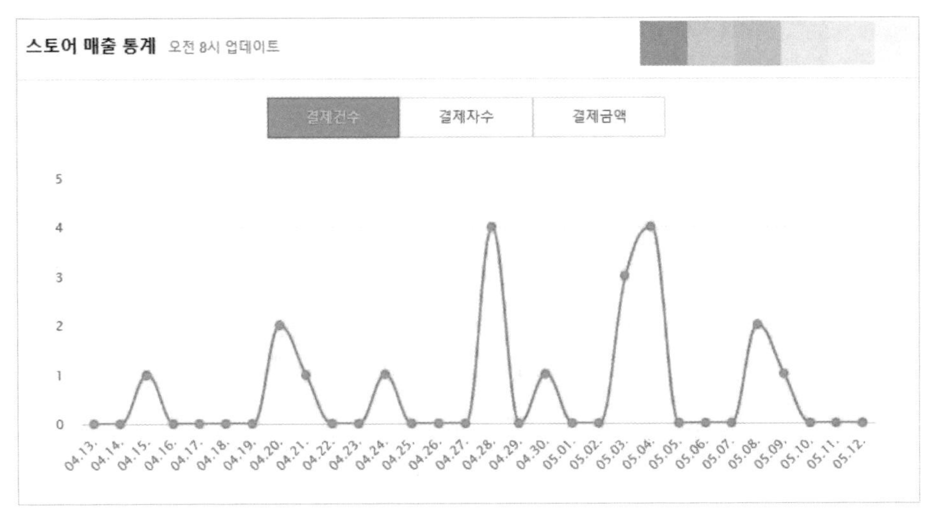

한 스마트스토어의 매출 통계. 꾸준히 아이템을 업데이트한 날과 그렇지 않은 날의 매출 차이가 확연히 드러난다.
EBS 연습생 우주 대스타 펭수의 말처럼, '노력은 저기(배신)하지 않아!'

을 벌 수 있다'고 함부로 말하지 않는다. 쇼핑몰의 특성상 본인이 선택한 아이템에 의해 매출이 크게 좌우되고, 계절이나 물가 등의 영향을 받는 탓에 쉽게 속단할 수 없기 때문이다.

가장 좋은 방법은 퇴근 후 두세 시간을 투자해 '꾸준히 업데이트'를 하는 일에 주안점을 두는 것이다. 아이템이 매력적이라면 한두 개 상품만으로도 주문이 폭주할 수 있고, 아이템이 평범하다면 가짓수가 아무리 많아도 소비자들에게 매력을 어필할 수 없다.

처음 한두 달의 매출만으로 성급하게 포기하지 않고 꾸준히 아이템을 보는 눈을 기르면서 스마트스토어를 운영한다면, 월급 외에 100~200만 원의 수입을 올리는 일이 그렇게 어렵지만은 않을 것이다.

시간 싸움에서 살아남는 자가 승리한다

앞서 말한 것처럼, 처음 스마트스토어 운영을 시작한 이들 대부분은 어깨에 힘이 들어간 상태이기에 하루에도 몇 십 번이나 스마트스토어센터를 들락거리며 매출 확인에 연연하기 쉽다. 이러한 모습은 마치 금방 다이어트를 시작한 사람의 모습과도 같다. 하루에도 열두 번 넘게 체중계 위를 오르내리며 0.1kg에 울고 웃는 우리네 모습을 연상케 한다.

하지만 스마트스토어와 다이어트의 공통점 중 하나는 '실패가 없다'는 것이다. 노력한 만큼 빛을 볼 수 있고, 해외 구매 대행을 활용할 경우 꼭 팔아야만 하는 많은 재고를 떠안고 있지 않기에 마음 편히 고객을 기다리기만 하면 된다.

한 가지 팁이 있다면, PC와 휴대폰으로 자신의 스마트스토어에 접속해 확인하는 것을 추천한다. 운영자가 스마트스토어에 상품 등록을 할 때는 주로 PC를 사용하기 때문에 PC 홈페이지 화면에 상품을 맞추는 경우가 많다. 그러나 실제 주문은 '모바일', 즉 휴대폰이 절반 이상을 차지한다.

따라서 자신이 고객의 입장이 되어 주문에 불편한 점은 없는지, 혹은 상품 이름이나 사진의 크기는 적당한지 등을 꼼꼼히 살펴보아야 한다. 이러한 노력을 한다면, 단 한 건의 주문이라도 더 받을 수 있는 확률이 높아진다.

다이어트를 하면 살이 빠지는 것처럼, 스마트스토어는 노력한 만큼 빛을 볼 수 있다.

[PC]

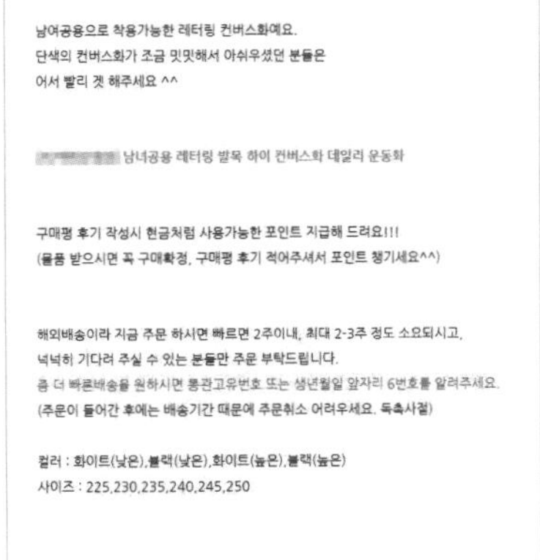

남여공용으로 착용가능한 레터링 컨버스화예요.
단색의 컨버스화가 조금 밋밋해서 아쉬우셨던 분들은
어서 빨리 겟 해주세요 ^^
남녀공용 레터링 발목 하이 컨버스화 데일리 운동화
구매평 후기 작성시 현금처럼 사용가능한 포인트 지급해 드려요!!!
(물품 받으시면 꼭 구매확정, 구매평 후기 적어주셔서 포인트 챙기세요^^)
해외배송이라 지금 주문 하시면 빠르면 2주이내, 최대 2-3주 정도 소요되시고,
넉넉히 기다려 주실 수 있는 분들만 주문 부탁드립니다.
컬러 : 화이트(낮은),블랙(낮은),화이트(높은),블랙(높은)
사이즈 : 225,230,235,240,245,250

[모바일]

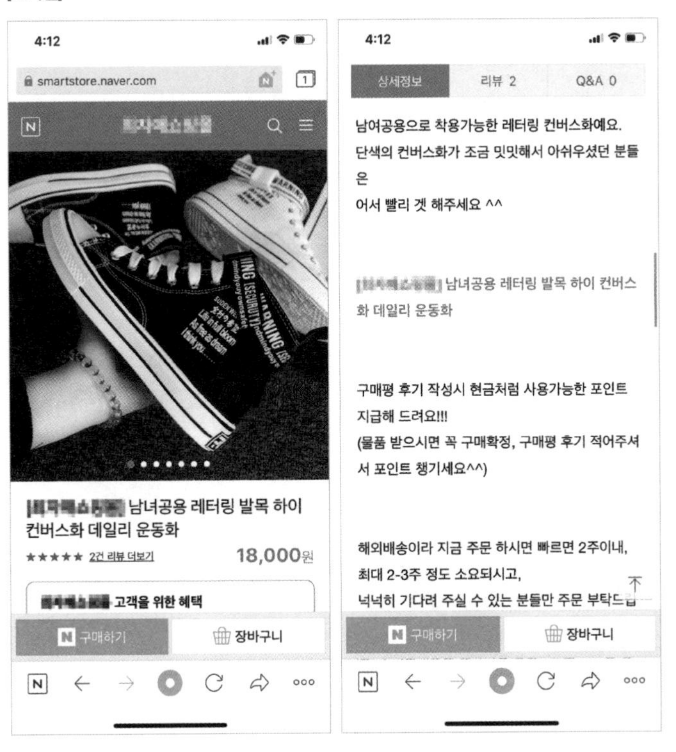

같은 화면일지라도 PC와 모바일에서 본 화면의 모습이 다르다는 것을 알 수 있다. 특히 요즘은 대부분의 주문이 모바일을 통해 이루어지기 때문에, 모바일에서 검색했을 때 상품의 이름과 설명이 한눈에 쉽고 정확하게 파악될 수 있는가를 고려해서 상품 소개 페이지를 작성해야 한다.

SMART STORE

컴퓨터와 추진력만 있으면 OK!

과연, 직장인이 천직일까?

지금처럼 어려운 경제 상황 속에서 혹자는 월급이 보장되는 '직장인이 최고'라는 생각을 할 수도 있다. 나 역시도 20여 년 가까이 직장인으로서 안정된 생활을 해왔다. 그렇게 오랜 직장 생활이 몸에 익숙해지다 보니, 회사를 그만두고 사업을 시작하게 될 것이라고는 단언하지 못하는 상태였다.

그런데 역설적이게도 스스로 터득한 결과, 스마트스토어 운영은 직장인들에게 '천직(天職)'이라는 것을 깨달았다. 직장 생활을 하듯이 정해진 룰 안에서 내가 찾은 아이템을 올리고, 주문을 받고, 상품을 발송하는 일. 더군다나 별도의 사무실을 임대하지 않아도 인터넷이 되는 공간에서 컴퓨터 한 대만 있으면 어디서든 스마트스토어 오너(Owner)가 될 수 있다는 사실이 나를 설레게 만들었다.

인터넷이 연결되는
데스크톱이나 노트북
한 대만 있으면,
누구나 어디서든
스마트스토어 오너로
변신할 수 있다.

컴맹 기자, 스마트스토어 오너가 되다

사람들에게 내 직업이 기자, 특히 신문사에서 근무하던 편집 기자였다는 이야기와 함께 '컴맹'이라는 단어를 꺼내면 다들 의아한 표정을 짓곤 한다. '컴퓨터를 다루는 직업을 가진 사람이 왜 컴맹이지?'라는 물음표를 얼굴에 가득 띤 채 말이다.

나는 대학에서 광고디자인을 전공했고, 대학을 졸업한 후에는 신문사 편집 기자로 입사해 직장 생활을 시작했다. 나는 대학 시절부터 일반 컴퓨터가 아닌 애플 사에서 출시한 맥(Mac) 컴퓨터를 사용했기 때문에, 일반 직장인들이 쉽게 다루는 엑셀(Excel)이나 아래아한글과 같은 가장 기본적인 툴도 다룰 줄 모르는 지독한(?) 컴맹이었다.

그런 내가 온라인에서 상품을 판매해야 하는 스마트스토어를 운영해 좋은 성과를 낼 수 있었던 비결은 무엇이었을까? 스마트스토어 운영이 컴퓨터 활용 기술을 필요로 하는 작업이었다면, 나 역시 감

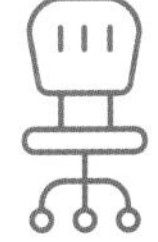

스마트스토어는 모두에게 기회의 창을 열어 놓았다.

히 도전할 생각을 하지 못했을 것이다.

그러나 다행스럽게도 스마트스토어 운영에 필요한 것은 컴퓨터와 와이파이, 꾸준한 지구력뿐이었기에 자칭 컴맹인 나도 이 업계에 발을 들여놓을 수 있었다. 다시 한 번 말하지만 '컴퓨터'와 '와이파이', '지구력' 이 세 가지만 갖추면 집이나 카페 등은 물론이고, 국내뿐만 아니라 해외에서도 스마트스토어 운영이 가능하다.

반면, 그만큼 접근성이 좋은 탓에 이미 '레드오션'이라고 할 정도로 많은 사람이 스마트스토어에 도전하고 있는 것도 사실이다. 따라서 '이게 될까?' 하는 의구심이 들 수도 있다. 하지만 반대로 생각해 보면, 그만큼 여러분을 포함한 모든 사람에게 수익 창출의 기회가 열려 있는 셈이다. 겁먹지 말고 도전하자.

스마트스토어로 '게임' 즐기기

지난해 WHO(세계보건기구)에서 '게임 중독'을 하나의 질병으로 분류하겠다고 발표하여 전 세계의 이목을 집중시킨 바 있다. 이에 대해 지금까지도 가타부타 말이 많은 것이 사실이다. 나는 의학 전문가가 아니니 이를 가지고 깊이 있는 내용을 말하기는 어렵겠지만, 그래도 이 정도는 말할 수 있을 것 같다. 게임에는 단점만 있지 않다고 말이다.

우리는 게임을 통해 현실의 스트레스를 잊고 삶을 살아가게 하는 원동력을 얻는다. 어떻게 게임이 이와 같은 기능을 할 수 있는 걸

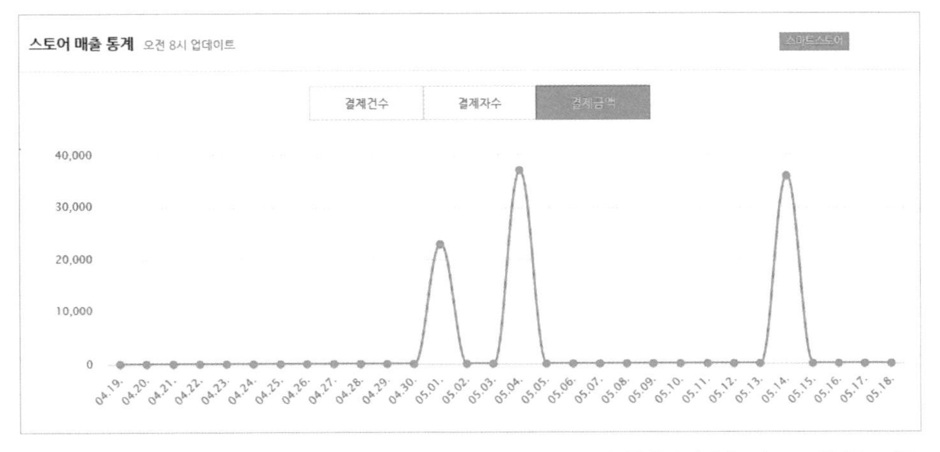

이제 막 스마트스토어를 시작한 한 수강생의 스마트스토어 매출 그래프.
한 달 동안 매출이 없었던 곳이지만, 꾸준한 노력으로 서서히 주문 건수가 증가하고 있다.

까? 그건 바로 '재미'를 주기 때문이다. 게임을 하는 것도 재미있지만, 게임을 통해 얻는 보상은 그 재미에 박차를 가한다.

그런 점에서 나는 스마트스토어를 하나의 게임에 비유하고 싶다. 스마트스토어를 운영하는 재미는 그 어느 게임과 비교해도 뒤지지 않는다. 더군다나 운영을 통해서 찾아오는 보상은 게임 속에서 얻을 수 있는 가상의 재화와는 차원이 다르다. 이러니 스마트스토어 운영의 즐거움에 푹 빠질 수밖에.

스마트스토어의 이러한 면모 때문인지, 이 업계에서는 게임에 익숙한 젊은 친구들이 높은 연령대에 비해 더 빠른 속도로 성장하는 모습을 종종 마주칠 수 있다. 그렇다고 연령대가 높은 사람이 성공 확률이 낮은 것은 아니니, 걱정할 필요는 없다. 실제 수강생들의 90% 이상은 직장인이다. 무엇이든 마음먹기 나름이다.

스마트스토어와 게임의 평행이론은 이뿐만이 아니다. 스마트스토

스마트스토어를 통해 판매하는 '재미'를 느끼기만 한다면, 우리는 세상에서 가장 행복한 돈 벌기를 체험할 수 있다.

어의 '향상성'도 그중 하나다. 스마트스토어는 일정 부분의 수수료가 발생하기는 하나, 꾸준하게 게임을 하듯 접속해서 본인이 엄선한 상품을 등록만 한다면, 네이버에서 고객 유입을 도와준다.

운영 초반에는 드문드문 들어오던 주문이 시간이 지남에 따라 단골고객이 생기고, '단골 찜+알람(스마트스토어에 있는 부가적인 기능. 단골 찜을 하는 고객에게는 소정의 적립금을 지급하기도 한다)'이 늘어 간다. 친한 친구가 하는 게임이 재미있어 보여 함께 접속해 시간을 보내다 보면, 내 캐릭터 레벨이 상승하는 것과 같은 이치라고도 볼 수 있다. 내가 사고 싶은 물건이나 흥미 있는 아이템을 올렸는데, 같은 생각을 가진 고객이 돈을 지불하며 물건을 사 간다? 이 얼마나 행복한 일인가.

점차 직업의 귀천이 사라지고, 삶에 대한 다양성이 늘어남에 따라 실제로 학업을 접고 산업 전선에 뛰어드는 친구들을 어렵지 않게 찾아볼 수 있다. 실제로 현재 이십 대 전후의 내 조카들만 보더라도 학업보다는 조금이라도 더 빨리 취업해서 돈을 벌고 싶어 하거나, 자신만의 번듯한 직업을 갖고 싶어 하는 젊은이들이 많다.

그런 친구들에게 나는 적극적으로 스마트스토어를 시작해 보라고 조언한다. 또래의 다른 아이들처럼 PC방에서 단순히 게임 레벨만 올리지 말고, 스마트스토어 레벨도 함께 올리는 방법을 알려 주는 것이다. 갈 곳을 잃고 방황하는 친구들에게 데스크톱이나 노트북 하나만 쥐여 주면 된다. 그러고 나서 그들에게 고기를 잡아 주는 것이 아닌, 고기를 '잡는 법'을 일깨워 주는 것만으로도 충분하다.

평범한 직장인이 시작하자마자 연봉을 번다고?

스마트스토어를 통해 판매하는 '재미'를 느끼기만 한다면, 우리는 세상에서 가장 행복한 돈 벌기를 체험할 수 있다. 꾸준히 일정 이상의 매출만 발생한다면, 우리는 아침에 일찍 일어나 힘들게 출근하지 않아도 되고, 몸이 아플 때 눈치를 보며 병원에 가거나 꾸역꾸역 진통제를 먹어 가면서 자리를 지키지 않아도 된다. 장점이 그뿐이

정산내역 및 목록 ⓘ

엑셀다운

정산예정일	2018.03.23 ~ 2018.03.30	정산기준일	2018.03.21 ~ 2018.03.28	정산금액	736,092 원

정산 예정일	정산 완료일	정산 금액	상세내역						정산방식	정산계좌
			결제금액	수수료합계	혜택정산	일별공제환급	지급보류	마이너스충전금상계		
2018.03.23	2018.03.23	107,637	114,000	-6,363	0	0	0	0	계좌이체	국민은행 400401******
2018.03.26	2018.03.26	71,717	76,000	-4,283	0	0	0	0	계좌이체	국민은 40 01 [illegible] ****

정산내역 및 목록 ⓘ

엑셀다운

정산예정일	2018.04.02 ~ 2018.04.30	정산기준일	2018.03.29 ~ 2018.04.26	정산금액	26,006,533 원

정산 예정일	정산 완료일	정산 금액	상세내역						정산방식	정산계좌
			결제금액	수수료합계	혜택정산	일별공제환급	지급보류	마이너스충전금상계		
2018.04.02	2018.04.02	171,756	178,000	-6,244	0	0	0	0	계좌이체	국민은행 400401******
2018.04.03	2018.04.03	397,960	409,000	-11,040	0	0	0	0	계좌이체	국민 40 01 [illegible] ****

처음 스마트스토어를 시작했을 때 736,092원이었던 매출이 두 달 만에 신입 회사원 연봉에 버금가는 2,600만 원가량의 높은 매출을 올렸다.

"무엇보다 나를 움직이게 한 가장 큰 원동력 중 하나는 '회사가 나를 영원히 지켜 주지 못하리라'는 생각이었다."

랴. 하염없이 시계만 쳐다보며 퇴근 시간을 기다리지 않아도 된다. 이쯤 되면 '잘 키운 스토어 하나가 열 개의 대기업과 비교해도 부족함이 없을 만큼의 값어치를 한다'는 속담을 만들어도 되지 않을까? 상사의 결재를 받지 않아도, 떠나고 싶을 때 언제든지 노트북 하나 가방에 넣어 폼 나게 떠날 수도 있다. 이건 대기업에서도 하지 못 하는 일이다.

다만 모든 사람이 성공할 수 있는 것은 아니다. 노하우가 필요하기 때문이다. 나 역시도 직장을 다니면서 투잡으로 병행했던 스마트스토어를 통해, 시작한 지 두 달 만에 총 2,600만 원이라는 큰 매출을 올렸다. 이후로 여기저기서 노하우를 물어보거나, 강의를 해달라는 제의도 받았다.

'일개 직장인인 내가 얼마나 대단한 사람이라고 노하우를 알려 주지?'

그런데 시간이 지나고 보니, 나처럼 나이를 먹고 직장에서 언제 퇴직을 당할지 모르는 회사원들 중 단 한 명이라도 내 수업을 듣고 월급 혹은 월급 이상의 수익을 창출하게 된다면, 큰 보람을 얻을 수 있을 것이라는 생각이 들었다.

내가 수강생들에게 알려 줄 수 있는 노하우는 무엇일까? 바로 '추진력'과 '소통'이다. 내 기억을 떠올려 보면, 오랜 기간 직장 생활을 하며 꾸준히 무언가에 도전했던 것 같다. 현실에 안주하지 않고 같은 사물을 보더라도 조금이라도 다른 방식으로 살펴보려 했으며, 나와 같은 취미를 가진 사람들과 소통하고자 늘 노력했다.

누구나 도전할 수 있지만, '아무나' 성공할 수는 없다

진부한 말처럼 들릴 수도 있으나, 나는 그야말로 퇴근 후의 시간을 '열심히 즐겼다.' 스마트스토어를 운영하면서도 수익률이 높으면 더 열심히 아이템을 업데이트했다. 더러 수익이 늘지 않을 때는 나에게 주어진 자유 시간이라고 여겨 휴식은 물론 쇼핑몰에 대한 공부를 게을리 하지 않았다.

우스갯소리로, 우리 언니는 나에게 욕망이 가득한 셀러, 즉 '욕망셀러'라는 또 다른 이름을 지어 주었다. 오프라인에서 강사로 활동하기 위한 이름이 필요했는데, 언니는 주저 없이 '욕망셀러'라는 이름을 권유했다. 처음에는 '나를 너무 독한 사람으로 본 거 아닌가?'라는 마음에 서운함이 앞섰지만, 그건 나의 속사정을 알지 못했기 때문이라고 생각한다. 나는 내가 세운 목표에 조금이라도 더 빨리 도달하기 위해 무섭게 일을 추진해 나갔다.

무엇보다 나를 움직이게 한 가장 큰 원동력 중 하나는 '회사가 나를 영원히 지켜 주지 못하리라'는 생각이었다. 남들이 볼 때는 나의 오랜 회사 생활이 안정적이라고 여겼겠지만, 항상 차선책을 준비해 둘 필요가 있었다. 당장 스마트스토어가 잘 된다고 이것만 믿고 있는 것이 아니라, 믿는 도끼에 발등이 찍히지 않기 위해 스마트스토어와 직접적인 관련이 없어 보이는 모든 것에도 흥미를 가지고 배워 나갔다.

특히 요즘은 소모임 관련 애플리케이션을 어렵지 않게 찾아볼 수 있어서 같은 취미를 가진 사람들과도 쉽게 만남의 기회를 가질 수

나는 '소모임'이라는 애플리케이션에서 '인터넷 쇼핑몰 욕망셀러 모임'의 모임장을 맡고 있다.
이 소모임에서는 스마트스토어 운영뿐만 아니라 해외 직구, 타오바오, 중국 3자 물류,
소상공인 정부 지원 혜택, 유튜브 관리 방법 등을 공유하고 있다.
현재 약 380명의 회원이 가입돼 있는데, 이들을 만나는 시간은 언제나 설렌다.

있다. 직장인이었던 탓에 스마트스토어로 '투잡'을 한다는 이야기를 회사에서는 하지 못했다. 하지만 모임에서 만난 사람들과는 끊임없이 대화하며 관련 정보를 나눌 수 있어서 일거양득의 효과를 얻을 수 있었다.

나는 취미 모임을 넘어서 쇼핑몰 소모임을 창설해 380명의 회원을 유치했고, 오프라인 강의를 통해 만났던 수강생들(300여 명)과도 지금까지 꾸준한 소통을 이어 나가고 있다. 소셜 네트워크 서비스에서는 2만여 명 이상의 팔로워도 보유하고 있다.

우리는 소통의 세계에 살고 있다. 물론 개인의 시간을 중요시 하고, 소소한 즐거움을 얻기 위해 스마트스토어를 시작하는 사람도 많을 것이다. 하지만 자신의 틀 안에만 갇혀 지내다 보면, 현 시대의 트렌드를 따라가는 게 어렵기 마련이다. 그로 인해 즉각적으로 트렌드를 반영한 아이템을 주로 판매하는 스마트스토어 세상에서는 일정 이상의 수익을 창출하는 데 어려움을 겪게 된다.

자신과 비슷한 사람들과 소통하고, 그룹을 만들어 공감하면서 이야기를 나누다 보면 자신이 지금까지 깨닫지 못했던 새로운 깨달음을 얻을 수 있다고 감히 자신한다.

배움에는 나이가 없고, 세상에는 죽을 때까지도 할 것들이 무궁무진하게 많다고 하지 않던가. 나는 노트북과 와이파이, 이 두 가지를 통해 가장 간편한 방법으로 한 쇼핑몰의 오너가 됐다. 그렇지만 그 이상의 성과를 만들어 갈 가장 큰 해법은 자신에게 달려 있다는 점을 말하고 싶다.

SMART STORE

규모가 아닌 아이템으로 승부하자

004

대다수의 사람은 성공하는 이를 보고 마냥 부러워만 한다. 하지만 처음부터 성공만 하는 사람이 어디 있겠는가. 성공한 사람들 대부분은 힘들게 노력하면서 많은 시행착오를 거친 후, 그 자리까지 올라간다.

그렇다면 시행착오를 줄일 수 있는 방법은 무엇일까?

바로 '아이템' 선정이다. 아이템은 스마트스토어의 규모를 무색하게 만든다. 물론 주로 구매 후기(리뷰)를 보고 판단하는 소비자의 특성상 주문이 이뤄지기까지의 시간은 걸리겠지만, 이를 극복할 수 있는 유일한 방법도 '나만의 독특한 아이템'을 찾는 것이다. 이러한 아이템들이 모여 자신의 스마트스토어에 아이덴티티를 부여하고, 우수한 홍보 효과까지 불러일으켜 두 마리 토끼를 동시에 잡을 수 있게 된다.

꼬리 물기 아이템 배치로 소비자 유혹하기

스마트스토어를 개설한 후, 가장 중요한 숙제 중 하나는 소비자의 눈에 자주 띄어야 한다는 점이다. 어떤 제품을 떠올렸을 때, '아, ○○에는 이 제품이 있겠지?'라는 생각이 들 정도로 자신만의 아이덴티티가 담긴 스마트스토어를 만들어야 한다.

뿐만 아니라 본인의 스마트스토어 페이지에 소비자가 '오랜 시간' 머물 수 있도록 꼬리 물기식의 아이템을 곳곳에 배치해 놓아야 한다. 한 아이템을 구매한 소비자가 본인의 스마트스토어에서 다른 아이템까지 구매할 수 있도록 연쇄적인 효과를 줄 수 있는 아이템을 선정해야 하는 것이다. 그래야만 한 사람에게 두세 가지 이상의 아이템을 판매할 수 있다.

그렇다면 내가 팔고 싶은 상품과 잘 팔리는 상품 중 어떤 것을 올려야 유리할까? '수익'이 목적이라면 후자를 선택하는 쪽을 추천한다. 아울러 팔리는 아이템을 유심히 살펴본 후, 베스트 아이템과 연관된 카테고리의 아이템을 채울수록 판매율은 더욱 높아질 것이라 단언한다.

한 예로, 의류를 팔고 있다고 가정해 보자. 대부분의 의류 쇼핑몰을 떠올렸을 때 여자, 남자, 혹은 커플 의류에만 국한해 카테고리를 구성하는 경우가 많다. 이럴 때는 슬쩍 가성비 좋은 강아지 옷을 업데이트하고 소비자의 반응을 지켜본다. 그리고 강아지 옷을 구매하러 온 고객들이 의류를 제외한 강아지 용품도 함께 구입할 수 있도록 강아지 미용가위 혹은 우비, 목줄 등을 같이 등록한다. 나아가 견주

가구와 인테리어를 주로 판매하는 스마트스토어 '비움샵'. 기존에는 의자, 테이블 등의 가구만 판매했지만 지금은 꼬리 물기식의 아이템 중 하나로, 구매 대행을 통해 공수한 '고양이 용품'을 내세우고 있다. 덕분에 이곳을 방문한 고객들은 고양이와 관련된 각종 용품까지 한곳에서 편하게 구입할 수 있다.

와 반려동물이 함께 입을 수 있는 커플 옷도 구비한다면 더할 나위 없다.

소비자들은 클릭 몇 번만으로 쉽게 물건을 구입할 수 있는 온라인 세상에서도 많은 곳을 옮겨 다니지 않는다. 따라서 단순히 옷을 사러 온 소비자가 자신의 반려동물 아이템을 발견하게 되고, 심지어 커플 옷까지 구입하게 된다면 앞으로도 그 소비자는 꾸준히 당신의 스마트스토어를 통해 필요한 상품을 한 번에 해결하고자 할 것이다. 기억하자. 좋은 아이템 발굴은 작은 상상력에서 태어나는 법이다.

웨딩 아이템을 주로 판매하던 '츄블레스유'. 예비 신혼부부를 타깃으로 하는 이곳은 단순한 웨딩 아이템을 넘어 신혼 여행지에서 사용할 수 있는 여행용품, 잠옷, 가방 등으로까지 범위를 확대해 유입 대상 고객층을 넓혔다.

아이템, 실생활에서 아이디어를 얻다

오프라인에서 강의를 진행하다 보면, 수강생들마다 판매 속도가 천차만별이라는 것을 알 수 있다. 같은 시기에 오픈했는데 어떤 사람은 상품 등록 한두 개 만에 주문이 들어왔다고 말하고, 어떤 이는 한 달이 지나도 주문이 들어오지 않는다고 한숨을 내쉰다.

그럴 때는 입장을 바꿔 곰곰이 생각해 보자.

내가 물건을 사려고 했는데, 판매하는 판매자가 많지 않아서 선택의 폭이 좁아 불편했던 경험을 떠올리는 것이다. 지인들의 고민을

우리네 주위를 둘러보면 무수히 많은 아이디어가 쏟아져 나올 것이다. 친구가 기뻐하는 아이템이 곧 당신의 효자템이다.

들어주는 방법도 적극 추천한다. 주변 사람들의 말에 귀를 기울이는 일은 일종의 '지인 찬스'를 꺼내는 것과 같다.

예를 들어, 자세가 좋지 않아 거북목이 심해졌다고 속상해하는 친구를 만났다고 가정해 보자. 나는 그 얘기를 듣자마자 각종 검색 창에 어깨 교정을 검색해 바로 관련 자료들을 수집한다. 그렇게 얻은 정보는 내 스마트스토어의 한 카테고리를 차지하게 된다.

처음부터 대박을 꿈꾸며 시작했다가 오르지 않는 매출 때문에 금방 지치는 것보다는 나를 포함해서 내 주변 사람들에게 필요한 물건이 무엇인지 고민해 보자.

'다가오는 어버이날에 부모님께 어떤 선물을 드릴까?'

'자식을 군대에 보내고 허한 마음을 감출 길 없는 어머니들에게는 무엇이 필요할까?'

타오바오에서 찾아낸 황금 카네이션은 어버이날에 많은 매출을 올려주었던 효자 아이템 중 하나다.

'유튜버가 꿈인 우리 조카에게 어떤 것이 유용할까?'

내 경우에도 시기에 맞게 스마트스토어에 각종 아이템을 업데이트하고 있는데, 그 중에서도 어버이날을 겨냥한 '황금 카네이션'이 큰 인기를 끌었다. 흔하지 않고 멋스럽기까지 해서 뭇 사람의 이목을 집중시킬 수 있었다. 한 송이만으로도 시선을 집중시킬 수 있고, 가격도 저렴해서 소비자들이 부담 없이 살 수 있었던 점이 포인트였다.

이처럼 우리네 주위를 둘러보면 무수히 많은 아이디어가 쏟아져 나올 것이다. 심지어 노트북 앞에서 맨날 키보드만 두드리다 보니 어깨가 결린다면 노트북 거치대를 검색해 보자. 이마저도 어렵다면 친구에게 메신저를 보내도 좋다.

"너, 어떤 선물을 받으면 기분이 좋을 것 같니?"

친구가 기뻐하는 아이템이 곧 당신의 효자템이다.

요즘 잇템은 '타오바오'에 다 있다

내가 스마트스토어 관련 오프라인 강의를 할 때, 빼놓을 수 없는 부분 중 하나가 바로 '타오바오'다. 중국 기업 알리바바 그룹이 운영하는 오픈마켓 타오바오는 그야말로 '없는 것 빼고 다 있다'고 말할 수 있을 정도로 하루에도 셀 수 없이 많은 아이템이 물밀듯이 쏟아져 나온다.

따라서 나는 내 경험을 토대로 수강생들에게 시간이 날 때마다 타

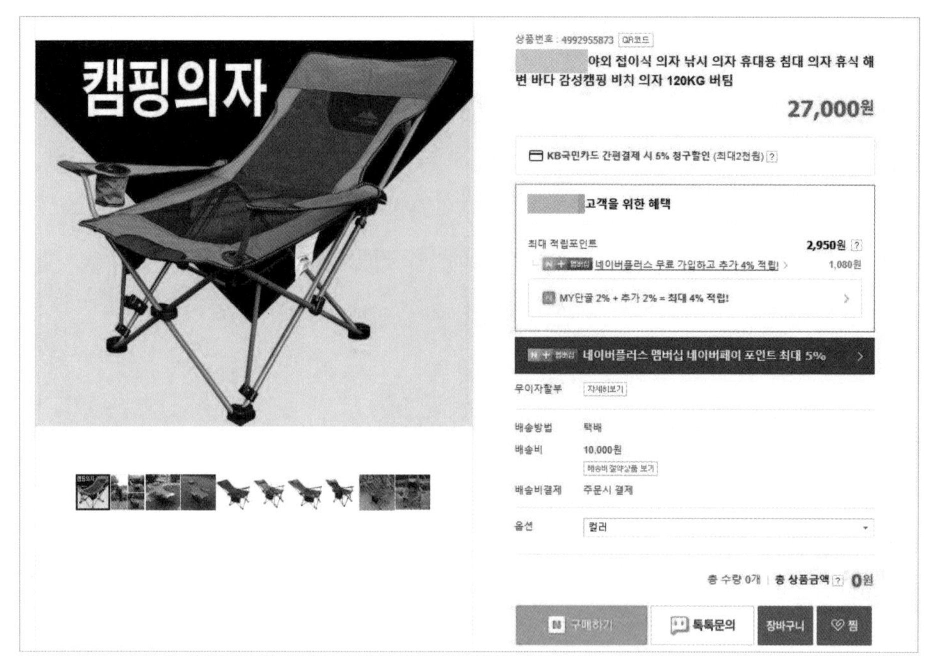

코로나19로 인해 최근 인기를 끌고 있는 캠핑.
이와 관련한 장비를 업데이트하는 것도 고객을 유혹할 수 있는 방법 중 하나다.

오바오에 접속해서 새로운 아이템을 찾아보라고 권유한다. 타오바오에는 우리가 떠올리는 물건들 전부가 존재한다고 봐도 무방하다. 그렇다면 단순히 타오바오의 수많은 아이템 목록을 살펴보는 것만으로도 성공할 수 있을까? 답은 '아니오'다. 수학 문제를 풀듯이 응용할 줄 알아야 한다. 다 같은 공식을 외우더라도 수학 문제가 어려운 이유는 공식을 대입하는 것에서 그치는 것이 아니라, 공식을 응용해 답을 도출해야 하기 때문이다. 많은 학생이 수포자(수학을 포기한 자)가 되지 않기 위해 노력하듯이, 우리도 '스포자(스마트스토어를 포기한 자)'가 되지 않기 위해 심혈을 기울여야 한다.

그런 점에서 '요즘 대세'를 따르라고도 권하고 싶다. 고객은 인터넷 검색 창에 요즘 유행하는 물품들을 검색하기 마련이고, 검색 결과에는 여러분의 스마트스토어가 나타나야 한다.

한 예로, 유튜브가 대세라고 하면 우리는 타오바오에서 유튜브 장비를 검색해서 팔아야 한다. 유튜브 장비에는 무엇이 있을까? 마이크, 조명, 핸드폰 거치대 등을 샘플로 주문해서 사용해 본 후 가장 좋은 걸 선택해서 판매하면 베스트다. 사용 후기를 상세 페이지에 넣으면 효과는 두 배가 된다. 고객은 모든 것을 알고 있다. 내가 쓴 한 줄의 글만 봐도 마음으로 읽히기 때문에….

현 시국에 대한 분석도 아이템으로 활용할 수 있는 계기가 되기에 충분하다. 최근 신종 코로나바이러스 감염증(코로나19)으로 인해 직접 캠핑을 떠나지 못하고 집에서 즐기는 '방구석 캠핑'이 각종 소셜네트워크 서비스에서 유행하고 있다. 그럴 때는 캠핑과 관련한 장비를 찾아보자. 캠핑 장비 중에서는 어떤 제품이 핫한지, 집에서 갬성 샷을 찍을 수 있는 전구, 소품 등은 없는지 찾아보면 된다.

방구석 캠핑에 이어 나와 주변 사람들에게 관심을 불러일으킨 아이템 중 하나는 뜬금없게도 '솥'이었다. 캠핑장에서 먹방 콘텐츠를 촬영해 유튜브에 업데이트하고자 관련 아이템을 찾던 중, 타오바오에서 솥을 발견하게 된 것이다.

더군다나 이 뜬금없는 아이템의 리뷰가 15,000개나 된다는 것을 발견하고는 냉큼 결제 버튼을 눌렀다. 일주일이 걸려 내 품으로 안착한 솥은 기대 이상으로 품질이 우수했다. 외형이 크다는 단점을 보완하고자 분리형으로 돼 있어 차에 싣기도 편했고, 서비스로 곡

타오바오에서 주문한 솥. 생각보다 우수한 품질에 주변인들은 물론 나조차도 깜짝 놀랐다.

괭이와 부지깽이, 목장갑까지 선물 받았는데, 그 푸짐함에 감탄할 수밖에 없었다.

이렇게 기분 좋은 발견과 쇼핑을 했지만, 여기서 감탄만 하며 만족해한다면 성공한 스마트스토어 셀러가 될 수 없다. 중요한 포인트는 우리가 쉽게 지나치던 '솥'에도 수요가 있다는 점을 깨달아야 한다는 것이다. 환경이 변하면 수요도 변한다. 새로운 아이템, 혹은 주목받는 블루오션은 어쩌면 우리가 무심코 지나친 과거 속에 있을지도 모른다.

아이템이 좋으면 고객은 하염없이 기다려 준다

내가 스마트스토어를 운영하며 느꼈던 점 중 하나는 국내 물품보다는 타오바오 물품을 주력으로 상품을 등록했을 때, 소비자들이 더 많이 유입되었다는 사실이다. 그 이유는 대체 무엇이었을까?

타오바오에서 판매하는 상품을 선정하는 방법은 크게 두 가지였다. '국내에서 찾아보기 힘든 제품'이거나 '한 가지 이상의 기능을 접목한 제품'이었다.

여성 아이템을 예로 들어 보자. 우리나라에서는 단순히 브라 캡(Bra cap)이 내장된 나시나 반팔을 사려고 해도 최소 2~3만 원 이상의 돈을 지불해야 한다. 하지만 타오바오 사이트에서는 이러한 기능을 갖춘 제품은 물론 겨울용으로 긴 소매에 기모까지 접목한 제품을 1

타오바오에서 판매 중인 기능성 나시. 브라 캡이 내장된 나시를 이곳에서는 5,000원도 되지 않는 금액으로 만날 수 있다.

타오바오의 제품들은 가격 경쟁력과 기능, 두 마리 토끼를 모두 잡은 제품들이 많다.

만 원 이하로 구입할 수 있다. 가격 경쟁력과 기능, 두 마리 토끼를 모두 잡을 수 있는 것이다.

만약 기능을 중시한 아이템이 아니라면, 우리나라에서 구하기 힘든 아기자기한 아이템이나 특이한 제품을 선택했다. 덕분에 내 쇼핑몰에 등록한 타오바오 상품들은 꾸준히 인기를 끌었다. 해외 배송이기에 2~3주라는 긴 시간을 기다려야 함에도 불구하고, 고객들이(감사하게도!) 말없이 기다려 준 이유이기도 하다. 덕분에 큰 어려움 없이 월급보다 더 많은 수익을 올릴 수 있었다.

아울러 요즘은 아무리 해외 배송이라고 한들 특별한 문제가 없다면, 2주가 채 되지 않는 기간 안에도 배송 완료가 이루어진다. 덕분에 소비자들의 인식 속에 '예상했던 것보다 해외 배송이 빨리 온다'는 생각이 자리 잡게 됐다. 해외 직구 쇼핑몰을 운영하는 이들로서는 꽤나 반가운 소식이 아닐 수 없다.

심지어 대략 한 달의 기간이 소요되는 미국 아마존 마켓과 알리익스프레스(알리바바 그룹이 운영하는 글로벌 쇼핑 사이트)에 익숙한 사람들이라면, 배송 기간이 2주가 걸리는 타오바오는 마치 쿠팡의 로켓 배송처럼 빠르게 느껴질지도 모르겠다.

꿀 Tip!

도매 사이트에 매일 매일 출석 체크를 하자

본격적으로 스마트스토어를 운영하기 위해 사업자를 낸 독자라면, 도매 사이트에도 가입하는 것을 추천한다. B2B(Business to Business, 기업과 기업 간에 이루어지는 전자상거래)를 대상으로 하는 도매 사이트는 인터넷 검색을 통해 자신과 맞는 업체를 쉽게 찾을 수 있다.

이곳에서는 이미 MD(MerchanDiser, 상품 기획자)들이 예쁘고 계절을 앞서는 핫한 아이템들을 쇼핑몰에 업데이트해 놓은 것을 볼 수 있다. 도매 사이트를 활용할 경우에는 해당 사진을 다운로드하고, 내 사이트에 상품을 등록하면 된다. 이후, 주문이 들어오면 도매 사이트 측에서 위탁 배송으로 물건을 보내주므로 보다 편리하게 이용할 수 있다.

따라서 여러 제품이 자유롭게 뒤섞여 있는 타오바오나 다른 사이트에서 좋은 아이템을 찾기 힘들다면, 여러 도매 사이트를 비교해 가며 자신만의 거래 업체를 발굴하는 것도 좋은 방법 중 하나다.

도매 사이트 중 인기를 얻고 있는 '단하루'. 최신 아이템들을 쉽게 검색할 수 있다.

SMART STORE

계절을 앞서야 매출이 오른다

005

앞선 내용들에서 아이템 선별 방법을 배웠다면, 이제는 흩어진 아이템들을 어떻게 내 스마트스토어에 골고루 배치하느냐가 관건이다. 길거리에 수많은 상점이 있듯이 온라인에도 셀 수 없이 다양한 스토어가 존재한다. 우리는 어떤 아이템들을 필두로 소비자의 마음을 사로잡아야 할까?

우리는 봄 · 여름 · 가을 · 겨울 사계절을 모두 겪는 대한민국에 살고 있다. 소비자 입장에서는 계절마다 관련 아이템을 구비해야 하는 번거로움이 있지만, 셀러들에게는 각 계절에 맞춘 판매 전략을 세울 수 있는 절호의 찬스이기도 하다. 더군다나 우리는 글로벌 시대에 살고 있다. 해외 직구를 통해 스마트스토어를 운영하듯, 전 세계로 여행을 다니는 사람도 그만큼 늘어났다.

따라서 지금 시점이 아니라, 다가올 계절에 맞는 아이템을 배치할 필요가 있다. 예를 들면 우리나라와는 계절이 다른 국가로 여행을 가는 소비자들, 혹은 계절에 앞서서 미리 관련 아이템을 구매하려는 이들을 공략해야 한다.

반대의 계절로 떠나는 여행객을 공략하라

5년 전 나는, 찬바람이 쌩쌩 불던 한겨울에 따뜻한 여름 나라에 가서 마음껏 수영을 하며 즐기고 싶은 마음으로 야심찬 계획을 세우고 있었다. 스트레스의 연속인 직장 생활에서 잠시 벗어나 피서를 만끽하는 일이야말로, 가장 큰 로망이 아닐까?

그렇게 여행 계획을 세우며 수영복과 래시가드를 사려고 인터넷을 검색하던 중, 우리나라 쇼핑몰은 상품 선택의 폭이 작다는 사실을 알게 되었다. 그리고 수영복을 갖춘 쇼핑몰들도 우리나라 사람들의 특성에 맞춰 무난한 제품만 업데이트해 놓아서 내 마음에 드는 아이템을 찾기가 힘들었다.

이때부터 내 타오바오 인생은 시작됐다. 나는 타오바오를 통해 우리나라 쇼핑몰에서는 찾을 수 없었던 눈에 띄는 바캉스 아이템들을 고르며 행복한 비명을 질렀다.

나는 이러한 경험을 바탕으로 무조건, 현재 계절보다 한두 달 앞선 아이템을 내 스마트스토어에 업데이트해 놓았다. 지금이 5월이라고 가정했을 때, 발 빠른 셀러들은 이미 7월에 사용할 수 있는 아이템을 구비해 놓는다. 내 경우에도 이보다 앞선 4월부터 여름 상품을 샘플 주문해서 직접 사용한 후, 판매할 준비를 했다. 그래야만 고객들에게 좋은 품질의 상품을 자신감 있게 판매할 수 있기 때문이다.

또한 '상품명' 작성에도 심혈을 기울였다. 두세 달 앞선 제품을 업데이트한 후, 제목에 그달에 발생할 만한 기념일이나 이슈화 될 단어를 제목에 삽입하는 식이었다. 7월을 예로 들자면, 7월을 생각하면

'바캉스룩'으로 검색했을 때, 노출되는 여러 쇼핑몰. 주로 여름휴가를 떠나는 달은 7~8월이지만 5월부터 바캉스룩을 겨냥해 다양한 아이템을 올려놓은 쇼핑몰을 심심치 않게 찾아볼 수 있다.

떠오르는 바캉스, 여름방학, 해외여행, 국내 여행, 캠핑, 수영복 등의 단어를 제목에 넣는다. 이는 고객들이 상품 제목에 들어간 단어를 검색할 때, 내 스마트스토어가 나올 수 있도록 만드는 전략이다.

나는 이처럼 계절을 앞당겨 상품 업데이트를 했고, 겨울이라고 해서 겨울 의류만 등록하지 않았다. 내가 타오바오를 처음 시작한 것은 겨울에 여름 나라를 여행하기 위해 수영복이나 래시가드를 구매하려는 목적이었다. 내 경우처럼, 겨울에 여름 계절의 국가로 여행을 떠나는 직장인들에게 필요한 수영복, 튜브, 래시가드, 원피스 등을 판매한다면 기대 이상의 매출 실적을 올릴 수 있다.

계절을 앞당겨서, 또는 정반대 계절의 상품을 업데이트해 놓는 것에 대해 불필요한 작업이라고 생각하는 이도 있을 것이다. 현재 계절에 맞는 아이템만으로도 충분히 상품 구성을 할 수 있다고 여겨서다. 하지만 상품을 판매하는 셀러라면 생각의 범위를 넓혀야 한다. 하루에도 수많은 비행기가 국내외를 오가고, 저가 항공권의 끝없는 행렬에 인천공항은 사람들로 발 디딜 틈이 없다. 특히 바쁜 일정으로 계속 미루어 두었던 연차와 월차를 소진하는 겨울 시기에는 가성비 좋은 동남아 국가로 여행을 떠나는 사람들이 많다는 사실을 떠올려야 한다.

이처럼 몇 가지 노하우만 있다면 더 효율적으로 쇼핑몰을 운영할 수 있다. 더군다나 올해 잘 팔렸던 여름 상품은 2~3년 후의 여름까지 계속 주문이 들어올 가능성이 높다. 따라서 판매할 제품을 가져오는 업체 중에서도 수급이 원활한 업체를 선정하는 편이 좋다. 그 전에 업체가 도산하거나 중국 내에서 해당 상품이 인기가 없어 재고가 소진되는 경우가 발생할 수 있기 때문이다.

다가올 계절 아이템을 고르는 감각을 키우자

최근 유행하는 상품들이 타오바오에 전부 있다고 말했듯, 다음 계절에서 유행할 만한 상품 역시 타오바오에서 쉽게 찾아볼 수 있다. 스마트스토어를 처음 운영하는 사람이라면 어떤 제품이 유행할지 잘 모르기 때문에, 다가올 계절 아이템을 업데이트하는 데 어려움

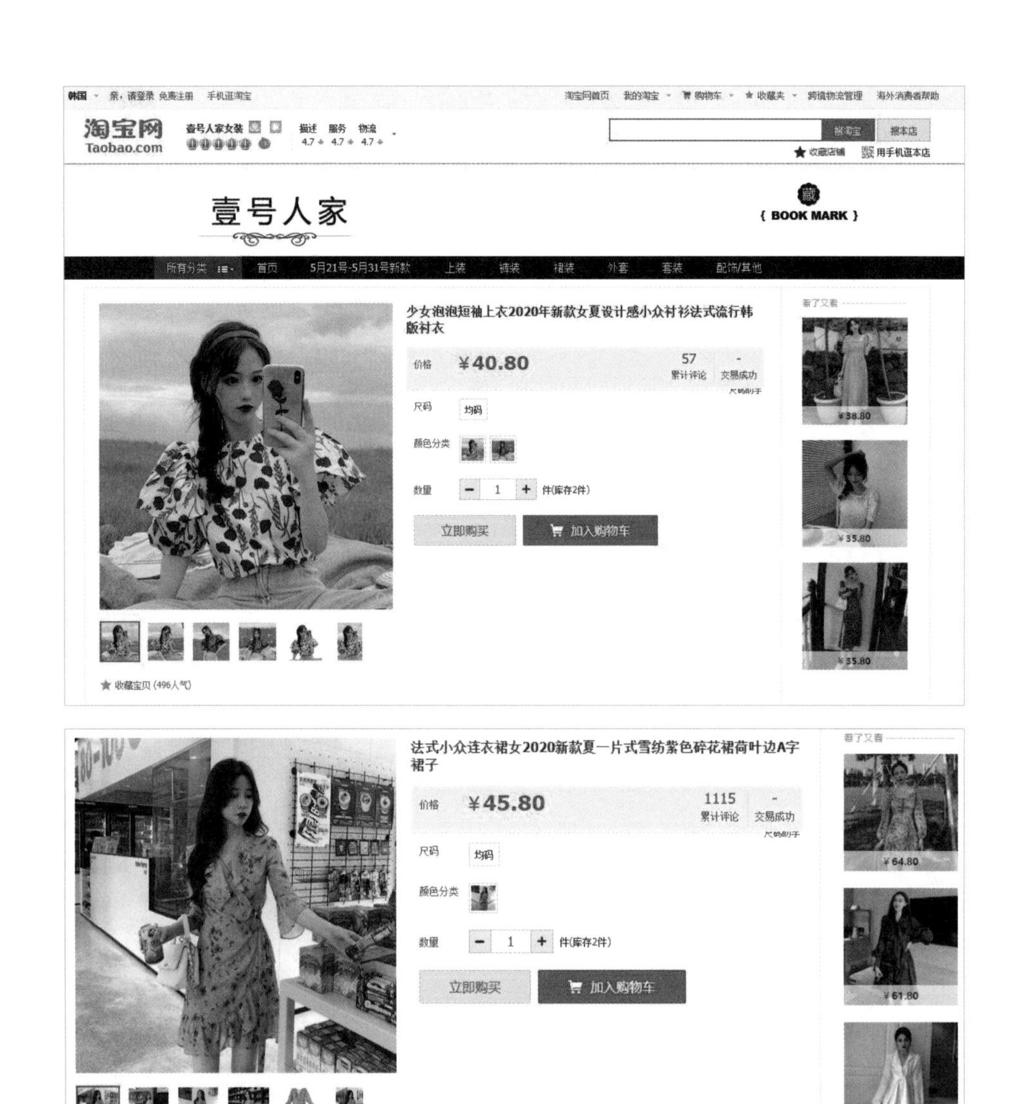

상품으로 등록하기 위해 타오바오에서 샘플로 주문한 옷들.
우리나라에서는 3만 원 이상을 지불해야 살 수 있는 옷들이 1만 원 미만의 가격으로 판매된다.

을 느낄 수 있다. 그럴 때는 물건을 구매하지 않더라도 무조건 타오바오 사이트를 살펴보라고 조언하고 싶다.

타오바오 의류 사이트의 날짜별 카테고리를 살펴보면, 한 계절 앞당겨 업데이트가 돼 있는 숍들을 어렵지 않게 볼 수 있다. 본인에게 물건을 보는 눈이 없더라도 '서당 개 삼 년이면 풍월을 읊는다'는 말이 있듯이, 시간이 날 때마다 타오바오에 들어가서 상품을 검색하다 보면 아이템을 선별하는 시야가 생기기 마련이다.

소비자들 사이에 유행하는 의류 대부분은 패션쇼를 통해 인기를 얻기 시작한다. 유럽에서 패션쇼가 열리면 그 스타일의 의류는 중국 시장에서 봇물 터지듯 나오기 시작한다. 중국은 '카피의 천국'이라고도 말하지 않던가.

다만 중국 제품 중에서도 명품 브랜드 복제품은 판매가 금지되어

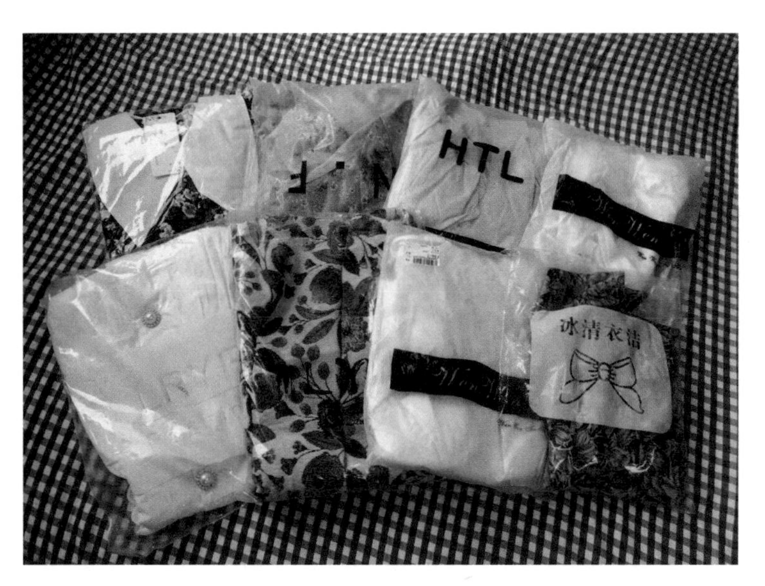

샘플로 주문해서 받은 여름옷. 우리나라 제품과 비교해도 손색이 없을 정도로 품질이 우수하다.

네이버에서 디퓨저로 상품명을 검색했을 때, 상위에 노출되는 제품들은 리뷰, 구매, 찜하기 건수들이 많은 순서라는 것을 알 수 있다.

있으니, 잘 선별해서 물건을 소싱(Sourcing, 대외 구매)해야 한다. 중국 제품 중에서도 판매율이 높거나 구매 후기가 많은 제품, 혹은 구매 후기가 없더라도 본인의 스타일인 제품이 있다면 샘플을 주문해서 확인한 후, 판매해 보는 방법도 좋다.

내 경우는 타오바오 내에서 잘 팔리는 상품 외에도 내 체형에 맞는 옷을 주문해서 입어본 후, 판매 상품으로 등록하는 순서를 밟았다. 뿐만 아니라 한 번에 여러 컬러를 주문해서 주변 지인들과 나눠 입어 보고 그 옷의 장단점을 분석하기도 했다. 주변 사람들에게 인심도 쓸 수 있고, 보다 정확한 제품 분석이 가능하기에 적극 추천하는 방법이다. 아울러 의류를 업데이트했다면 상품과 계절에 어울릴 만한 가방, 신발 등의 카테고리도 함께 채워 넣어 고객의 유입을 한층 더 넓혀 보자.

해외 배송 특성을 고려해서 배송 기간은 넉넉하게

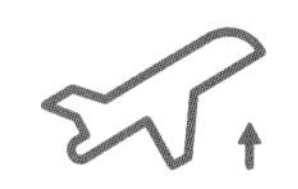

다가올 계절 아이템을 선정하려면 타오바오를 비롯한 해외 쇼핑몰을 통해 물건을 공수해 와야 한다. 그래야만 국내 시장에서는 볼 수 없는 독특하면서도 질 좋은 아이템을 내 스마트스토어에 구비할 수 있기 때문이다.

그런데 여기서 간과하지 말아야 할 사실은 해외에서 오는 제품이니 만큼 배송 기간이 길다는 점을 고려해야 한다는 것이다. 요즘은 7~10일 내에 제품을 받아볼 수 있다고는 하지만, 코로나19 사태 등 예측 불가능한 국제적 위기나, 날씨 영향 등으로 인해 예상했던 날짜보다 훨씬 늦게 배송을 받게 되는 일도 발생한다.

또한 계절감을 따라가지 못하는 늦은 업데이트는 '구매 리뷰(구매평)'에도 영향을 미칠 수 있다. 만약에 계절을 앞당겨 상품을 올리지 않는다면, 발 빠르게 상품을 업데이트한 다른 셀러에 비해 내 스마트

각 스마트스토어에는 방문자들이 찜하기 버튼을 누를 수 있게 되어 있다(위 쇼핑몰처럼 운영 초기에는 찜하기 수가 적을 수밖에 없으므로 찜 확보에도 꾸준한 관심을 기울여야 한다).
또한 상품 상세 페이지 접속 시, 찜과 소식 알림 등을 누르면 소정의 적립금을 받을 수 있는 쿠폰을 설정할 수도 있다.

스토어의 순위가 밀릴 가능성이 높다. 발 빠른 셀러의 제품에는 구매 리뷰가 여러 개 달려 있을 확률이 높아서인데, 구매 리뷰가 많을수록 스마트스토어 내에서 상위 자리를 선점할 수 있으니 미리 확보하는 편이 좋다.

이처럼, 스마트스토어 셀러들에게 구매 리뷰는 마치 생명수와도 같다. 우리도 11번가, 쿠팡 등 각종 오픈마켓에서 제품을 구매할 때, 가장 먼저 어떤 구매 리뷰가 있는지, 좋지 않은 구매 리뷰는 없는지 살펴보지 않는가. 대부분의 소비자가 구매 리뷰가 많이 달려 상위 자리를 선점한 숍에서 주문한다는 점을 생각한다면, 역지사지의 심정으로 본인의 스마트스토어도 이러한 방향으로 상품을 구성하고 운영해 나가야 한다.

고객을 유인하는 노하우, '사장님이 미쳤어요!'

많은 구매 리뷰를 모아 상위권에 진입해야 한다는 말은 몇 번을 언급해도 부족하다. '상위권=매출'로 귀결되는 스마트스토어의 세계에서는 무엇보다 고객들의 말 한 마디, 한 마디가 매우 중요하기 때문이다.

누구나 처음 스마트스토어를 시작할 때는 '구매 리뷰'나 '스토어 찜'이 없기 마련이다. 따라서 관련 모임에서 다른 사람의 스마트스토어에 '찜'이나 '알림 설정'을 해주기도 하는데, 이를 '품앗이'라고 부른다. 찜을 확보해 나중에 유입될 고객들에게 일종의 신뢰를 주기 위함이다.

계절 아이템을 올리면서 찜과 알림 설정을 한 고객에게 소정의 쿠폰을 발급하는 방법도 있다. '찜'과 '알림 설정'이라는 버튼 하나만 누르면 되는 기능이지만, 고객의 입장에서는 이를 귀찮은 일이라고 여길 수 있다. 그렇기에 소정의 적립금이라도 지급해 고객 유입을 늘리는 데에 집중해야 한다.

밖을 돌아다니다 보면, 흔히 '사장님이 미쳤어요'라는 재미있는 문구를 볼 때가 많다. 대부분 최소한의 마진으로 물건을 파는 가게들이 이러한 문구를 내 걸고 장사를 하곤 한다. 우리도 같은 방법을 사용해 수익을 창출하자. 항상 사장님 아래서 수동적으로 시키는 일

이벤트를 활용해서 구매 리뷰를 축적하자. 훗날 내 스마트스토어의 자산이 될 것이다.

만 해왔던 직장인이었지만, 이제 우리는 어엿한 한 쇼핑몰의 오너다. 수익이 일어나는 구조라면, 무엇이든 내 마음대로 할 수 있다는 장점이 있다.

스마트스토어를 시작하면 잠옷을 팔면서 원 플러스 원 행사를 할 수도 있고, 사은품을 선물로 줄 수도 있는 참 재미있는 돈벌이를 할 수 있다. 만약 선주문을 해서 활용해 본 상품 중, 일명 '대박 조짐'이 보이는 상품이 있다면 과감하게 리뷰 이벤트를 진행해도 된다.

한 예로, 본인의 스마트스토어에서 앞선 계절의 상품을 미리 구매한 고객들이 구매 리뷰를 작성하도록 권유하는 이벤트를 진행해 보자. 그렇게 해서 구매 리뷰를 작성한 고객 중 몇 명을 선정해 동일한 제품을 하나 더 지급하거나, 다른 소정의 선물을 지급하는 것이다.

사람들은 '세상에는 공짜가 없다'는 말을 정확히 이해하고 있다. 따라서 조금의 노력만으로도 선물을 얻을 수 있는 이러한 리뷰 이벤트에는 평소보다 두세 배 이상의 많은 인원이 참여하기 마련이다.

처음에는 이런 이벤트가 마치 손해를 보는 것처럼 느껴질 수 있으나, 장기적으로 볼 때는 오히려 플러스 요인이 된다고 감히 자신한

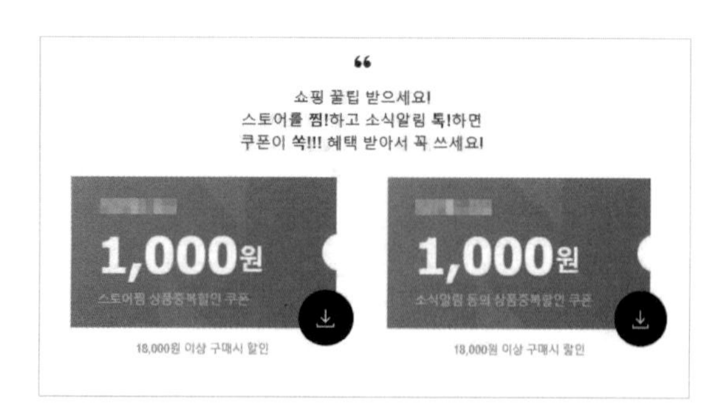

찜하기, 알림 설정 시 제공하는 쿠폰.

다. 고객의 입장에서는 적은 시간을 투자해 선물을 받을 수 있고, 판매자 입장에서는 여러 고객의 구매 리뷰를 축적해 본인만의 자산으로 만들 수 있다. 결과적으로, 두 마리 토끼를 동시에 잡는 셈이다.

SMART STORE

'오타쿠'스러운 공략법

006

흔히 사용하는 표현 중 하나인 '오타쿠(Otaku)'라는 단어는 '만화 혹은 애니메이션과 같은 분야에 심취한 사람'을 일컫는 말로, 초기에는 부정적인 의미가 강했다. 특히 특정 애니메이션을 필요 이상으로 좋아하거나, 현실 세계가 아닌 가상의 인물에 빠져드는 사람들을 '오타쿠'라는 단어로 지칭하는 경우도 많다. 그렇다 보니, 단어 자체가 썩 좋은 의미로 받아들여지지 않곤 했다.

하지만 '오타쿠'라는 단어에 부정적인 요소만 들어 있는 것은 아니다. 한 가지에 몰두하다 보니, 그 분야에 대해서는 저절로 빠삭한 정보력을 소유하게 되기 때문이다.

따라서 스마트스토어를 운영하는 사람이라면 오타쿠의 장점을 적극 활용해야 한다. 수많은 온라인 스토어가 서로 경쟁하는 환경에서 살아남을 수 있는 방법은 자신만의 매력을 어필할 수 있는 카테고리를 구비하는 것이다. 전쟁터에 나가는 전사들이 틈날 때마다 장비를 정비하듯, 스마트스토어 운영자는 오타쿠스러운 기질로 똘똘 뭉친 전사가 되어야 한다. 그런 바탕 위에서 경쟁자를 제치고 상위권에 진입하기 위해 꾸준한 노력을 기울여야 한다.

나만의 오덕력 적극 끌어올리기

오타쿠와 짝꿍처럼 따라다니는 단어 중 하나는 '오덕력(Otaku Power)'이다. 오타쿠스러운 생활을 오래 하게 되면 자연스럽게 생기는 오덕력은 지식을 한층 업그레이드해 주는 좋은 측면도 존재한다. 그렇다면 본인이 가장 좋아하고, 잘 다룰 수 있는 분야는 무엇일지 한 번 떠올려 보자.

온라인 쇼핑몰은 주로 1인 사업자 형태로 운영된다. 그렇기 때문에 오너인 자신이 모든 업무를 결정하고 처리해야 하는 어려움이 따른다. 그런 반면에 누군가에게 컨펌(Confirm)을 받지 않고 자기 마음대로 판매하고 싶은 물품을 구성할 수 있다는 장점도 있다.

나는 어릴 때부터 고양이를 굉장히 좋아해서 고양이와 관련된 물품만 보면 무한 매력을 느끼곤 했다. 한 마디로 '고양이 오타쿠'였다. 내가 사용하는 그릇, 지갑, 의류 등 일상생활 모든 분야에서 고양이가 주를 이뤘다. 심지어 온라인 메신저에서도 고양이 이모티콘을 심심치 않게 사용했다.

그래서 나는 고양이와 관련된 아이템이 있으면 꼭 주문해서 먼저 활용해 보고, 지인에게 선물을 주기도 하고, 판매해 보기도 했다. 고양이 안마기, 고양이 쿠션, 고양이 옷, 파우치 등 헤아릴 수 없을 정도로 많은 아이템이 내 스토어에서 팔려 나갔다.

필자가 스마트스토어에서 판매했던 고양이 모양의 간장종지와 고양이 발바닥 모양의 몰드. 고양이와 관련된 제품을 워낙 좋아하다 보니, 자연스럽게 내 스마트스토어에도 고양이 관련 상품들이 가득 차게 됐다. 특히 고양이 발바닥 모양의 몰드는 단순히 얼음을 얼리는 용도뿐만 아니라, 천연 비누를 만드는 데도 사용할 수 있어 효율성이 좋다.

이렇듯 내가 좋아하는 걸 판매하다 보니 어느 순간 내 스토어에는 고양이와 관련한 오타쿠 마니아들이 모여들게 됐다. 내가 좋아하던 고양이 하나로 스마트스토어를 구성했고, 마니아들이 자주 찾는 스마트스토어로 자리 잡게 된 것이다.

다른 스마트스토어를 봐도 가끔 판매자의 취향을 엿볼 수 있는 곳들이 있는데, 그런 곳들은 소비자의 입장에서 어떤 아이템을 떠올렸을 때, 특정한 곳의 스마트스토어가 저절로 생각이 나게끔 하는 연결고리를 갖게 된다. 이처럼 자신이 무엇에 빠져 있는지를 생각해 보고, 그것을 집중적으로 공략한다면 당신의 스마트스토어는 높은 매출을 보답으로 안겨 줄 것이다.

실제로 오프라인 강의를 하면서 수강생들과 소통하다 보면, 쇼핑몰 아이템 선정에 어려움을 겪는 사람들이 의외로 많다는 것을 알게 된다. 나는 그런 사람들에게 '남들이 무엇을 판매하는지'에 대한 관심을 갖지 말라고 조언한다. 물론, 스토어 안에서는 대세에 따르는 유행 아이템도 갖추어야 한다. 하지만 대세 아이템 외에도 자신만의 아이덴티티를 나타낼 수 있는 '오덕력'이 충분한 상품들로 구성해 본인의 스마트스토어만 가질 수 있는 강점을 만들어야 한다.
남의 스토어를 따라 하고 비교하는 일에 시간을 허비하지 말자. 나만의 아이템 찾기에 재미를 붙인다면, 매출은 저절로 따라오기 마련이다.

생각의 전환으로 매출 Up!

반대로 아무리 노력하고 생각을 떠올려 봐도 본인이 무언가 심취해 있는 아이템이나 관심이 있는 분야가 없다고 여길 수도 있다. 그럴 때는 발상을 전환하자.
한 예로, 사고방식이 서로 다른 A와 B 두 사람이 물컵을 바라보고 있다고 가정해 보자. 똑같이 남은 물을 바라보더라도 A는 물이 반이나 남았다고 생각할 수 있고, B는 물이 반밖에 남지 않았다고 생각할 수 있다. 세상에는 나와 반대되는 사람이 많기 때문이다.
내가 만나본 수강생들의 고민도 무척이나 다양했다. 그 중 한 수강생은 내게 이런 고민을 털어놓았다.
"저는 살집이 있어서 예쁘고 날씬한 스타일의 의류는 판매하지 못할 것 같아요."
나는 잔뜩 주눅이 든 채로 어렵게 말을 꺼내던 그 수강생에게 절대

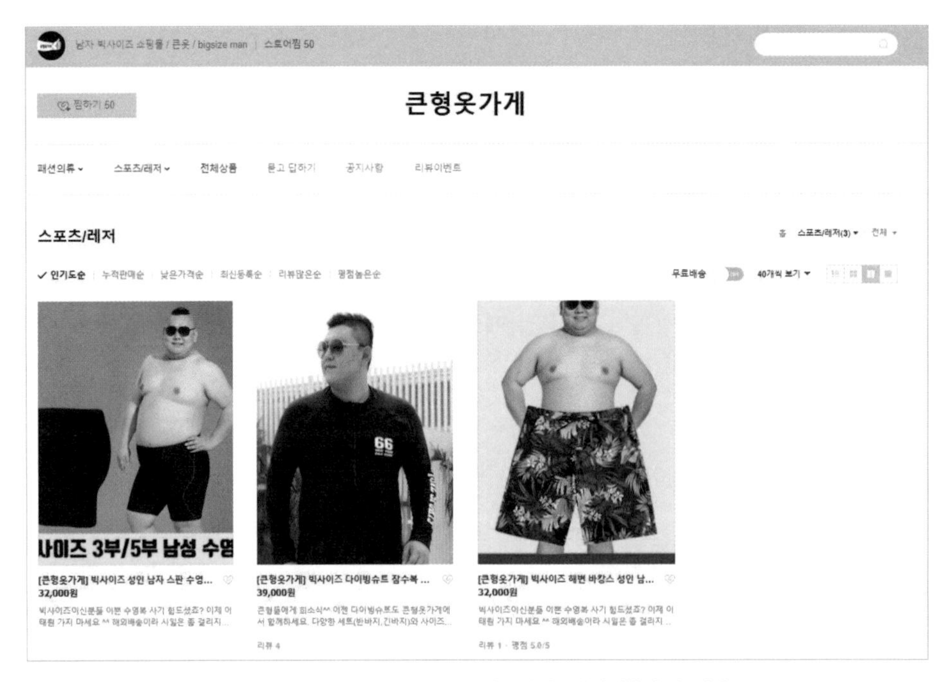

빅사이즈 의류를 판매하는 스마트스토어라고 해서 반드시 일반 티셔츠, 바지 등만 판매할 필요는 없다.
해당 쇼핑몰처럼 여름을 겨냥해 빅사이즈 수영복을 업데이트한다면,
수영복 사이즈로 고민하던 고객들이 이곳을 방문할 확률이 더 높아진다.

로 좌절할 필요가 없다고 어깨를 토닥여 주었다. 왜일까? 본인의 체형을 그대로 살린 독특한 빅사이즈 의류를 판매하면 되기 때문이다. 세상에는 마른 몸매의 여성만 있는 건 아니다. 왜 굳이 본인이 직접 샘플 착용도 할 수 없는 마른 체형의 의류만을 고집한다는 말인가.

뿐만 아니라 이런 고민을 털어놓은 수강생도 있었다.

"저는 쇼핑을 좋아하지 않아요. 돈은 음식을 사먹는 데 쓰고 있어요. 그래서 아이템 찾기가 하늘의 별 따기에요."

이런 이의 경우는 '보기 좋은 떡이 먹기도 좋다'는 속담을 떠올려 보

자. 음식을 담을 멋스러운 그릇이나 주방용품을 판매하면 된다. 그리고 꼬리물기 식의 아이템 중 하나로, 먹은 후 가볍게 집에서 운동할 수 있는 '홈트레이닝 기구'도 배치해 보자. 이처럼 주변 사람들과 조금만 대화를 해보면 혼자 끙끙 앓던 아이템의 늪에서 빠져나올 한 줄기 빛이 보일 것이다.

만약 현 시국에 맞게 '마스크'라는 아이템을 판매하고자 한다면, 일반 1회용 마스크 제품에 국한하지 말고 범위를 확대해야 한다. 실제로 잠시 착용하게 될 줄 알았던 마스크 착용 시기가 점차 길어짐에 따라, 마스크 패션도 다양해지고 있다는 것을 알 수 있다.

그렇다면 우리는 앞서 이니셜이 새겨진 마스크부터 세탁이 가능한면 마스크, 예쁜 자수를 새긴 화려한 마스크 등을 무한 업데이트하면 된다. 사람은 적응의 동물이다. 처음에는 단순히 자신과 남의 건강을 위해 착용하던 흰색 마스크에서 벗어나 일상용품으로써 멋을 찾고자 새로운 아이템을 찾아 나서는 게 소비자들의 행동 양상이다. 그들은 블랙 마스크나 패션 마스크를 찾아 헤맬 것이고, 검색 창을 통해 독특한 마스크가 진열되어 있는 당신의 스마트스토어를 방문하게 될 것이다.

코스프레 의상에도 오타쿠는 존재한다

타오바오를 통해 스마트스토어와 관련한 해외 구매 대행 사업자들을 만나면서 내가 떠올리지 못한 분야를 알게 되기도 한다. 나는 그 우리와 같은 셀러들에게는 10월의 '핼러윈 데이'가 매출을 올릴 수 있는 좋은 기회다.

들을 경쟁자라고 여기지 않고, 동지가 되어 서로의 생각을 공유하기도 한다. 그중 하나가 바로 '코스프레'였다.

나처럼 우연한 계기로 타오바오와 같은 해외 직구를 하게 된 경우도 있지만, 주로 해외 직구를 하는 연령층을 살펴보면 이십 대 젊은 층이 대부분이었다. 궁금한 마음에 그들에게 물어보니, 코스프레 의상 때문에 해외 직구를 시작하게 됐다고 설명해 주었다. 우리나라에서는 생산하지도 않고, 수입도 하지 않는 코스프레용 의상을 사고 싶어 하는 사람들이 모여 공동 구매를 시작한 것이다. 이때부터 코스프레 마니아층은 형성돼 갔고, 그러다 보니 일반 의상, 학용품, 그 외의 여러 가지 아이템까지 해외 직구가 확장됐다는 것이다.

코스프레에서 더 나아가 핼러윈과 크리스마스 등 계절과 시기에 맞는 '코스튬'도 사람들이 해외 직구를 선호하게 된 계기 중 하나다. 여름휴가가 끝나고 느껴지는 지루함도 잠시, 우리와 같은 셀러들에게는 10월의 '핼러윈 데이'가 매출을 올릴 수 있는 좋은 기회다. 유치원에 다니는 어린이들은 물론 어른들의 축제로까지 이어지는 핼러윈 데이에는 이태원 거리, 놀이공원 등에서 진풍경을 만날 수 있다. 드라큘라, 각종 귀신 등 우스꽝스러우면서도 무서운 복장을 넘어, 작년 한 해에는 수많은 '조커'를 탄생시킬 정도로 그 열기가 갈수록 뜨거워지고 있다.

이처럼 서양의 문화가 우리나라까지 넘어오면서 해당 인물을 따라 그대로 변신하기 위해 의류나 액세서리, 화장 도구 등을 미리 준비하려는 이들이 증가하고 있다. 하지만 이러한 아이템들 또한 애니메이션 코스프레처럼 우리나라에서는 쉽게 구할 수 없는 것이 현실

네이버 쇼핑 랭킹 순으로 검색했을 때, 비교적 상단에 위치한 'SIXPLUM'이라는 스마트스토어.
해리포터, 라라랜드 원피스 등 다양한 코스튬을 구비하고 있어 높은 매출을 올리고 있다.

이다.

따라서 이때는 타오바오에 등록된 무수히 많은 핼러윈 코스튬 관련 아이템을 선정하고, 적어도 8월에는 샘플 주문을 시작해야 한다. 샘플을 주문해 보고, 판매 가능한 아이템을 미리 확보하는 것이다. 또한 핼러윈 데이처럼 전 세계적으로 유행하는 기념일에는 타오바오 자체에도 주문이 폭주해 배송이 지연될 것을 예상해서 미리미리 상품을 준비해 놓기 바란다. 1년에 한 번 찾아오는 대목을 다음 해로 넘기지 않으려면 말이다.

이어 핼러윈 데이가 끝나면 12월의 크리스마스 코스튬도 놓치지 말자. 일반 산타클로스 복장부터 산타 걸, 크리스마스 파티 복장 등

수많은 아이템이 우리를 기다리고 있다.

예전과 달리 요즘은 하루하루를 특별하게 기억하고 싶어 하는 사람들이 많다. 각종 소셜 네트워크 서비스에 올릴 인증 샷, 유튜브, 블로그 업로드를 위해 소비자들은 끊임없이 남들과 다른 아이템을 찾고 싶어 한다.

그렇기에 셀러인 우리는 그들의 욕구를 충족시킬 만한 아이템을 찾아 업데이트만 해주면 된다. 부족하다면 주문 후, 추가적으로 디자인을 덧붙여 부분 제작을 해보는 방법도 추천한다. 우리가 던진 작은 불씨 하나가 독특한 코스튬을 찾는 오타쿠들에게 나비효과를 불러올 수 있다.

꿀 Tip!

인스타그램, 트위터, 페이스북 등에 올릴 인증 샷을 찍을 때 유용한 카메라 애플리케이션은?

최근에는 무거운 DSLR(Digital Single Lens Reflex) 카메라나 일반 콤팩트(Compact) 카메라보다는 늘 소지하고 다니는 핸드폰 카메라로 촬영을 진행하는 경우가 많다. 카메라 해상도가 점차 높아짐에 따라 실제로 고가의 DSLR 카메라가 부럽지 않을 정도로 핸드폰 카메라가 제 기능을 하는 경우도 많다. 더군다나 요즘은 각종 애플리케이션을 통해 사진을 보정하거나 편집하기도 쉽다. 필자가 실제로 제품 컷을 촬영할 때 주로 사용하는 카메라 애플리케이션을 소개한다.

1. 포토 원더

등장 초기에 많은 인기를 얻었던 포토 원더(Photo Wonder)는 사진 편집은 물론 보정 기능에 활용할 수 있는 다양한 툴이 내장되어 있어 모델의 셀카나 본인이 판매할 아이템을 장착한 후 셀카를 찍을 때 뽀샤시한 느낌의 사진을 얻을 수 있다.

포토원더

2. 블로

블로(VLLO)는 영상 편집에 필요한 기능을 갖추고 있어서 유용하게 사용할 수 있다. 브이로그, 유튜브 영상 등의 편집을 할 수 있고, 음악, 자막, 컷 편집, 배속, 모자이크 모두 이 애플리케이션 하나로 가능하다.

블로

3. 스노우

본인의 얼굴에 여러 가지 스티커 기능을 넣을 수 있는 스노우(SNOW) 애플리케이션은 다양한 메이크업과 필터로 뭇 여성들의 사랑을 받고 있는 장수 애플리케이션 중 하나다. 스노우로 촬영한 제품 사진은 뽀얗고 예뻐 보이는 효과가 있어서 여성용 아이템을 촬영하기에 좋다.

스노우

SMART STORE

1인 창업의 메카 동대문시장

007

인터넷의 발달로 인해 요즘은 온라인을 통해서도 도소매업이 가능해졌다고는 하지만, 쇼핑몰을 운영하는 이들에게 '동대문시장'은 빼놓을 수 없는 관문 중 하나다. 신상 아이템을 통해 최근 트렌드를 알 수 있고, 자신이 생각하지도 못한 핫한 아이템을 만날 수 있기 때문이다.

또한 국내 의류 제품을 도매가로 구할 수 있기에 배송 면에서도 안정적이고, 사후 관리 등도 용이해 아직까지 동대문시장을 선호하는 셀러들도 많은 편이다.

단골 가게와의 친분을 통해 새로운 업계 소식을 전해들을 수도 있고, 해외 물품이 아니다 보니 우리나라 실정에 맞는 다양하고 멋스러운 아이템을 그때그때 접할 수 있다는 장점도 있다.

하지만 동대문에서만 사용하는 관련 용어들로 인해 초보 셀러들에게는 살짝 긴장이 되는 것도 사실이다. '초보인 것이 티가 나면 어떡하지', '밤 시장이 있다던데 어떻게 방문해야 할까', '초보라서 가격 면에서 바가지를 씌우면 어쩌나' 하는 고민도 들 수 있다. 이러한 독자들을 위해 동대문에서 주로 사용하는 용어와 함께 동대문시장의 현실, 해외 구매 대행과의 장단점 등을 비교해 본다.

동대문시장에 가면 다양한 아이템을 둘러볼 수 있고, 소비자들이 선호하는 최근 트렌드를 파악할 수 있다.

라떼는 말이야, '동대문의 옛 모습'

동대문시장을 말하기에 앞서 나는 꼰대임을 자처해야겠다. 더불어 예전의 동대문을 떠올리기 위해서는 '라떼는 말이야('나 때는 말이야'의 인터넷 은어)'까지 언급해야겠다.

풋풋한 스무 살 초반, 친구와 동대문 밤 시장에 갔던 기억이 있다. 친구와 한껏 기대에 부풀어 방문한 밤 시장에서는 우리가 알아듣지 못하는 각종 용어를 주고받으며 대화를 이어 나가고 있었다. 그렇다고 마냥 기죽어 있을 수만은 없을 터.

예쁜 겨울 코트를 발견한 나는 친구와 함께 공손하게 "가격이 얼마에요?"라고 물어보았다. 그러나 상점 주인은 우리 질문을 들은 척도 하지 않았고, 대답도 내놓지 않았다. 결국 우리는 민망하고 부끄러운 마음에 계속 매장을 맴맴 돌며 옷 구경만 하다 첫차를 타고 허무하게 집에 돌아왔던 아픈 경험이 있다.

10여 년 전, 내 기억 속의 동대문시장은 그랬었다. 그 모습이 단편적이고 일부분일 수는 있으나, 일반인으로 방문한 스무살 초반의 어린 나에게는 너무나도 큰 벽처럼 느껴지는 곳이었다. 하물며 쇼핑몰을 운영하는 초보 셀러들에게는 얼마나 큰 장벽으로 느껴졌겠는가. 쇼핑몰은 운영해야겠고, 매번 밤 시장은 방문해야겠는데, 바

쁘게 돌아가는 군중 속에서 나만 홀로 된 기분. 잠깐의 경험 속에서도 왜 사람들이 동대문 밤 시장에 대한 두려움과 공포심을 가지고 있는지 알 수 있을 것 같았다.

10년이면 동대문시장의 강산도 변한다

나에게 시련을 안겨 주었던 동대문 밤 시장을 재방문하게 된 계기는 2~3년 전 쇼핑몰을 다시 운영하면서부터였다. 좋지 않은 기억이 있던 탓에 한층 두려움을 품은 채 방문했던 동대문시장은 의외로 180도 다른 모습으로 바뀌어 있었다. 옛 기억을 떠올리며 잔뜩 긴장했던 내 모습이 무색할 정도였다.

우선, 예전에 비해 친절한 상인들의 숫자가 크게 늘었다는 것을 느낄 수 있었다. 심지어 동대문에서 필수 불가결의 원칙으로 통했던 동대문 '사입 용어(필요한 물건을 구매할 때 사용하는 용어)'를 사용하지 않아도 누구나 친절하게 응대해 주었다.

더욱 신기한 광경은 중국의 왕홍(온라인에서 유명한 사람)들이 곳곳에서 각 매장을 촬영하는 모습이었다. 그에 더해 여러 국가에서 온 외국인들도 동대문 밤 시장을 투어하기 위해 자리하고 있었다.

이를 통해 동대문시장이 우리나라에 한정된 도매시장 문화로만 자리하는 것이 아닌, 관광 코스의 하나로 외국인들의 관심까지 불러일으킬 수 있는 장소로 탈바꿈했다는 것을 알 수 있었다. 우리나라 사람들 사이에 뒤섞인 각 나라의 외국인들을 바라보며 오묘한 감정

최근 방문한 동대문 밤 시장. 코로나19의 상황 속에서도 여전히 동대문 밤 시장을 찾는 이가 많았다.

에 휩싸였던 때가 새록새록 떠오른다. 나는 그 모습을 보며 '10년이면 강산이 변한다더니, 동대문시장도 변해 가고 있구나' 하는 생각을 떠올렸다.

나 역시도 타오바오를 통해 구입한 상품을 판매하지만, 동대문에서만 느낄 수 있는 현장감은 결코 따라갈 수 없다. '메이드 인 차이나(Made In China)'가 판치는 세상 속에서도 동대문의 생산 공장들은 아직도 바쁘고 빠르게 돌아간다는 것을 새삼 느끼고 있다.

이는 국내 생산을 고집하는 도매 매장이 여전히 존재하기 때문이다. 우리 것을 좋아하는 신토불이 정신은 어찌 보면 너무나 당연할

지도 모른다. 나처럼 해외 구매를 주로 하는 셀러들은 중국 의류를 아웃소싱해서 판매할 때, 중국 내에서 그 제품이 품절되면 더 이상 그 제품을 판매할 수 없게 된다. 하지만 국내 공장에서 제작한 의류 제품은 원한다면 계속해서 그 제품을 생산할 수 있기 때문에, 양질의 제품을 안정적으로 공급받을 수 있다.

'꺼진 불도 다시 보자!'는 표어를 떠올려 보자. 물론 그 표어의 뜻은 위험을 예방하라는 의미이지만, 다르게 생각해 보면 이미 활력을 잃었다고 판단한 시장을 다시 한 번 살펴보라는 말로 해석할 수도 있다. 동대문의 불꽃같은 열정은 아직 꺼지지 않았고, 우리 같은 셀러들은 그 불꽃을 활용할 기회를 잡아야 한다.

누가 동대문이 온라인 시장에 밀린다고 했는가. 여전히 많은 셀러가 동대문 제품을 찾고 있다. 주인에게 배송되기 위해 기다리는 짐 보따리가 눈에 띈다.

꿀 Tip!

이 정도만 알아도 OK! 동대문시장에서 통용되는 사입 용어

- **장끼** : 영수증(물건을 사입하면 매장에서 바로 장끼를 받을 수 있다).
- **깔** : 컬러, 상품의 색깔을 뜻함.
- **미송** : 인기 상품이나 리오더 상품을 받고 싶을 때 매장에 재고가 없어 현금을 먼저 지불하고 상품을 나중에 받는 시스템. 인기 상품은 조금 늦게 구매할 경우, 대부분 미송이 된다.
- **대봉, 중봉, 소봉** : 봉투 사이즈.
- **사입삼촌** : 직접 현장으로 가서 제품을 사입할 수 없는 사업자들을 대신해 사입과 배송을 대행해 주는 사람을 부르는 명칭.
- **낱장 안 됨** : 1장씩 판매하지 않음. 무조건 같은 품목으로 2장 이상 구매해야 함(색깔은 달라도 됨).
- **대납** : 거래처에 납부해야 할 금액을 대신 납부해 주는 개념. 제품을 주문했을 경우, '온라인 입금', '사입삼촌이 대납', '직접 매장을 방문해 현금 납부' 중 고를 수 있다.
- **매입 잡기** : A 거래처에 물건 값을 지불하고 물건을 기다리는 동안 품절됐을 경우, 대금을 환불해 주지 않고 A 거래처에서 다른 제품을 주문하면 해당 금액만큼 제품을 차감한다. 일부 매장에 한함.
- **파스** : 제품을 만드는 데 걸리는 기간이나 재료의 소진 기간.
- **탕** : 원단의 염색 색상을 말한다.
- **고미** : 사이즈 당 묶음. 한 고미의 경우, 총 9장을 뜻함(주로 아동 의류에서 쓰임).

※파스, 탕, 고미의 경우에는 자주 쓰이는 단어는 아니니, 참고만 하자. 이 밖에 동대문시장에서는 날짜 및 시간대의 표현을 월요일 밤, 화요일 밤 등으로 부르는 대신 '월밤', '화밤', '금밤' 등 줄여 부르는 것이 일상적이다. 컬러의 경우에도 아이보리를 '아이', 먹색을 '먹' 등으로 줄여 부르곤 한다.

SMART STORE

'타오바오'라는 날개를 달다

008

사실상 이 책의 절반은 '타오바오'에 관한 내용이라고 해도 무방할 정도로 타오바오에 관해 설명해 왔다. 이에 누군가는 내가 타오바오를 무한 신뢰한다고 생각할지도 모르겠다.

그건 내가 쇼핑몰을 운영하며 겪었던 일련의 경험들 때문일 수도 있다. 여러 판로를 통해 물건을 공수해 왔지만, 타오바오만큼 가격 경쟁력이 있으면서도 다양한 아이템을 구할 수 있는 곳이 없었던 탓이다. 우리나라에서는 감히 상상할 수도 없는 다양한 종류의 상품이 중국 타오바오에는 있었다. 그야말로 대륙의 클래스를 상상케 하는 아이템들 말이다.

반면에 여전히 의문을 가진 독자들도 많을 것이다. 아무리 장점이 많다고 한들 사실상 제품의 품질을 확인할 수 없고, 불량품으로 인한 금전적인 손실이 생길 수 있다고 여겨서다. 하지만 이는 주변에서 타오바오를 통해 물건을 파는 셀러들을 직접적으로 경험해 보지 못한 까닭이기도 하다.

나는 수많은 우려에도 불구하고 타오바오를 사랑하고, 다른 셀러들에게 적극 추천한다. 불안감을 이길 만한 여러 이점이 타오바오에는 존재하기 때문이다.

무서운 속도로 성장하는 타오바오

10여 년 전에 방문했던 동대문과 최근 2~3년 사이에 방문한 동대문시장의 분위기가 전혀 달랐듯이, 타오바오 역시 점차 성장해 가고 있다. 내가 타오바오를 처음 접하게 된 때는 지금으로부터 5년 전이었다. 우연히 만난 타오바오의 존재는 내 마음을 완전히 빼앗아갔다. 알지도 못하는 중국어를 더듬더듬 짚어 가며 타오바오 사이트에 들어가 떨리는 마음으로 첫 주문을 했던 기억이 난다. 처음이 어렵지 두 번째부터는 쉽다는 말처럼, 저렴한 가격과 함께 생각보다 괜찮았던 품질에 재미를 느낀 나는 한 번 들어가면 헤어 나올 수 없는 '타오바오'라는 '개미지옥'에 빠져 버리고 말았다.
처음 타오바오를 알게 됐을 당시만 하더라도 제품에 하자가 많았던 건 사실이다. 웬만하면 정상적인 제품을 배송 받았지만, 운이 나쁘면 황당한 사건을 겪기도 했다.
중국 제품에서 꾸준히 이슈가 되는 문제 중 하나는 가짜 상품을 진품으로 포장하거나 가격을 속이는 등의 '꼼수'다. 최근 뉴스를 뜨겁게 달궜던 사건을 생각해 보자. 가짜 분유를 판매해 해당 제품을 섭취한 아이들이 기형 증상을 보이자, 중국인들조차도 자국 제품의 품질을 의심했다는 사건이었다. 이처럼 중국을 떠올렸을 때, 부정적

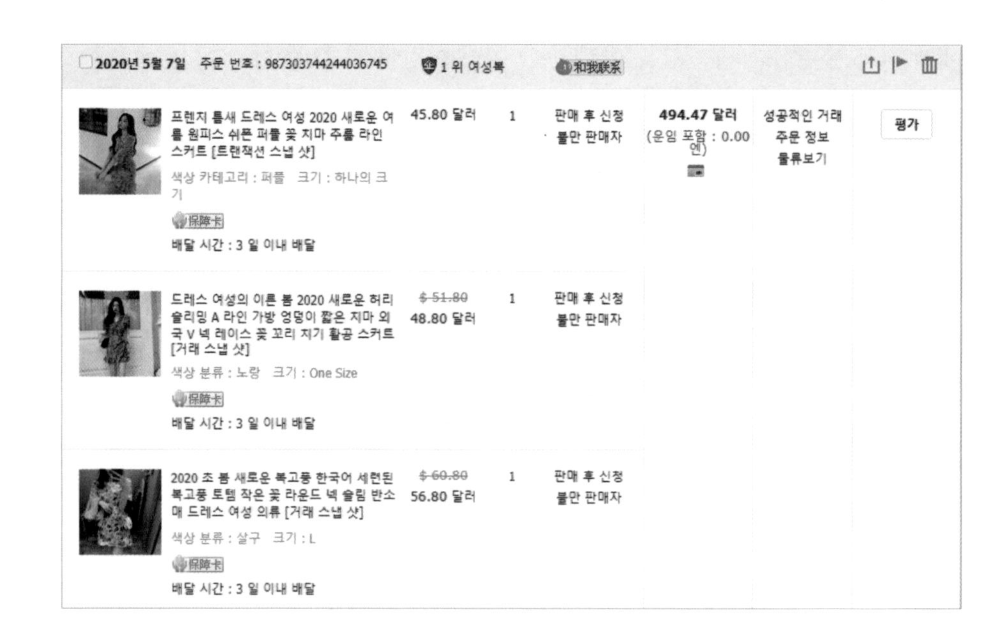

필자가 타오바오에서 주문한 여름 의류 상품 중 일부. 최근에 여름옷만 30여 벌을 주문했을 정도로 타오바오를 신뢰하고 있다.

인 요소가 많은 것은 인정할 수밖에 없다.

나라고 그런 일이 없었을까. 몇 년 전, 청재킷 안에 돌멩이를 넣어 일부러 배송비를 부풀리는 황당한 꼼수를 겪은 적이 있다. 옷의 마감 처리가 부실해서 판매가 곤란했던 일화나 주문한 옷이 아닌 다른 옷이 도착해 당황했던 사건 등도 여러 번 발생하곤 했다.

그럼에도 불구하고 내가 지금까지 타오바오를 애용하는 이유는 꾸준히 성장하고, 나아지고 있기 때문이다. 지금은 샘플을 따로 주문하지 않아도 계속 거래해 왔던 상점의 상품은 확실히 믿고 일을 진행할 정도로 신뢰하고 있다.

어째서 '타오바오'여야만 할까?

수강생들을 비롯한 지인들은 내가 타오바오를 통해 물건을 판매한다고 했을 때, "굳이 왜?"라는 질문을 던지곤 했다. 많고 많은 해외 사이트 중에서도 왜 타오바오를 선택했느냐는 것이다. 그들이 그렇게 묻는 이유는 충분히 이해한다. 하지만 나는 '꼭 타오바오여야만 한다'고 대답한다.

그렇다면 어째서 타오바오여야만 할까? 그 비밀의 가장 큰 이유는 바로 '가격 경쟁력'이다.

타오바오의 메인 화면만 보더라도 얼마나 저렴한 가격으로 상품을 판매하는지 알 수 있다. 2020년 5월 24일 기준으로 1위안이 우리나라 돈으로 173.46원이니, 5,000원도 안 되는 가격에 의류를 구입할 수 있다.

타오바오를 잘 활용하면 최대 40% 이상의 마진을 남길 수 있다.

동대문시장은 국내 백화점에 버금가는 우수한 품질을 자랑하는 반면, 높은 인건비로 인해 일정 이상의 높은 가격대가 형성되어 있다. 거기다가 직접 물건을 판매하는 사람의 입장에서는 마진을 고려해야 하므로 실제 판매가는 더 높아지기 마련이다.

가격대에 따라 품질도 천차만별이다. '싼 게 비지떡'이라는 말이 있을 정도로 저렴한 가격의 제품은 주로 한 계절만 활용하고 버리는 물건이 많고, 비싼 제품은 요즘 같은 불황에는 더더욱 손이 가지 않는다. 잘 팔리지 않기에 마진을 높게 붙일 수도 없다. 어느 때는 발품을 판만큼의 값도 받지 못했음에도 소비자로부터 비싸다는 지적을 들을 수도 있다.

최저 시급이 8,590원인 시대. 직장인으로서 월급을 받을 때는 턱없이 부족하다고 여겼던 금액이지만, 오너가 되고 나서는 최저 시급에 대한 마음가짐이 다르게 다가올 수밖에 없다. 그리고 높은 인건비는 고스란히 제조에도 반영돼 제품의 가격도 함께 상승하게 된다. 특히 국내 제작의 경우에는 도매 시장만 방문하면 누구나 사입해 판매할 수 있기에, 판매자들 사이에서 일명 '치킨 게임(최저가 싸움)'에 휘말려 본전도 찾지 못하는 상황이 발생할 수 있다.

반면에 중국은 아직도 인건비가 매우 저렴하고, 거래처만 잘 확보해 놓는다면 계속해서 저렴한 값으로 가성비 아이템을 어렵지 않게 찾을 수 있다. 그리고 타오바오에는 국내에서 판매하지 않는 상품이 많고, 한국에서 팔리고 있는 상품일지라도 절반 수준의 가격으로 판매되고 있어서 최대 40% 이상의 마진을 남길 수 있다.

믿을 만한 배송 대행지를 공략하는 것이 핵심

'해외 직구'를 검색했을 때, 연관 검색어처럼 따라오는 것 중 하나가 바로 '배송 대행지'다. 배송 대행지는 말 그대로 해외와 우리나라의 중간 배송지 역할을 해주는 업체를 말한다. 국내에서 주문해서 받는 시스템이 아니라, 중국 타오바오에서 주문하고 중국에서 받은 상품을 우리나라에서 받으려면 배송 대행지는 필수로 거쳐야 하는 관문 중 하나다.

필자가 주로 사용하는 배송 대행지 중 하나인 '123GO'의 경우, 주 6일로 출항 횟수가 많다는 것이 장점이다.

'직꾸'는 각종 궁금증에 대해 카카오톡 메신저로 바로 상담이 가능해서 초보 셀러들이 이용하기에 좋은 배송 대행지다.

그런데 이러한 과정 자체가 초보 셀러들에게는 복잡하게 생각될 수 있다. 중국어로 타오바오에 가입한 후 상품을 주문하고, 배송 대행지를 통해서 받아야 한다고? 처음 이 사실을 알게 되었을 때, 나 역시도 머릿속이 띵~ 하고 울리며 혼란에 빠졌었다는 것을 이 자리를 통해 실토한다.

다행히 라떼와는 달리(?) 요즘은 친절하고 시스템이 잘 갖춰져 있는 배송 대행지가 많이 생겼다. 시스템이 잘 갖춰져 있어서 타오바오에서 주문하면 A부터 Z까지, 즉 사업자의 주문 이후부터 고객에게 배송되기까지의 전 과정을 모두 해결해 준다.

한 가지 예로, 고객 A가 내 스마트스토어에서 상품을 주문했다고 가정해 보자. 이때 나는 타오바오에서 고객 A가 주문한 상품을 배송 대행지 B의 주소지로 설정해 구입한다. 이어 B 업체에 A 고객의 연락처와 주소 그리고 고객의 통관 고유 부호를 전달한다. 이후, B 업체는 타오바오에서 배송한 상품이 도착하면 상품 사진을 꼼꼼히 찍어 내가 확인할 수 있는 주문 정보 란에 업로드한다. 혹시 제품에 하자가 없는지, 반품 사유는 없는지 등을 확인하기 위해서다.

혹시라도 잘못된 부분이 있다면 B 업체에서 교환을 진행해 주고, 제대로 된 제품이라면 재포장해서 A 고객의 집까지 안전하게 배송을 진행한다. 여기서 내 역할은 무엇이었을까? 큰 맥락에서 보자면, 그저 타오바오 사이트에서 클릭해 상품을 구매하고, B 업체에 A 고객의 정보를 전달한 것뿐이다. B 업체에 배송비와 검수비를 지불함으로써 보다 편리한 판매가 가능해진 것이다.

이러한 시스템을 사용하다 보면 구매 대행 절차도 점차 손에 익어갈 것이다. 특히 배송 대행지에서 제품 사진을 촬영해 주기 때문에 컬러나 수량이 잘못 도착했을 때도 타오바오 판매자에게 연락을 취해 제대로 된 제품을 배송 대행지로 다시 받아볼 수 있다.

그러니 너무 염려하지 않아도, 타오바오를 통해 물건을 구입하고 네이버 스마트스토어에서 판매하는 일까지 수월하게 일을 처리할 수 있는 셈이다.

중국에서 구매 대행을 하는 셀러들이 늘어남에 따라 업체 간의 경쟁도 점차 치열해지고 있다. 그러다 보니 기존에 주 5일 근무를 고수하던 배송 대행사들도 토요일 근무를 통해 주말에도 셀러들을 관

구매 후기를 통해 최대한 그 제품에 문제점은 없는지, 혹은 배송 문제는 없었는지 등을 꼼꼼히 살핀 후에 상품을 구매해야 한다.

리해 주고 있어 점점 더 편리해지고 있다. 심지어 최근에는 배송비를 조금 더 지불하면 4일 안에 배송해 준다는 배송 대행사도 생겨나 관련 업계 내에서 엄청난 화제를 불러일으키고 있다.

상품 구매 후기를 꼼꼼히 살펴 실패 확률을 줄이자

국내에서 상품을 구입할 때와 마찬가지로 타오바오 내에서도 질 좋은 상품을 고르기 위해서는 무엇보다 '매장의 등급'과 '구매 후기(리뷰)'를 적극적으로 확인해 봐야 한다. 나처럼 중국어를 모르는 셀러라면, 구글 브라우저인 크롬(Chrome)의 번역 기능을 활용해 구매 후기를 살펴보자.

특히 타오바오의 경우에는 중국의 인구 수를 실감할 수 있을 정도로 많은 고객이 구매 후기를 작성한다. 모든 구매 후기를 살펴볼 수는 없겠지만, 판매를 위해 구입하는 상품만큼은 최대한 꼼꼼히, 최대한 많이 살펴봐야 한다. 칭찬 글만 있는 제품일지라도 예리한 눈을 가진 소수의 구매 후기가 때로는 도움이 될 수 있기 때문이다. 소수의 예리한 사람이 짚어낸 하자가 있는 제품을 내가 받지 않으리라는 보장이 없지 않은가.

따라서 구매 후기를 통해 최대한 그 제품에 문제점은 없는지, 혹은 배송 문제는 없었는지 등을 꼼꼼히 살핀 후에 상품을 구매해야 한다.

여기서 중요한 점 중 하나는 '최근 날짜의 구매 후기'를 살펴봐야 한

필자가 주로 거래하는 타오바오 업체 중 한 곳.
좌측 상단을 살펴보면 믿음직스러운 업체라는 의미로 5개의 왕관이 표시되어 있는 것을 볼 수 있다.

다는 것이다. 일정 이상의 구매 후기가 많이 쌓인 상점이라면 예전의 구매 후기를 보고 제품의 질을 판단하는 오류를 범할 수 있다. 아무리 구매 후기가 많은 상점일지라도 날짜가 몇 달 전에 멈춰 있거나 혹은 몇 년 전의 구매 후기라면 그곳은 최근 활발한 판매가 이뤄지지 않는 곳일 가능성이 높다.

그럴 때는 주저 없이 자신이 거래하는 배송 대행지에 관련 링크를 발송하는 것을 추천한다. 물론 본인이 고른 배송 대행지마다 특성은 다르겠지만, 요즘은 배송 대행지 자체가 매우 친절해 링크 하나만 보내면 배송이 가능한 곳인지에 대한 확인 여부가 가능하다. 따라서 조금이라도 의심스러운 업체가 있다면 배송 대행지에 도움을 요청하자.

아울러 타오바오는 중국 쇼핑몰이기에 제품의 질이 현저히 떨어질 것이라는 우려를 해결할 수 있는 방법도 있다. 그건 바로 타오바오 내의 매장별 '등급'을 확인하는 것이다. 네이버에도 판매 건수, 판매 금액 등의 필수 조건에 따라 '플래티넘', '프리미엄', '빅파워' 등으로 스마트스토어의 등급을 표기하는 방법이 있다.

마찬가지로 타오바오도 매장마다 등급이 정해져 있다. 이때 다이아몬드 이상의 왕관 등급을 가진 업체를 선택한다면, 대부분 큰 실패 없이 우수한 품질의 상품을 보장받을 수 있다.

SMART STORE

1도 모르는 중국어로 타오바오 정복하기

009

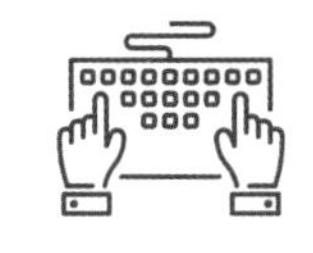

인터넷과 IT 기술의 발달로 세계는 하나가 됐다. 국가를 막론하고 인터넷만 연결되면 원하는 제품을 손쉽게 주문할 수도 있다. 우리나라에서 구할 수 없는 제품이나 혹은 터무니없이 비싼 가격의 제품을 해외 직구로 더 저렴하게 구입할 수 있어서 합리적인 소비가 가능해졌다.

이렇게 좋은 직구이지만, 의외로 많은 사람이 해외 직구에 쉽사리 손을 대지 못한다. 그건 바로 '언어의 장벽' 때문이다. 그나마 만국 공용어인 영어는 우리네 교과 과정에서 필수로 배울 수 있어 익숙한 반면, 중국어는 접점이 적은 것이 사실이다. 그래서인지 우리나라의 절반 가격에 달하는 타오바오 쇼핑몰만 하더라도 주문 과정에서 어려움을 느끼는 이가 많다. 중국어를 모르는 상태에서 내가 원하는 물건을 찾고, 주문까지 해야 하는 과정이 결코 쉬운 일이 아니기 때문이다.

그러나 우리는 글로벌 시대에 살고 있지 않은가. 요령만 안다면 누구나 번역기를 통해 간편하게 타오바오를 접할 수 있다.

해외 직구, 정말 가능한 거야?

오래전, '해외 직구'라는 단어를 처음 들었을 때 적지 않은 충격을 받았다.

"해외에서 물건을 산다고? 정말 그 물건이 제대로 배송되긴 하는 거야?"

우리나라가 아닌 해외 쇼핑몰에서 상품을 구입하는 행위 자체가 나에게는 생소하기만 했다. 다른 나라 쇼핑몰에서 상품을 구입하고, 그것을 받아보기까지 전전긍긍해야 하는 모습이 낯설게만 느껴졌다.

해외 직구를 시작하기까지 망설인 이유는 여러 가지가 있었지만, 그중 가장 크게 영향을 준 부분은 '사후 관리'에 대한 걱정이었다. 아무리 가격이 싸다고 한들 품질이 좋지 않아 반품이나 환불을 해야 할 경우에는 어떻게 처리를 할지 막막했다. 이러한 부분은 나뿐만이 아니라, 대다수가 해외 직구를 망설이게 되는 원인 중 하나로 꼽힌다.

특히 일반 의류나 액세서리와 같은 비교적 저렴한 가격의 아이템은 괜찮지만, 단가가 높은 제품은 사후 관리 측면에서 망설이게 될 수밖에 없다. 따라서 국내 소비자들은 어쩔 수 없이 비싼 가격을 지불하더라도 국내의 정식 수입 제품을 우선적으로 고려하게 된다.

여하튼 나는 가보지도, 경험해 보지도 않은 중국 쇼핑몰에서 제품을 구입한다는 행위 자체에 놀라움을 금치 못했다. 하지만 놀라는 것도 잠시, 중국어를 1도 모르는 내가 과연 주문을 잘 할 수 있을지

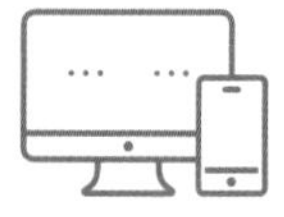

네이버 '파파고' 번역기에 '수영복'과 '튜브'라는 단어를 입력해서 번역한 중국어를 복사한 후,
타오바오 검색 창에 붙여넣기 하면 본인이 원하는 아이템을 쉽게 찾을 수 있다.

에 대한 걱정 때문에, 해외 직구는 그 나라 언어를 잘하는 사람들만의 세계라고 홀로 납득하고 말았다.

그런데 나의 이런 오랜 고민과는 달리 지인들은 마음에 드는 상품을 속속 골라 해외 직구를 제대로 활용하고 있었다. 새로운 것에 도전하는 게 늘 두려웠던 나는 해외 직구를 무서워하지도 않고 척척 해내는 동생들이 마냥 부럽기만 했다. 그러던 어느 날, 해외 직구 방법을 배우지 않으면 안 되는 상황을 맞이하게 됐다. '여행을 위해 돈을 번다'고 말해도 과언이 아닐 정도로 여행을 좋아했던 나는 해외에서 휴가를 즐기기 위해 수영복과 래시가드 등을 사야만 했다.

이때를 계기로 타오바오 사이트에 접속해 차근차근 조심스레 상품을 장바구니에 넣고, 내가 원하는 컬러와 스타일을 검색하기 위해 네이버 '파파고(Papago)'라는 번역기를 사용했다. 비키니, 수영복, 래시가드, 튜브 등을 네이버 파파고 번역기를 통해 열심히 번역해서 검색어에도 넣어 보고 이리저리 물건을 찾으며 며칠 밤을 꼬박 지새웠다. 회사 일에 치여 지칠 법도 했지만, 끊임없이 아이템이 쏟아지는 타오바오에서 눈을 뗄 수가 없었다. 언어에 대한 두려움을 이겨내고 나니, 해외 직구의 재미와 자신감을 얻게 된 것이다.
'중국어, 할 줄 몰라도 다 방법이 있구나!'

번역기를 적극 활용하자

처음으로 타오바오에 접속해서 번역기를 사용하여 검색을 했을 때는 사실상 큰 기대를 하지 않았다. 번역기가 많이 발전했다고는 하지만 오류는 있기 마련이고, '개미지옥'이라 불릴 정도로 방대한 타오바오에서 내가 원하는 아이템을 찾을 수 있을지에 대한 불신 때문이었다.
해외에서도 번역기를 통해 간단한 대화를 주고받을 수 있는 세상이긴 하지만, 그만큼의 불편함도 있었기에 더더욱 반신반의하며 번역기를 사용했던 것 같다. 그러나 타오바오는 나의 불신을 비웃기라도 하듯이 너무나도 정확하게 내가 원하는 아이템을 속속 골라 눈앞에 보여주었다.
내가 찾는 아이템은 수영복 한 벌에서 시작해 마치 마인드맵을 그려 나가듯 다른 아이템으로 줄기를 뻗어 나갔다. 그 당시 수영을 하지 못하는 나를 위한 선물로 열심히 튜브를 검색하다가 팔에 끼기만 하면 물 위를 둥둥 떠다닐 수 있는 팔 튜브를 발견하고 기쁨을

처음으로 타오바오에서
구입했던 팔 튜브.

감추지 못했던 기억이 아직도 생생하게 떠오른다. 그 제품은 일반 튜브보다 부피도 작고, 튜브에 바람을 넣는 기계를 따로 챙기지 않아도 되어 편리했다. 덕분에 금방이라도 터질 것 같던 내 여행용 캐리어의 부피도 줄어들었다.

이러한 즐거움은 나만을 위한 것이 아니었다. 아이디어 넘치는 가성비 좋은 제품을 발견할 때마다 여행을 떠나는 지인들에게 선물도 줄 수 있었기 때문이다. 한번은 나에게 유용했던 팔 튜브를 지인들에게 선물했는데, 그 지인 중 한 명은 팔 튜브 덕분에 깊은 물에서도 즐겁게 놀 수 있었다며 감탄사를 연발했다. 내가 고른 물건을 함께 기뻐해 주고 즐거워하는 주변 사람들을 생각하면서 시간 가는 줄 모르고 타오바오에 더 매진했다.

구매 후기가 좋은 왕관급 이상의 상점을 정한 후, 해당 판매처에서 판매하는 다른 상품들은 무엇이 있는지 파악하는 것이 중요하다.

이러한 일련의 과정들 덕분에, 나는 타오바오에서 상품을 주문하는 일이 결코 어렵지 않다는 것을 자신 있게 설명할 수 있게 되었다.

"타오바오? 번역기만 있으면 충분해요!"

그렇다. 여러 번역기 프로그램을 이용해 단어를 찾아 검색만 하면 타오바오 쇼핑은 끝이다. '수영복', '튜브'라는 간단한 단어를 번역한 뒤, 번역한 단어를 복사해서 타오바오 검색 창에 옮기기만 하면 되는 것이다.

나는 오랜 경험을 통해 지인들에게 몇 가지 소소한 팁도 줄 수 있게 됐다. 먼저, 물건을 구입할 때는 가격이 적당하고, 등급에 왕관(골드, 블루)이 달려 있는 곳이 좋다는 것. 또한 최근 구매 후기가 많이 달린 상점, 그리고 금, 쇼핑백, 숫자 7 등의 아이콘이 있는 상점이라면 안심해도 된다. 그런 상점이라면 다른 상점에 비해 훨씬 안정적인 판매처이기에 믿고 구매할 수 있어서다.

특히 구매 후기를 보면 해당 아이템의 품질에 대한 간접 경험이 가능한데, 제품의 질이 낮으면 구매 후기가 온갖 악플로 도배되다 시피 달려 있으므로 악플이 없는지 살펴보는 것도 중요하다.

그리고 셀러들이라면 여기서 한 걸음 더 나아가야 한다. 구매 후기가 좋은 왕관급 이상의 상점을 정한 후, 해당 판매처에서 판매하는 다른 상품들은 무엇이 있는지 파악하는 것이다.

판매처를 클릭해 또 다른 아이템을 검색하고, 이 상점에서 판매가 잘 되는 아이템 랭킹 순위를 보고 인기 아이템도 구경한다면, 내 스마트스토어에서 어떤 상품을 판매할 것인지에 대한 해답도 어렵지 않게 찾을 수 있다.

지인들이 해외 직구를 하는 모습을 보며 마냥 부러워만 하던 나는 5년의 시간이 흐른 지금, 해외 직구만을 고집하고 있다. 이제는 같은 제품을 국내에서 웃돈 주고 구입하는 게 손해를 보는 느낌이 들 정도다. 국내 배송에 비해 며칠 더 기간이 소요되더라도 내가 직접 주문해서 상품을 받아 보는 재미는 그 무엇과도 바꿀 수 없다.

또 다른 재미를 주는 '배송 조회'

잘 알지도 못하는 중국어로 상품을 주문하는 것까지 성공했다면, 이제는 내 상품을 기다리기만 하면 된다. 하지만 처음 주문하는 타오바오 쇼핑몰에서 내 상품이 잘 배송되고 있는지 궁금한 이가 많을 터. 실시간 배송 조회를 통해 또 하나의 재미를 느껴 보자.(이때, 타오바오에서 부여받은 운송 번호로 인천세관에 도착하기까지 조회가 가능하다.)

타오바오에서 배송 대행지로 상품이 도착한 이후에도 배송 대행지 서비스를 통해 인천항에 도착하기까지의 과정은 한눈에 확인 가능하다. 따라서 태풍이 불어 상품의 도착이 더 늦어진다고 해도 더 이상의 걱정은 붙들어 매라고 얘기해 주고 싶다.

주문한 상품이 배송 대행지에 도착하면, 상품의 이동 경로는 총 4단계로 나타난다. 이때 주의해야 할 점은 타오바오에서 배송 대행지에 도착한 상품을 마냥 내버려만 두면 소중한 주문품이 미아가 되기 십상이라는 것이다. 그러니 얼른 배송 대행지로 달려가 타오바오에서 내 상품이 도착했으니 확인해 달라고 배송 대행 신청서를

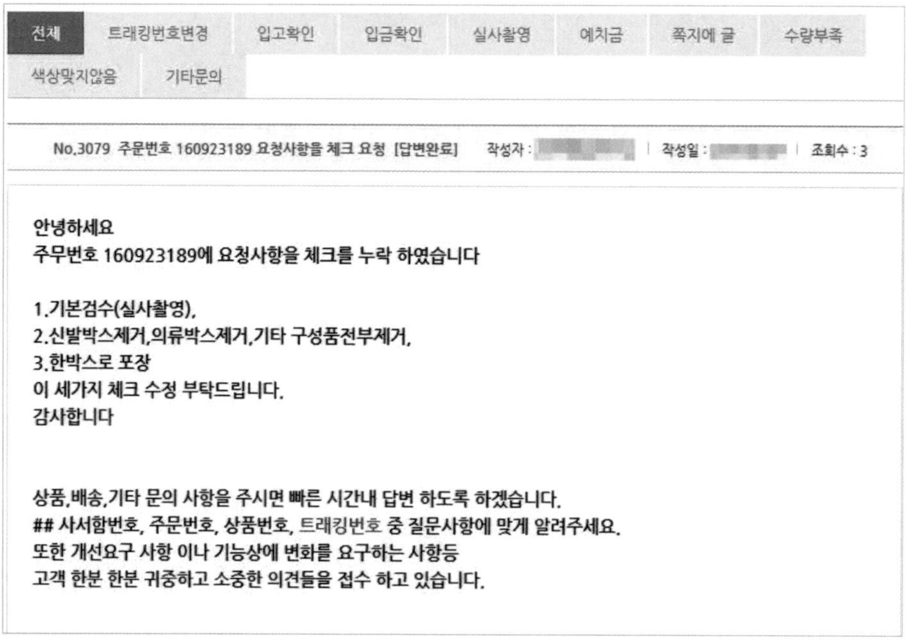

전체	트래킹번호변경	입고확인	입금확인	실사촬영	예치금	쪽지에 글	수량부족
색상맞지않음	기타문의						

No.3079 주문번호 160923189 요청사항을 체크 요청 [답변완료] 작성자 : | 작성일 : | 조회수 : 3

안녕하세요
주무번호 160923189에 요청사항을 체크를 누락 하였습니다

1.기본검수(실사촬영),
2.신발박스제거,의류박스제거,기타 구성품전부제거,
3.한박스로 포장
이 세가지 체크 수정 부탁드립니다.
감사합니다

상품,배송,기타 문의 사항을 주시면 빠른 시간내 답변 하도록 하겠습니다.
사서함번호, 주문번호, 상품번호, 트래킹번호 중 질문사항에 맞게 알려주세요.
또한 개선요구 사항 이나 기능상에 변화를 요구하는 사항등
고객 한분 한분 귀중하고 소중한 의견들을 접수 하고 있습니다.

필자가 처음으로 배송 대행지를 통해 상품을 구입한 후, 원하는 사항을 Q&A를 통해 문의한 내용이다.
이처럼 필요한 부분이 있으면 상품이 인천에 도착하기 전에 바로 배송 대행지에 요청하면 된다.

작성하자. 이후 신청서를 전송하면 배송 대행지에서 사진을 찍어 나에게 상품을 확인시켜 준 후, 배송료를 받고 바로 인천세관으로 발송한다.

여기까지 진행이 됐다면, 이번에는 세관 사이트에 접속해 내 상품이 어디서 어떤 절차를 거치고 있는지 통관 절차를 확인해 보자. 이때 내 상품이 13단계(입항 적하목록 제출, 입항 적하목록 심사 완료, 입항 보고 수리 등)의 절차를 착실하게 거치고 있음을 확인할 수 있다. 그리고 모든 절차가 끝나면 다음 날 바로 배송 조회가 가능하다. 배송 조회의 경우, 새롭게 부여받은 운송 번호를 통해 내 고객에게 물건이 배송

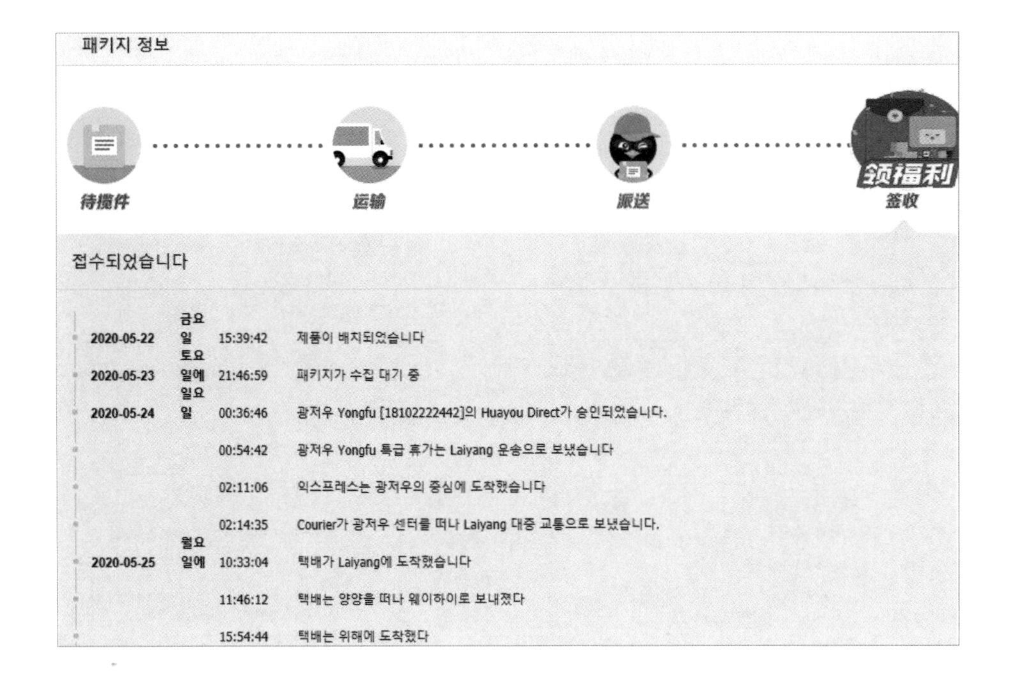

패키지 정보
待揽件
运输
派送
领福利
签收
접수되었습니다
2020-05-22 금요일 15:39:42 제품이 배치되었습니다
2020-05-23 토요일에 21:46:59 패키지가 수집 대기 중
2020-05-24 일요일 00:36:46 광저우 Yongfu [18102222442]의 Huayou Direct가 승인되었습니다.
00:54:42 광저우 Yongfu 특급 휴가는 Laiyang 운송으로 보냈습니다
02:11:06 익스프레스는 광저우의 중심에 도착했습니다
02:14:35 Courier가 광저우 센터를 떠나 Laiyang 대중 교통으로 보냈습니다.
2020-05-25 월요일에 10:33:04 택배가 Laiyang에 도착했습니다
11:46:12 택배는 양양을 떠나 웨이하이로 보내졌다
15:54:44 택배는 위해에 도착했다

되는 결과를 알아볼 수 있다. 이때 새 운송 번호는 배송 대행지에서 알려 준 택배 회사 사이트에서 검색할 수 있다.

다만, 배송 대행지에서 물건을 빨리 보냈더라도 인천세관에서 집중 단속 기간에 걸리면 배송이 늦어지는 경우가 종종 있다. 그렇기에 셀러들은 배송에 너무 연연하지 않는 게 좋고, 고객에게는 이 부분을 꼭 각인시켜 줘야 한다. 배송이 빨리 오면 감사한 일이지만, 세관의 집중 단속 기간에 걸리기라도 한다면 어쩔 수 없이 늦어질 수밖에 없다. 따라서 본인의 스마트스토어 상세 페이지 맨 아래에 이러한 부분도 필독 사항으로 게시해 고객에게 미리 알려 주는 것이 좋다.

사실 아무것도 알지 못하던 시절, 배송 대행 신청서를 작성하는 일

타오바오에서 상품을 주문한 후, 내 물건이 어디에 도착했는지 4단계를 통해 알아볼 수 있으므로 답답함을 느낄 일이 없다.

No	처리단계	장치장/장치위치	포장개수	반출입(처리)일시	신고번호
	처리일시	장치장명	중량	반출입(처리)내용	반출입근거번호
13	통관목록심사완료	02002079	1	2020-05-27 10:40:34	SE01872000000130
	2020-05-27 10:40:34	인천세관 제2지정장치장	4.4 KG		
12	반출신고	02002079	1	2020-05-27 10:40:34	0200207920L3339123
	2020-05-27 10:40:34	인천세관 제2지정장치장	4.4 KG	목록통관특송물품 반출	SE01872000000130
11	반입신고	02002079/GHSD	1 GT	2020-05-27 10:40:07	020020792033530182
	2020-05-27 10:40:34	인천세관 제2지정장치장	4.4 KG	입항 반입	
	[부가사항] 인천세관 제2지정장치장의 장치기간은 최대 6 개월 입니다.				
10	하선장소 반입기간연장 승인	02002079	1 GT		20020106514
	2020-05-25 16:42:11	인천세관 제2지정장치장	4.4 KG		연장반입기한:2020-06-01
9	하선장소 반입기간연장 승인신청				20020106514
	2020-05-25 14:59:16		KG		
8	하선장소 반입기간연장 승인	02002079	1 GT		20020106514
	2020-05-22 16:25:48	인천세관 제2지정장치장	4.4 KG		연장반입기한:2020-05-28
7	하선장소 반입기간연장 승인신청				20020106514
	2020-05-22 14:32:59		KG		
6	통관목록접수	02002079	1		SE01872000000130
	2020-05-22 11:03:28	인천세관 제2지정장치장	4.4 KG		
5	하선신고 수리	02002079	1 GT		20020106514
	2020-05-22 10:12:31	인천세관 제2지정장치장	4.4 KG		
4	입항적하목록 운항정보 정정				20HDFC5494I00000001
	2020-05-22 09:41:00		KG		
3	입항보고 수리				20HDFC5494I
	2020-05-22 09:41:00		KG		
2	입항적하목록 심사완료	02002079	1 GT		
	2020-05-22 06:05:59	인천세관 제2지정장치장	4.4 KG	주식회사 지에이치스피드	
1	입항적하목록 제출	02002079	1 GT		
	2020-05-21 23:10:26	인천세관 제2지정장치장	4.4 KG		

타오바오에서 주문한 상품이 통관 절차를 거치는 과정.

이 너무 손이 많이 가고 어렵게만 느껴졌던 탓에 아르바이트생을 고용한 적이 있었다. 일을 맡긴 처음에는 굉장히 편안하고 좋았으나, 내가 직접 일하는 것만큼 꼼꼼하지는 못했다. 빈틈이 보이기 시작한 것이다.

많은 양의 상품을 주문하면 일일이 확인하는 작업이 필요한데, 미처 확인하지 못해서 상품이 분실되는 일도 발생했다. 하염없이 상품을 기다리는 내 고객들을 위해서라도 두 눈을 똑바로 뜨고 확인하는 작업이 필요한데, 이 과정에서 자꾸 허점이 발생했다.

특히 셀러 입장에서는 중국 업체에서 사이즈를 잘못 발송하면 재빨리 알아채 교환 신청을 하는 작업이 필요하다. 내가 주문한 상품에 점 하나라도 잘못 찍혀 있는 것은 아닌지, 매의 눈으로 확인해야 나를 믿고 구매해 준 고객을 만족시킬 수 있다.

하자 있는 상품이 오거나 수량이 잘못 왔다면, 배송 대행지에서 인천세관으로 상품을 발송하기 전에 전부 해결해야 한다. 인천세관에 도착한 후에 다시 중국으로 보내는 반송료가 턱없이 비싸기 때문이다. 그러니 교환이나 환불은 배송 대행지에서 한국으로 발송하기 전에 처리해야 한다는 점을 반드시 명심하자.

꿀 Tip!

Q&A로 알아보는 배송 대행지 선정 비법

Q. 처음 사업을 시작한 셀러들이 배송 대행지를 선택할 때 주의할 점은 무엇인가요?

A. 출항 횟수를 살펴보는 것이 좋습니다. 아무리 서비스가 좋다고 한들 출항 횟수가 낮으면 물류의 배송이 늦을 수밖에 없습니다. 요즘은 주말에도 쉬지 않고 셀러들을 응대해 주는 곳도 많습니다. 여기서 더 나아가, 가끔 배송 대행 신청서 오류가 발생했을 때 직접 셀러에게 전화로 상황을 알려 주는 것은 물론, 후속 조치를 신속히 처리해 주는 곳을 선택해야 합니다.

Q. 배송 대행지를 선정하는 기준은 무엇인가요?

A. 필자는 많은 배송 대행지를 경험해 봤는데, '123GO'라는 배송 대행지와 거래를 시작한 이후로 지금까지 계속 이용하고 있습니다. 이곳 대표님은 오픈마켓 1세대이기 때문에 배송 대행지에 관해 아는 것이 많다는 점이 큰 장점입니다. 스마트스토어 운영 초기에는 배송 대행지로부터 도움을 받을 일이 많기 때문에, 경험이 풍부한 배송 대행지와 거래하는 것이 좋습니다. 배송 대행지 업체들 중에서 쇼핑몰을 운영해 보지 않고 배송 대행지만 하는 분도 많은데, '123GO'는 직접 오픈마켓을 운영한 경험이 있어서 셀러들과 소통이 잘 되는 편입니다. 꼭 '123GO'가 아니더라도 본인이 모르는 정보를 알려 줄 수 있는 배송 대행지를 찾는 것이 중요합니다.

Q. 배송 대행지에 관한 정보를 얻을 수 있는 방법이 있나요?

A. 남들에게 듣는 정보도 좋지만, 본인이 직접 여러 곳을 이용해 보는 방법을 추천합니다. 도움을 요청했을 때 관련 정보를 줄 수 있는지에 대해 알아보는 것도 중요하죠. 한 예로 대량 주문이 들어왔을 때, 배송 대행지에 따로 연락을 해서 공

장 다이렉트 구매나, 타오바오처럼 알리바바 그룹이 운영하는 온라인 도매시장인 '1688'을 통해 도매가로 제품을 구입하는 방법 등을 문의해 볼 수도 있습니다. 셀러가 쉽게 할 수 없는 일들에 대해 문의하고 도움 받을 곳을 결정하는 것이 중요합니다.

Q. 배송 대행 신청서 작성은 어려운가요?

A. 배송 대행 신청서 작성은 어렵지 않습니다. 판매자 자신의 계정으로 로그인한 후, 주문한 고객의 이름, 전화번호, 주소와 상품 정보를 입력하면 판매자의 손을 거치지 않고 배송 대행지에서 곧바로 고객에게 상품이 전달됩니다. 처음부터 너무 어렵게만 생각하지 말고 하나씩 차근차근 해결하다 보면 얼마 지나지 않아 익숙해질 것입니다.

Q. 배송 대행 신청서 작성 시 주의할 점은 무엇인가요?

A. 주문자의 이름, 전화번호와 주소가 정확해야 합니다. 수량, 컬러, 사이즈를 모두 빠짐없이 작성해야 하고, 특히 '통관 고유 부호'나 '생년월일'은 가장 중요하므로 반드시 입력해야 합니다. 배송 대행지에서 제시하는 보다 자세한 주의 사항은 다음과 같습니다.

1. 배송 대행지에 물품이 도착하기 전에 배송 대행 신청서를 작성하고 트래킹 번호(운송장)를 입력해야 한다.
2. 배송 대행지에 도착한 물품의 이상 유무를 확인한다. 예를 들면, 주문한 물품이 맞는지, 얼룩이 있는 곳은 없는지, 파손된 것은 없는지 등.

3. 세관 통관 과정에서 일어나는 일(통관 수수료, 관부과세, 창고료, 폐기 등)은 모두 본인이 책임진다.
4. 한국에 택배가 도착한 후에는 이상 유무를 확인하고, 파손 등이 있을 때는 한국 택배사에 배상을 청구한다.
5. 하나의 신청서에 등록된 물품은 합포장 된다. 규격 외 수수료가 추가될 수 있다.
6. 신청서에 작성되는 내용은 세관 신고서에 반영된다. 허위 작성이나 정보 미기재 등으로 인한 불이익에 대해서는 본인이 책임진다.
7. 신청서에 기재한 물품이 물류센터에 도착하면 해당 신청서는 취소할 수 없다.
8. 물품이 물류센터에 도착하면 신청서에 작성된 정보 및 부가 기능은 수정할 수 없다.
9. 이름은 실제 물품을 받는 이의 정보를 기재해야 한다.
10. 물품이 물류센터에 도착하기 전에 신청서를 작성해야 한다(보관 기간 1개월).
11. 배송비는 물품이 물류센터에 도착 완료 후 무게 측정되며, 문자로 발송된다.
12. 액체, 유리, 중고 제품은 파손 시 보상 접수가 되지 않으니 유의해야 한다.

〈배송 대행 신청서 예시〉

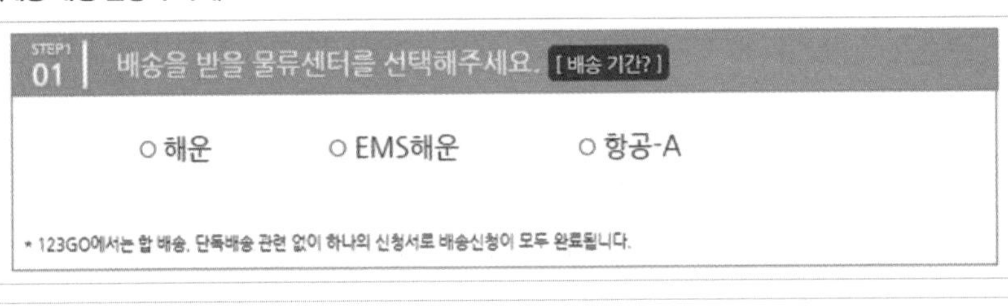

STEP 03 받는 사람 정보를 입력해주세요. [주소 불러오기 클릭 - 자세히]

받는 사람	한글 [ ] 주소록 가져오기 영문 [ ] * 사업자 통관은 사업자명을 써주세요
통관방법?	◉ 목록통관 (추천) ○ 사업자통관 ○ 일반통관(개인통관고유번호 필수) [ ] 개인통관고유번호 또는 생년월일 필수!(수취인) 사업자통관은 사업자번호 필수!
주소 및 연락처	연락처 [ ] - [ ] - [ ] 우편번호 [ ] 우편번호 검색 주소 [ ] 상세주소 [ ] * 도로명 주소를 써주세요. 지번 주소 기재 시 통관/세관에서 오류로 분류시켜 통관지연이 될 수 있습니다 영문주소 [ ] 영문상세주소 [ ]
배송 요청사항	[ ] * 국내 배송기사 분께 전달하고자 하는 요청사항을 남겨주세요.(예: 부재 시 휴대폰으로 연락주세요.)
받는 사람 정보	[ ]

STEP 04 상품 정보를 입력해 주세요 [자세히 보기]

상품#1 주문내역복사 재고불러오기 상품복사 + 상품추가 — 상품삭제

구매자 이름 Shipping Name	[ ]	구매 주문번호 Order No.	[ ]
트래킹번호 Tracking No.	中通快 [ ] ☐트래킹 번호 나중에 입력		
이미지 URL (입력해주세요) 이미지등록	* 통관품목 품목은 정확하게 선택해주세요(세관신고) 통관품목 검색 * 상품명(영문/중문) [ ] / [ ] * 정확한 작성을 해주셔야 통관지연을 막을 수 있습니다. (대표품목, 특수문자, 한글 입력 금지) * 단가 단가 0 X 수량 1 * 옵션 색상 [ ] 사이즈 [ ] * 상품URL [ ] * 이미지URL [ ]		

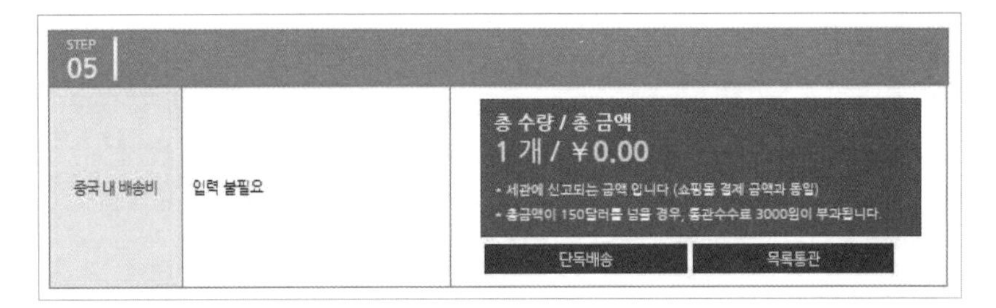

STEP 06 | 요청사항을 입력해 주세요 [자세히 보기]

검수옵션	☑ 기본검수[실사촬영] (500 원) ☐ 정밀검수 (3,000 원) ☐ 정밀검수(수량크기) (5,000 원) ☐ 원산지작업 (요금별도) ☐ 기타0 (300 원) ☐ 기타1 (200 원) ☐ 기타2 (700 원)
제거옵션	☐ 신발박스 ☐ 인보이스 ☐ 의류박스 ☐ 기타 구성품 제거 주의! 제거옵션 선택으로 파손된 물품은 본인으니 책임 입니다.
포장옵션	☐ 폴리백 포장 (1,000 원) ☐ 특수포장 (3,000 원) ☐ 특수포장 (5,000 원) ☐ 특수포장 (7,000 원) ☐ 뽁뽁이포장(泡沫包装) (1,500 원) ☐ 나눔포장 ☐ A작은박스 (300 원) ☐ B소박스 (500 원) ☐ C중간박스 (700 원) ☐ D기본박스 (1,000 원) ☐ E박스대 (1,500 원)
보험옵션	☐ 보험가입 요청 (상품가의 5.0%) € 12.33미만은 가입하실필요가 없습니다.
물류 요청사항	

STEP 07 | 무게 측정 후 자동 예치금 결제

자동 결제 여부	☐ 바로출고 요청 (예치금: -11,794 원) == 배송비 할인 쿠폰 ∨ 출고된 물품의 이상 여부는 본인에게 있습니다 예치금으로 자동결제 후, 바로출고 되며 조금 더 빠르게 받을 수 있습니다.

STEP 08 | 관부가세 수취인 납부

관부가세 수취인 납부	☐ 관부가세 수취인 납부

접수대기 | 물품확인중 | 접수신청

접수신청을 하시게 되면 수정이 불가능합니다. 트래킹 번호 추가 등 수정이 필요하신 경우에는 접수대기를 선택해주세요.
(접수신청을 완료하신 후에 부득이한 사유로 요청서 수정이 필요한 경우에는 1:1문의를 주세요)

Q. 항공으로 들여올 수 없는 물품도 있나요?

A. 배송 기간이 보다 빠른 항공편보다 주로 배를 통해 물품을 들여오는 경우가 많은데, 이는 항공 운송 불가 물품이 많아서 그렇습니다. 항공 불가 물품으로는 ▲배터리 내장 제품 ▲위조품, 캐릭터 등 지적 재산권 침해 제품 ▲액체, 가루, 화재나 위험 물품 ▲자석이 들어 있는 제품 등이 있습니다.

Q. 운송 대행 절차가 궁금합니다.

A. 타오바오에서 상품을 주문한 후, 배송 대행지를 거쳐 고객의 품으로 가기까지는 여러 단계를 거쳐야 합니다. 운송 대행 절차는 다음 그림을 참고하시기 바랍니다.

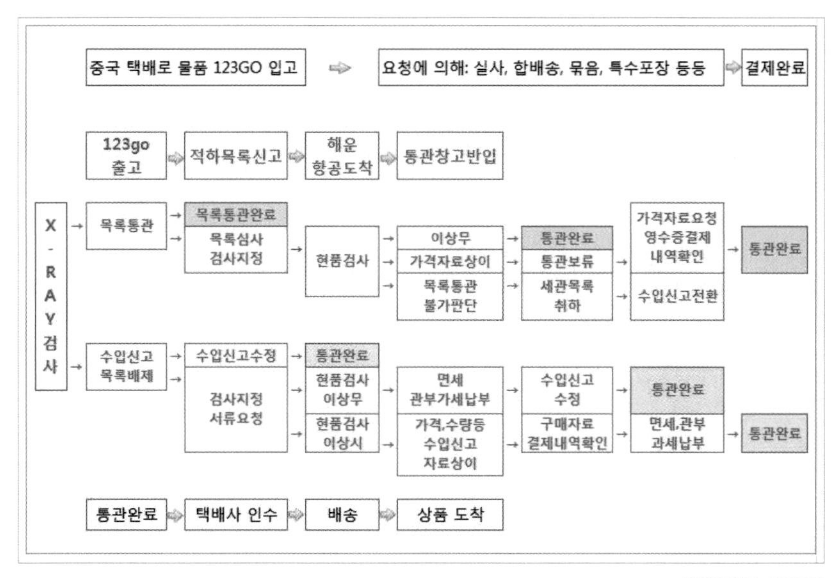

* 자료 제공 : 123GO

SMART STORE

010

사업 자금의 편견을 깨자

쥐꼬리만 한 월급, 다람쥐 쳇바퀴 돌듯 매일 비슷하게 흘러가는 삶, 쉴 새 없는 스트레스의 연속 등 많은 사람이 창업을 하고 싶어 하는 이유는 비슷하면서도 각양각색일 것이다. 저마다의 사정이 다르기 때문. 하지만 '남'의 일을 대신 해주는 것이 아닌, '자신'만의 일을 내가 원하는 시간에 하고 싶어 한다는 점은 모두가 같다. 한 마디로 '수동적인 삶'이 아닌 '능동적인 삶'을 살면서 일하는 만큼의 보람을 느끼고 싶어 하는 것이다.

그럼에도 불구하고 우리가 창업에 쉽게 달려들지 못하는 이유는 명확하다. 불투명한 미래와 사업 시 필요한 운영 자금 등의 압박이 발생해서다. '창업은 3년이 고비'라는 말이 있다. 3년 안에 모든 것이 결정 난다는 얘기다. 평생의 퇴직금을 투자해 호기롭게 시작한 사업을 3년 이상 계속 이어갈 수 있을지, 아니면 접어야 할지에 대한 판단의 시간은 언젠가 반드시 찾아온다.

그러나 스마트스토어는 예외다. 내가 타오바오를 발견했듯이 적절한 방향만 찾는다면, 초기 자금이 거의 발생하지 않는다. 해외 직구를 통해 물건을 공수해 오기에 별도의 창고 시설이나 재고를 떠안을 걱정도 없고, 굳이 남들처럼 처음부터 큰 규모로 사업을 시작할 필요도 없다. 자신만의 페이스를 조절해 사업을 이어 나간다면, 누구나 성공의 지름길을 걸어갈 수 있다.

사업은 경험을 해봐야 재미를 안다

나는 아직도 내가 스마트스토어의 오너(Owner)라는 것, 그리고 오프라인 강의에서 성공 노하우를 전수하는 강사라는 사실이 믿기지 않을 때가 많다. 내 핸드폰은 늘 1분 1초가 아쉬울 정도로 끊임없이 울려댄다. 각종 모임의 관계자, 고객, 수강생 등. 그럴 때면 새삼 느끼곤 한다. 나름대로 '스마트스토어에 대해 잘 이해했고, 그러한 노하우를 이해하기 쉽게 전달하고 있구나!'라고 말이다.

나는 해외 직구 시스템에 중독되어 우연히 스마트스토어를 시작하게 됐다. 그렇게 시작한 일이 소소한 사업으로 연결이 되고, 20여 년의 회사 생활을 접어야 할 정도의 규모 있는 사업으로 성장할 줄은 꿈에도 상상하지 못했다.

'시작은 미약했으나 그 끝은 창대하리라'라는 말이 있듯, 호기심 하나로 시작한 이 사업이 타인의 눈에는 소꿉장난으로 보였을지도 모른다. 그렇지만 이제는 어엿한 사업체의 하나로 자리 잡게 되었다. 사전에 사업 자금을 준비해야 하는지, 무엇이 필요하고 어떤 과정을 거쳐야 하는지 아무것도 모른 채 멋모르고 뛰어든 사업이었다.

사업을 시작하면서 생전 경험할 일 없었던 '고사(告祀)'를 지내기도 했다. 사업을 하게 되면 모르던 온갖 미신도 믿게 된다더니, 내 꼴이 딱 그러했다. 사업은 나의 모든 것을 바꿔 놓았다.

내가 가진 것이라곤 단순히 주변 사람들에게 들은 귀동냥이 전부였다. 스마트스토어는 어느 정도 구색을 갖춰 놔야 고객들의 유입이 잘 된다는 얘길 듣게 됐고, 무작정 구색을 갖추기 위해 아이템을 업데이트하기 시작했다.

내가 좋아서 한 일이 고객들의 마음을 움직였고, 어느 날부턴가 기하급수적으로 늘어나는 주문 양에 정신을 못 차린 채 하루하루를 보냈다. 나 한 사람이 올린 아이템을 믿고 기다리는 고객들을 위해 한시도 핸드폰을 손에서 놓을 수가 없었고, 고객에게 문의가 들어오면 자다가도 벌떡 일어나 답변을 달아주곤 했다.

만약에 내가 직장 일을 할 때 상사가 시도 때도 없이 고객의 의견에 답변을 주라고 한다면 과연 어땠을까? 상상만 해도 끔찍하지 않을 수 없다. 그만큼 직장 생활과 내가 직접 운영하는 스마트스토어는 다르다. 가장 바빴을 때는 "잠을 자지 않고 그렇게 일해도 괜찮니?"라고 주변에서 물어볼 정도로 잠을 줄여 가면서까지 고객의 문의에 응답했다.

그렇게 처음 시작한 사업은 내게 활력소 그 자체였다. 고객이 상품을 주문하고 기다리는 시간까지, 고객의 모든 것을 온전히 책임져야 한다는 사실도 깨달았다. 그러기 위해서는 무엇보다 믿음을 줘야 한다는 것을 말이다. 나를 믿고 기다려 주는 고객들을 24시간 충족시키기 위해 노력한 것이다.

내가 소비자였을 때의 기억을 떠올리는 것도 좋은 서비스를 위한 밑거름이 됐다. 질문에 대한 답변을 기다리는 초조함이 어떤 것인지를 잘 알기에, 기왕이면 바로바로 응대해 주려고 심혈을 기울였다.

어느 순간부터 내 몸이 하나인 것이 아쉬울 정도로 바빠졌다. 처음에는 그저 스마트스토어에 상품을 올리고, 주문받은 상품을 발송하는 업무 정도가 내가 할 수 있는 일이라고 여겼다. 하지만 운영을 해보니 새로운 상품을 올리고 판매가 이루어지면, 구매 대행을 도와주며 CS(Customer Service, 고객 서비스) 업무까지 완벽하게 진행하는 일이 셀러로서 책임을 다하는 것이라는 사실을 알게 됐다. 결코 만만치 않은 일이지만 그만큼 보람을 느낄 수 있는 자리가 스마트스토어 오너라는 것도 깨달았다.

물론 지금은 일과 생활의 균형을 맞춰서 일하는 법을 어느 정도 터득했고, 수강생들에게도 초반에 너무 힘을 빼지 말라고 조언한다. 에너지가 넘쳐 오랜 기간 나처럼 쉴 새 없이 달릴 수 있는 성격을 가진 사람이라면 괜찮다. 그러나 일반인이 직장과 스마트스토어 두 가지 일을 병행하며 달린다면, 금방 지칠 수 있다. 다만 그 당시의 나는 처음 시작한 스마트스토어의 세계가 너무 신기했고, 하루하루

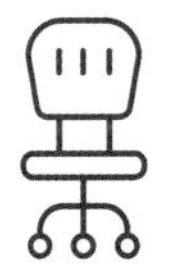

쌓여 가는 택배 박스와 비례한 돈벌이가 너무 재미있었기에 지친 줄도 모르고 몰입할 수 있었다.

스텝 바이 스텝으로 나만의 방식을 습득하자

우리나라 속담 중에 '뱁새가 황새 쫓다가 가랑이 찢어진다'라는 말이 있다. 남을 따라 하기 위해 자신의 능력을 초과하는 일을 하다 보면 탈이 나기 마련이라는 얘기다.

몇 년 전, 비트코인으로 성공한 사례들이 심심치 않게 들려오던 때가 있었다. 각종 매스컴에서는 마치 비트코인을 사지 않으면 바보라는 식의 내용을 대서특필하기도 했으며, 내 주변인들도 비트코인

나만의 방식으로 차근차근 일을 진행하다 보니, 예상치도 못한 고객들의 반응에 감동의 나날을 보내곤 했다. 직장인으로서 투잡을 하던 때였음에도 불구하고, 물밀듯 밀려오는 주문 때문에 밤새 택배를 포장하다 바로 일터로 출근하던 때가 있었다. 늘 수면 부족에 시달렸지만, 그럼에도 불구하고 너무나도 행복했다.

에 대해 많은 관심을 두고 참여하곤 했다. 하지만 너도나도 비트코인 세계에 뛰어들었다면 결과는 어떻게 됐을까? 아무나 도전한다고 성공을 맛볼 수는 없다. 분명 그 안에는 수많은 실패 사례가 있지만, 그건 본인만 아는 얘기다.

아무나 도전한다고 성공을 맛볼 수는 없다. 자신의 능력을 초과하는 일을 하다 보면 탈이 나기 마련이다.

이러한 사례는 비트코인뿐만 아니라 주변에서도 쉽게 찾아볼 수 있다. 한 예로 결혼과 그 후의 삶에 대해서도 고찰이 가능하다. 누군가는 남의 이목만을 신경 쓰며 자신의 분수에 맞지 않는 허례허식을 챙기곤 한다. 결혼식은 무조건 연예인에 버금가는 큰 예식장에서 치러야 하고, 전세나 월세에 대한 부담이 있더라도 큰 집을 준비해야 하며, 집들이와 돌잔치는 남들 눈에 얕보이지 않도록 휘황찬란해야 한다고 생각한다. 어떤 이는 마치 이 공식을 따르지 않으면 대세에 편승할 수 없다는 듯이 사람을 구석으로 몰아가기도 간다.

그 당시 얼마나 많은 제품을 판매했는지 알 수 있는 송장들의 향연.

나에게 스마트스토어 관련 수업을 들었던 수강생들도 모든 이가 셀러로 활동하고 있지는 않다. 단순히 호기심으로 수업을 들으러 왔다가 제대로 시작도 하지 못한 채 바쁜 직장 생활을 지속하고 있는 이도 많다.

또한 처음부터 성과가 좋아서 계속 유지하는 셀러가 있는가 하면, 노력해도 주문이 들어오지 않아 포기하는 셀러도 있고, 너무 바쁜 나머지 짬짬이 상품 등록 정도만 하는 셀러도 있다.

이처럼 어느 정도 적성이 맞고 구매자들이 좋아하는 아이템을 고르는 센스와 운이 따라준다면, 큰 성과를 볼 수 있다. 하지만 고객이 원하는 걸 캐치하지 못하는 상황에서 '남들은 되는데 왜 나만 되지 않느냐'며 울상을 짓는 수강생들을 보면 안타까울 때가 많다.

나는 그들에게 너무 조급해하지 말고 자신만의 스타일을 만들어 가라고 조언한다. 짧은 운동을 하더라도 사전에 준비 운동을 거치기 마련이다. 돈이 오가는 사업도 마찬가지다. 항상 준비 운동을 하듯 스텝 바이 스텝(Step by Step)의 마음가짐으로 도전하기 바란다.

나만의 노하우는 광고 이상의 효과를 가져온다

타오바오 해외 직구를 통해 내가 판매할 상품을 구매하면서 가장 좋았던 점은 초기 자본금이 제로에 가까웠다는 사실이다. 타오바오를 통한다면 처음 업데이트할 상품을 고르기 위해 샘플을 주문하는 것 외에는 초기 자금이 들지 않는다. 더군다나 그 샘플은 내가 활용

날마다 행복한 일만 가득할 수는 없다. 5점 만점의 구매 후기들 사이에서도 평점이 좋지 않은 구매 후기는 존재할 수밖에 없다. 이럴 때 어떻게 대처하느냐에 따라 고객의 만족도가 달라진다.

하거나 지인에게 선물로도 줄 수 있으니, 따로 비싼 수업료를 지불한다는 개념도 존재하지 않는다. 그저 내가 쇼핑할 상품을 타오바오에서 주문한다고 이해하면 된다.

그래서 수강생들에게 거짓으로 판매율을 높이기 위해 거금을 들여 광고비를 지출하지 말라고 조언한다. 그건 오롯이 내가 가진 실력으로 이뤄낸 것이 아니므로, 언젠가는 탈이 나기 마련이다. 내 실력으로 얻은 상위 노출이어야만 본인의 노하우로 만들 수 있고, 꾸준히 활용할 수 있다. 처음부터 깊은 바닷물에 뛰어들어 허우적대기보다는 준비 운동을 시작으로 얕은 물에서 발장구를 치는 법부터 배운다면, 서서히 성장하는 자신을 발견하게 될 것이다.

그러다 어느덧 인기 셀러로 자리 잡게 되면, 큰 흔들림 없이 사업을 유지하면서 더욱더 성장할 수 있다. 억지로 남의 도움을 받은 것이 아니라, 스스로 한 계단 한 계단 올라왔기 때문이다.

여기서 주의해야 할 점 하나는 서서히 매출이 오르면서 겪게 되는 '장애물'이다. 상품 판매가 잘 되고, 좋은 구매 후기가 달린 아이템에 어느 순간 악플이 생기면서 한순간에 모든 것을 놓아 버리고 싶은 순간을 맞이할 때가 있다. 마치 맑은 물그릇에 흙덩이 하나가 떨어진 느낌일 것이다. 이 얼마나 끔찍한 일인가.

내가 잠을 줄여 가면서까지 보살핀 자식 같은 스마트스토어에 악플이라니…. 그날 밤은 악몽에 시달릴지도 모른다. 그럴 때, 악플에 어떻게 대처하느냐에 따라 앞으로의 길이 성공의 길로 바뀔 수 있다.

먼저 사태를 파악하는 것이 중요하다. 해당 고객이 일부러 악플을 남긴 것인지, 아니면 정말로 내 상품에 하자가 생긴 것인지를 판단해야 한다. 만약 본인의 부주의로 인한 실수라면, 잘못을 인정하고 정중히 사과해야 한다. 고객의 요구에 따라 환불이나 교환도 신속히 이뤄져야 한다.

다만 안타깝게도 판매가 잘 되는 아이템에는 경쟁사에서 악플을 일부러 다는 경우가 가끔 있는데, 이때도 너무 감정적으로 대처하면 큰 실수를 범할 수 있다. 온라인 공간은 나뿐만 아니라 수백 혹은 수

나만의 독특한 상품을 판매하다 보니, 유명 유튜버가 상품을 구입해서 구매 후기를 유튜브로 방송하기도 했다.

천 명 이상의 사람이 드나들며 쉽게 볼 수 있는 장소이기 때문이다. 따라서 어떤 문제 때문에 악플을 달았는지에 대해 제대로 파악하고, 그에 맞는 조치를 취해서 더 이상 경쟁사에서 좋지 않은 구매 후기를 달지 못하도록 해야 한다.

마지막으로, 내가 도무지 해결할 수 없는 악의적인 구매 후기라면 눈을 딱 감고 넘어가야 할 때도 있다는 것을 받아들여야 한다. 경쟁사 스마트스토어가 나로 인해 상위 자리를 놓쳤다는 이유로 일부러 내 상품을 구매한 후 악플을 다는 상황에 쉽게 대처하기는 어렵다. 그 악플이 오랜 시간 주홍글씨처럼 남아서 나를 괴롭힐 수도 있다.

그럴 때는 훌훌 털어내는 법을 배우자. 세상에 영원한 아이템은 없고, 좋지 않은 구매 후기는 좋은 구매 후기에 묻히기 마련이다.

미래를 위한 투자금을 준비하자

내가 사업을 하면서 가장 중요하게 여겼던 것들 중 하나는 '대비'였다. 나는 직장 생활이 내 인생을 평생 책임져 주지 않는다는 생각에 스마트스토어를 시작하게 되었다. 세상에 영원한 것은 없다고 생각했기 때문이다. 항상 무엇이든 대비할 필요성이 있다고 여겼다.
미래에 대한 대비는 사업에서 깊이 고려해야 할 사항 중 하나다. '예비비'가 있어야 한다는 것이다. 왜냐하면 본인이 스마트스토어만으로 안주하고 지낼지, 장사가 너무 잘 되어서 더 큰 놀이터에서 역량을 펼치게 될지는 아무도 모르기 때문이다. 더 좋은 기회가 왔을 때 그 기회를 잡기 위해서는 대비하는 마음가짐이 필요하다.
따라서 현재 본인이 운영하는 스마트스토어의 판매가 잘 이뤄지고 있다고 하더라도, 또 다른 새로운 아이템 발굴을 게을리 해서는 안 된다. 경쟁자는 항상 내 주위를 맴돌고 있다는 것도 명심해야 한다. 내가 내 상품을 독점하기 전까지는 다른 셀러와 아이템을 공유한다는 점을 인지하고, 우울감의 늪에 빠지지 않도록 주의해야 한다.
그리고 어느 순간 스마트스토어의 운영이 안정기에 접어들게 되면, 나만의 상품을 만들고자 하는 욕구도 생기게 될 것이다. 나만 팔 수 있는 제품, 즉 제조 분야에 뛰어들고자 하는 욕망이 생기기 마련

'티끌 모아 태산'이라는 말이 있다. 프리마켓에서 얼마나 큰돈을 벌겠느냐며 무시하는 사람도 많지만, 나는 프리마켓에서 하루 만에 꽤 많은 돈을 벌었다. 그리고 프리마켓에서 벌어들인 돈을 차곡차곡 모아 미래를 위한 투자금의 일환으로 저축하는 데 집중했다.

이다. 그렇다면 이제 당신은 중수 혹은 고수 대열에 들었다고 보면 된다.

내가 개발한 아이템을 판매하는 일이 얼마나 매력적인 일일지, 초보 셀러들은 절대로 알 수 없다. 지금은 타오바오에서 판매하고 있는 여러 아이템을 선택해 판매하는 일을 하고 있더라도, 언젠가는 자신만의 아이템 혹은 자신만의 브랜드를 단 상품들이 날개 돋친 듯 팔려 나가는 꿈을 가져 보기 바란다. 더 큰 시장에 진출해 전 세계를 뒤흔들 수 있는 셀러가 되기 위한 역량을 키워 나갔으면 하는 바람이다.

이처럼 단순히 타오바오에서 구입한 상품을 판매할 때, 사업 자금

미래를 위한 저축을 통해 더욱더 자신을 성장시키자.

이 크게 필요하지 않다고 하더라도 추후 자신의 미래를 위한 저축을 게을리 하지 말자. 우리는 초기 자금이 들지 않는 혜택을 얻었으니, 그만큼 남들보다 두세 배 더 자신을 위해 투자할 수 있는 자금을 얻은 셈이다.

저축은 단순히 돈을 모으는 일이 아니라, 미래에 투자하는 자산이다. 차곡차곡 쌓아 올린 자신의 탑을 나중에는 더 큰 세상에서 아낌없이 보여주기 바란다. 타오바오를 통해 안전하게 수영하는 법을 배웠으니, 이제부터는 세상 속의 거친 파도에서 서핑까지 즐길 수 있는 방법을 찾아내자.

SMART STORE

특수 사이즈를 공략하라

011

타오바오에서 다양한 상품을 만날 수 있듯 사람들도 저마다의 생김새와 체형을 가지고 있다. 그런데 주로 일본, 중국, 우리나라 등과 같은 아시아권 사람들의 체구가 서구 사람들에 비해 왜소하고 작다 보니, 일반적인 아이템의 사이즈가 스몰(Small), 미디엄(Medium), 라지(Large)로 국한됐던 것도 사실이다.

특히 라지 사이즈의 경우에는 '라지'라는 말이 무색할 정도로 제품이 작다고 느끼는 사람도 있다. 이런 사람들은 이태원과 같이 주로 서양 사람들을 상대하는 상점에서 자신에게 맞는 옷을 구입해야 하고, 그러다 보니 '이태원에서 옷을 구입하는 사람은 뚱뚱한 사람'이라는 무언의 압박감에서도 자유롭지 않다.

반대로 너무 사이즈가 작은 사람의 경우에도 제대로 된 물건을 구하지 못해 맞춤 사이즈 옷이나 신발을 착용하는 등의 어려움을 겪어야 한다. 실제로 작은 사이즈를 구하지 못해 아동용을 구매하고 있다는 웃지 못할 사연도 어렵지 않게 들을 수 있다.

우리는 셀러답게 이러한 상황에서 생각을 전환할 필요가 있다. 국내에서 쉽게 구할 수 없는 틈새시장을 공략해야만 '레드오션(Red Ocean)'이라는 쇼핑몰 세상에서 우위를 점할 수 있다.

특수 사이즈 구매자 증가세에 주목하라

과거 우리나라 사람들의 모습과 최근 사람들의 모습만 비교하더라도 얼마나 많은 게 바뀌었는지 알 수 있다. 착용하는 아이템부터 머리색, 각종 장신구까지 어느 것 하나 눈에 띄지 않는 것이 없다. 예전에는 착용하는 모든 것에 자신을 억지로 맞춘 것처럼 보였다면, 요즘은 자신의 몸에 아이템을 맞추는 모습을 찾아볼 수 있다.
무엇이든지 사회에서 정해 놓은 '평균'의 범위에서 벗어나게 되면, 사람들은 생활하는 데 큰 어려움을 호소하게 된다. 타인의 눈치를

빅사이즈 남성들이 많이 방문하는 '4XR' 쇼핑몰.

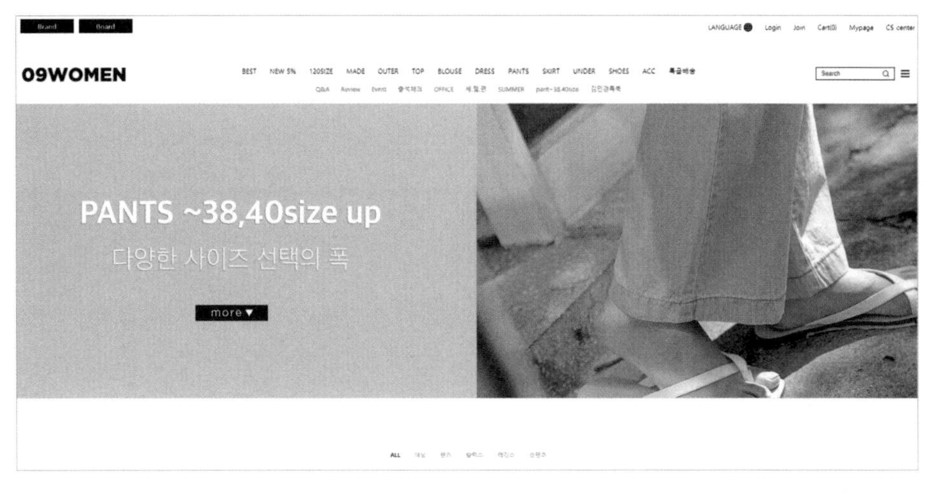

빅사이즈 여성들의 인기 쇼핑몰인 '공구우먼'.
공구우먼과 4XR 모두 인기에 힘입어 오프라인 매장까지 오픈할 정도로 그 인기가 점차 높아지고 있다.

보는 데 급급하고, 조금이라도 평균에서 벗어난 행동을 하는 사람에게는 눈살을 찌푸리고 손가락질하기 바쁘다.

그래서 평균에서 벗어나는 왜소한 체구를 가진 사람이나 뚱뚱한 체격을 가진 이들은 한없이 움츠러들기 마련이다. 우리는 언제까지 이러한 평균의 세상에서 살아가야만 하는 것일까? 그리고 언제까지 무언가를 살 때마다 스트레스를 받아야 하는 걸까?

사실 나 역시도 평균에 근접한 작고 아담한 체형을 가진 사람이어서 그런 이들의 고충을 잘 알지 못했다. 평균 사이즈에 비해 심하게 작거나 큰 편도 아니었기에 쇼핑을 하는 데 불편함이 없었던 것이다.

그런데 상품을 판매하면서부터 사람들의 반응을 통해 보다 더 다양한 사이즈의 제품을 구비해야겠다는 생각을 갖게 됐다. 옷이 예뻐서 주문했는데, 생각보다 사이즈가 작다는 불만을 호소하며 반품을 해오는 구매자들이 더러 있었기 때문이다. 분명히 스마트스토어에 사이즈를 명시해 놓았음에도 불구하고, 그들은 예상했던 것보다 작은 사이즈에 불편함을 호소했다. 나는 그때부터 빅사이즈 도매 쇼핑몰을 주목하기 시작했다.

날씬한 S라인 몸매의 모델만 예쁜 옷을 입고 패션 모델을 할 수 있는 건 아니다. 만약 그런 모델만 소화할 수 있는 옷들만 판매한다면, 66이나 77 사이즈 이상은 어디서 구매해야 한다는 말인가? 나는 그들을 내 스마트스토어로 불러들이기 위한 작업을 시작했다.

빅사이즈의 신세계를 맛보다

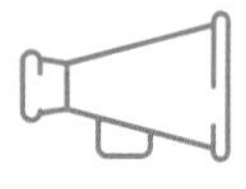

확실히 몇 년 전과 비교해 봤을 때, 우리나라에서도 특수 사이즈에 대한 수요가 확실히 증가하고 있다는 것을 알 수 있다. 특히 체형이 점점 커짐에 따라 빅사이즈 쇼핑몰에 대한 선호도가 높아지고 있다는 것도 사실이다. 예전에는 너무나도 소량으로 취급했던 빅사이즈가 점차 다양화 되고 있는 것이다.

실제로 근래까지는 빅사이즈 상품은 재고가 많이 남게 된다는 위험부담이 있어 아예 취급하지 않거나, 재고 리스크가 없는 평균 사이즈만 들여오는 추세였다. 하지만 나는 하루라도 빨리 움직여야 했고, 빅사이즈 쇼핑몰이라는 고기 떼를 찾아 헤매기 시작했다.

이렇게 빅사이즈를 취급하는 몇몇 쇼핑몰을 찾아다니다가 알게 되

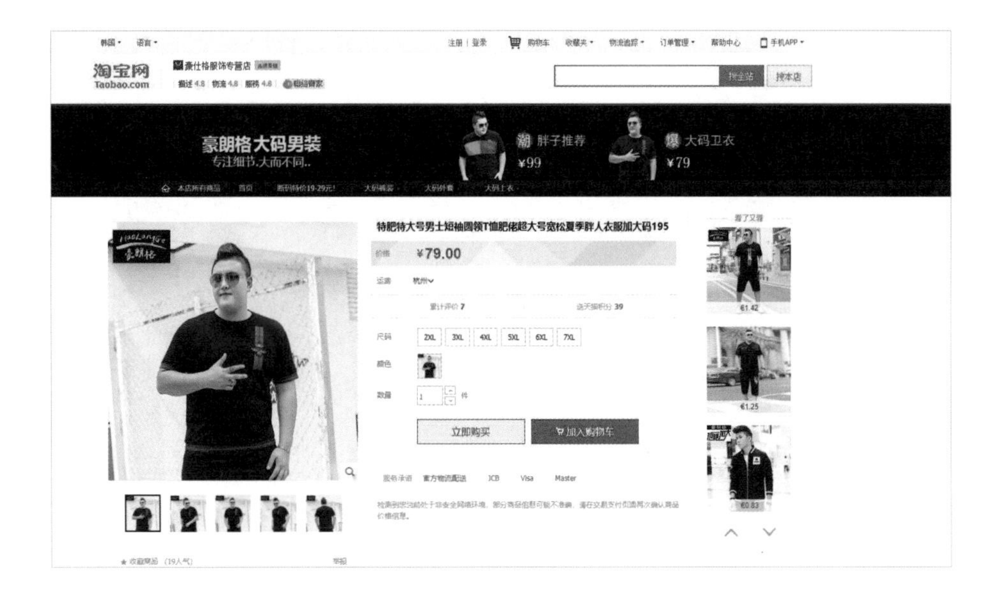

타오바오 내에서 판매 중인 남성용, 여성용 빅사이즈 상품.
특히 남성복의 경우에는 무려 7XL까지 있을 정도로 상품이 다양하다.

"나는 그저 아이템 천국에서 원하는 상품을 골라 내 스마트스토어에 업데이트 하는 데 집중했다."

었는데, 그건 바로 빅사이즈도 패션이라는 사실이다. 빅사이즈 전문 쇼핑몰에서는 날씬한 몸매의 모델이 빅사이즈 의류를 입고 촬영한 모습, 혹은 통통한 일반 여성이 그에 맞는 사이즈의 옷을 입고 촬영한 사진을 쉽게 볼 수 있다. 옷의 품질이 좋고 제품이 다양하다 보니 빅사이즈라고 해서 눈에 튀거나 과하게 보이는 것이 아니라, 그 사람에게 맞는 예쁜 아이템으로 적용된다는 것. 그렇게 내 시각은 달라졌다.

빅사이즈를 공략하자는 계획을 세운 후 알게 된 것은 타오바오 내에서는 계절 의류뿐만 아니라 수영복, 발볼이 큰 구두, 간호사복, 유니폼, 임부복 등 헤아릴 수 없을 만큼 많은 카테고리가 존재한다는 사실이었다. 그리고 유레카! 때마침 친한 빅사이즈 체형의 동생에게 샘플을 선물하고 간접 경험을 할 수 있었다. 이태원이 아니면 큰 옷을 구입할 수 없었던 동생에게 파라다이스를 선물한 셈이었다.

반응은 생각보다 뜨거웠다. 일반 의류도 아닌 속옷에 감탄한 것이다. 그녀는 속옷에 대해 품질이 우수한 것은 물론 디자인과 가격 면에서도 합격점이라며 환호했다. 나는 이러한 계기를 통해 빅사이즈 여성들의 경우, 늘 착용하는 브래지어조차도 우리나라에서는 쉽게 구입할 수 없다는 사실을 알게 됐고, 속옷까지 공략할 수 있었다. 사이즈를 맞추는 데 급급해 예쁜 디자인을 포기할 수밖에 없었던 빅사이즈 체형의 고객들에게 신세계를 안겨 준 것이다.

뿐만 아니라 타오바오는 남성들에게도 천국이었다. 속옷은 물론 큰 남성용 수영복, 남성 의류 등 종류도 다양했다. 나는 그저 아이템 천국에서 원하는 상품을 골라 내 스마트스토어에 업데이트하는 데 집

타오바오에서 판매 중인 빅사이즈 브래지어.

중했다.

그리고 신기하게도, 어떻게 내 스마트스토어를 알고 접속하는 것인지 모를 정도로 꾸준히 주문이 들어왔다. 속는 셈 치고 주문을 했는데, 정말 저렴하고 품질이 좋다는 구매 후기가 쌓이기 시작했다.

빅사이즈 의류는 예상 외로 가족 여행에서도 빛을 발했다. 요즘은 가족끼리 해외여행을 떠나는 경우가 많은데, 배가 나온 시아버지를 위해 래시가드를 찾아 헤매다가 우연히 내 스토어에 접속해 사이즈를 상담 후 빅사이즈 래시가드를 주문한 며느리가 있었다. 그 고객은 얼마간의 기다림 끝에 물건을 받고 시아버지가 좋아하시는 모습을 사진으로 찍어 구매 후기에 남겨 주기도 했다. 시아버지에 대한 사랑이 느껴지는 며느리의 감동적인 구매 후기가 내 마음을 뭉클하게 만들었다.

이러한 경험들은 내가 단순히 물건만 파는 것이 아닌, 하나의 스토리를 선물한다는 감동을 자아내곤 한다.

반려 동물에게도 특수성은 존재한다

여성과 남성 빅사이즈 의류에서 재미를 보게 된 나는 어느 순간 하나의 호기심을 갖게 됐다. 과연 사람에게만 빅사이즈 제품이 필요할까?

그렇게 나의 호기심을 건드린 것은 '반려동물'이었다. 어느 순간부터 우리 가족의 일부가 되어 버린 강아지와 고양이의 세상을 집중적으로 들여다보게 된 것이다.

현재 나는 반려동물과 함께하지 않고 있다. 어릴 적부터 고양이와 강아지 모두를 기르다 나이가 들어 내 곁을 떠나간 아이들을 가슴에 묻고 난 뒤, 또다시 새로운 가족을 받아들일 여유가 없어져서다. 하지만 내 마음속 한구석에는 여전히 그들에 대한 그리움과 갈망이 있다. 그래서인지 어느 순간부터 강아지와 고양이 용품을 보며 '이건 꼭 필요하겠다'는 느낌이 오는 제품들을 찾게 됐다.

반려동물을 경험해 본 나는 아이들이 느끼는 미용에 대한 스트레스가 얼마나 심한지 알고 있다. 낯선 환경에서 처음 보는 미용사에게 자신의 몸을 내맡겼을 때, 말도 못 하는 아이들이 얼마나 많은 스트레스를 받을지 생각해 보면, 미용실로 향하는 발걸음도 절로 무거워지기 마련이다. 때문에 요즘은 가정에서 주인이 직접 아이들을 셀프 미용하는 사례가 늘고 있다. 이러한 흐름 속에서, 나는 '미용가위'에 주목했다. 반려동물을 키우는 사람들이라면 누구나 필요한 용품이라고 여겨서다.

다만, 단순한 미용 가위만으로는 까다로운 소비자들의 눈길을 사로

지인이 키우는 강아지 '여름'이에게 선물한 대형견 전용 침대.

잡기 어렵다. 이럴 때는 독특한 색상을 공략하면 된다. 빨주노초파남보는 물론 골드, 실버, 핑크 등… 우리나라에서 쉽게 구할 수 없는 다양한 색상의 미용 가위를 구비하는 것이다.

빼놓지 말아야 할 점은 반려동물 역시 사이즈에 대해 목말라 하는 소비자가 존재한다는 사실이다. 최근에는 일반 가정에서도 대형견을 많이 키우는 추세여서 길거리에서도 심심치 않게 주인과 함께 산책을 즐기는 대형견을 볼 수 있다. 거기다 대형견도 갈 수 있는 카페나 펜션들도 늘어나고 있다.

그러다 보니 견주들은 자연스럽게 펜션에서 즐길 수 있는 수영복과 각종 아이템을 찾기 마련이다. 나는 대형견이 착용할 수 있는 수영복, 구명조끼, 래시가드에 주목했다. 우리가 타오바오를 통해 특수 사이즈 아이템을 손쉽게 구매할 수 있었듯이, 대형 사이즈 반려동

물에게도 일종의 기회를 부여하는 셈이다.

특수 사이즈와 같은 블루오션을 발굴하자

셀러들은 항상 사이즈와 컬러의 다양성을 알고, 시야를 넓혀 '타오바오'라는 바다 속을 헤엄쳐 다니는 고기(아이템)들에 집중할 필요가 있다. 그곳에는 경쟁자도 없고, 나만이 헤엄칠 수 있는 새로운 세상이 펼쳐질 테니 그곳까지 헤엄치기 위한 긴 여정을 떠날 줄 알아야 한다.

다만 블루오션으로 가기 위해서는 남들보다 더 즐길 줄 알아야 하고, '남들'도 갈 수 있는 길보다는 '나만'이 갈 수 있는 길을 개척해야 한다.

나만 하더라도 오랜 시간 이른 새벽에 일어나 사람들로 북적이는 대중교통으로 회사에 출근해 퇴근 시간만을 오매불망 기다리는, 대부분의 시간을 회사에 헌납하는 인생을 살아왔다. 하지만 스마트스토어 세상을 통해 온라인 세상에만 접속하면 어느 세상이든 자유롭게 헤엄쳐 다닐 수 있다는 사실을 깨닫게 됐다. 그리고 작은 호기심을 추진체로 삼아 '특수 사이즈'라는 블루오션으로 향했다.

모든 일에는 인과관계가 있다. 우연으로 대박이 나는 일은 거의 없다. 감나무 밑에서 하염없이 감이 떨어지기를 기다리는 셀러는 대박이 날 수 없다. 이제는 특수 사이즈 분야도 레드오션이라 할 정도로 많은 셀러가 경쟁하는 분야가 되어 버렸다.

지금껏 독특한 아이템을
많이 판매했는데,
그중에서 인기를 끌었던 상품 중
하나가 바로 '위생 팬티'다.
팬티에 핫팩을 넣는다니,
상상이나 해보았겠는가.
생리통으로 고생하는 여성들에게
높은 인기를 얻었던 이 제품 역시
다양한 아이템을 검색하던 중
찾은 보물이었다.

따라서 우리는 대어를 낚기 위한 과정을 게을리 해서는 안 된다. 아무리 새로운 분야가 눈에 보이지 않는다고 하더라도, 성공하는 사람은 사소한 생각 하나로 자신만의 새로운 시장을 개척한다. 단순히 남의 일이 아니다. 이 글을 읽는 독자 누구라도 성공할 수 있다. 대어를 낚는 일, 얼마든지 가능하다. 단, 실천하는 사람만이 해낼 수 있다.

SMART STORE

자신만의 홍보 방법을 창조하라

012

처음 누군가를 만나는 자리에서 서로에게 통성명을 해 자신을 알리듯, 처음 스마트스토어를 열었을 때도 자기소개가 필요하다. 이곳이 어떤 곳인지를 알리고, 사람들과의 교류를 통해 해당 공간을 홍보하는 것이다. 하지만 '홍보'라는 단어를 떠올렸을 때, 가장 많은 셀러가 고민하는 부분 중 하나는 '비용'이다. 홍보를 위해서는 반드시 큰 비용이 발생한다고 여겨서다. 일정 이상의 수익이 없는 상태에서 홍보까지 진행해야 한다면 부담이 될 수밖에 없다.

여기서 발상의 전환이 필요하다. 우리가 온라인이라는 큰 바다에서 손쉽게 스마트스토어를 오픈했듯, 홍보도 온라인을 통해 시간을 들여 차근차근 진행해야 한다.

처음부터 큰돈을 들여 홍보 대행사에 의뢰한다면, 이후 스스로 홍보를 진행할 때 어려움을 겪게 된다. 시간이 조금 걸리더라도 차근차근 나만의 방식으로 홍보 방법을 배우고 익히면서 이어 나가도록 하자.

현명하게 홍보하는 방법을 배우자

온라인이라는 큰 바다에서 손쉽게 스마트스토어를 오픈했듯, 홍보도 온라인을 통해 시간을 들여 차근차근 진행해야 한다.

사람이든, 가게든, 아이템이든 분야를 막론하고 무언가를 알리기 위해서는 홍보가 필요하다. 예전 기억만 떠올려 봐도 홍보가 얼마나 중요한지는 단번에 알 수 있다.

어린 시절, 동네에 마트가 새로 오픈하면 동네 엄마들이 모여 장을 보고는 선물로 시장바구니를 받아오곤 했다. 그런 마트 오픈 행사에는 빠지지 않고 달려가시던 어머니의 모습이 생생하게 떠오른다. 지금 생각해 보면 별다를 것 없는 시장바구니였지만, 그걸 받기 위해 줄을 서서 선물을 받아오던 모습이 눈에 선하다. 그리고 자연스럽게 정겨움이 느껴진다. 집이나 가게를 이사할 때도 마찬가지였다. 우리는 어딘가로 이사를 할 때, 혹은 다른 사람이 이사를 오면 시루떡을 돌리며 서로 잘 부탁한다고 인사를 하던 경험을 가지고 있다. 그리고 그런 모습은 온라인 세상에서도 존재한다.

처음 스마트스토어를 개설했을 때, 혹은 운영해 나가는 중간 중간에 블로그, 인스타그램, 유튜브 등 어떤 방법으로든 홍보는 반드시 필요하다. 나는 광고비를 한 푼도 쓰지 않았음에도 둘째 달에 2,600만 원이라는 큰 매출을 올렸고, 넉 달째에 '빅파워 등급'을 달성했다. 그렇다면 어떤 방법을 통해 이러한 매출을 올릴 수 있었을까?

요즘 20~30대가 가장 많이 사용하는 소셜미디어 플랫폼인 인스타그램을 살펴보면, 소위 말해 '잘 나가는 셀러'들을 볼 수 있다. 인스타그램에 해당 셀러들이 멋진 몸매를 뽐내며 데일리룩을 입고 인증샷을 올리면 '옷 정보 좀 주세요', '옷 판매하는 좌표 좀 주세요'라는

필자가 운영하던 인스타그램. 현재는 개인적인 사정으로 비공개 전환했지만, 개인 생활을 공유하기도 하며 팔로워들과 끊임없이 소통했다.

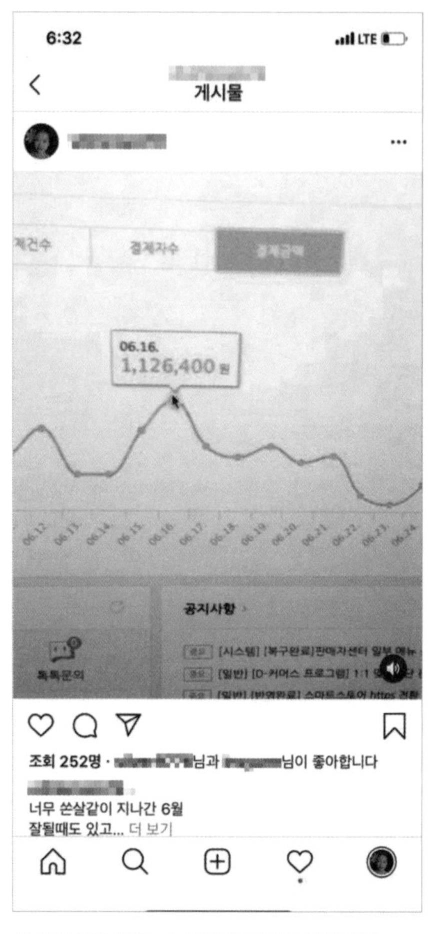

스마트스토어 매출도 소소하게 자랑하며 자연스럽게 스마트스토어에 대한 관심을 불러일으키기도 했다.

댓글이 수없이 달리는 것을 볼 수 있다.

'인플루언서(Influencer)'라 불리는 그들은 일부러 사람들의 반응을 보기 위해 그런 게시물을 올리는 경우가 많다. 여러 게시물을 업데이트한 후에 댓글과 문의가 폭주하는 아이템을 선정해 물건을 공수한 후 공동 구매 또는 판매를 구상하는 것이다.
마찬가지로 나도 개인용이 아닌 쇼핑몰을 홍보할 수 있는 소셜 네트워크 서비스를 개설해 물건을 판매하기 전에 수요 조사를 해본 후, 반응이 좋은 아이템 위주로 판매를 진행했다. 그리고 판매가 시작되면 자연스레 스마트스토어로 건너와 물건을 구매할 수 있도록 관련 링크를 공유했다. 그리고 어느 정도 반응이 좋은 게시물에서는 관련 이벤트를 열어 이벤트에 참여한 팔로워들에게는 소정의 선물을 보내주기도 했다. 이처럼 나 역시도 많은 인플루언서처럼 홍보 채널을 통해 합리적인 판매 방향을 잡았다.

'경험'은 돈 주고도 살 수 없는 귀중한 자산

처음 스마트스토어를 시작하게 되면 '내 스토어가 과연 온라인에 노출되고 있는 것일까?' 하는 의문이 들 정도로 고객의 유입이 없는 상황에 직면할 수 있다. 이럴 때는 나처럼 관련 셀러들이 모이는 커뮤니티를 방문해서 다른 셀러들을 만나보라고 조언하고 싶다. 나는 다른 셀러들을 만나기 전까지 혼자서 방황했던 시간이 길었다. 하지만 여러분은 이 책을 통해서 나와 같은 방황의 시간을 조금이라도 줄일 수 있기를 바란다.
셀러 커뮤니티에는 같은 고민을 가진 셀러들이 모일 수밖에 없다. 스토어 찜과 알람 설정은 물론 밤 시장을 가고 싶은데 혼자 가는 것을 고민스러워하는 셀러들, 샘플 옷을 사 왔는데 촬영해 줄 사람이

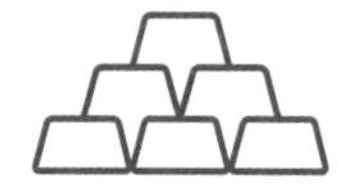

없어 고민하는 셀러까지…. 심지어 사무실 월세가 부담스러운 셀러가 사무실을 공유한다거나, 한 달에 고정적으로 나가는 택배비를 분담할 사람을 구하기도 한다.

호랑이를 잡으려면 호랑이 굴에 들어가야 한다는 말처럼, 쇼핑몰을 오픈했다면 그 굴에 들어가 무엇이 있는지 샅샅이 살펴보자. 하다

네이버 카페 중 많은 셀러가 가입돼 있는 '셀러나라'. 이곳 외에도 다양한 커뮤니티에 가입해 동종 업계 사람들과 정보를 공유하면 스토어 운영에 도움을 받을 수 있다.

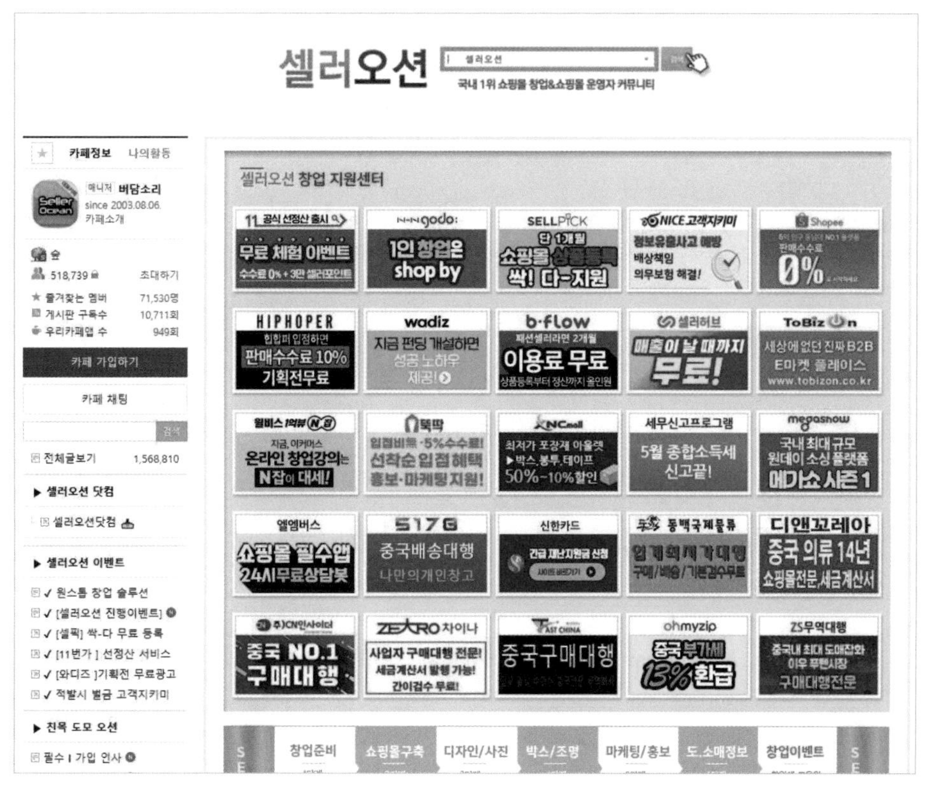

셀러들의 커뮤니티 중 하나인 네이버 카페 '셀러오션'.

못해 내가 열심히 키우던 스토어를 어느 순간 하지 못하게 되어 양도를 할 때도 커뮤니티에 가면 길이 보인다. 지금 당장 셀러들의 카페, 소모임, 밴드를 검색해 보자. 집에서 혼자 끙끙 앓기만 하는 고민은 앞으로 나아가는 시간만 늦출 뿐이다.

여기서 한 가지 팁을 더 주자면 '광고 회사'를 주의해야 한다는 점이다. 초보 셀러들이 처음 스마트스토어를 오픈하면 홍보 관련 광고 회사에서 오는 연락을 심심치 않게 받게 된다. 초보 셀러라면 누구

나 혹할 수 있는 매력적인 제안을 하면서 연간 단위로 계약을 맺어 금액을 지불하도록 유도한다. 그런데 그런 업체 중 일부는 돈을 받은 후, 한두 달 뒤부터는 연락이 안 되는 곳이 꽤 많다.

물론 광고 회사를 이용해서 고객의 유입을 늘릴 수는 있다. 하지만 오픈 초반부터 유료 광고에 익숙해지다 보면, 이후에 광고를 하지 않고서는 고객의 주문을 받기 어려운 상황이 올 수도 있다는 것을 명심해야 한다. 기왕에 처음부터 고생하는 거 밭을 간다는 마음으로 흙을 고르고, 씨를 뿌려 계절의 풍파를 겪어 보라고 조언하고 싶다. '경험은 돈 주고도 살 수 없다'는 말이 있듯이, 내 손으로 직접 모든 걸 감당하고 나서 한해 농사로 풍요로움을 만끽하는 농부의 심정을 알았으면 좋겠다.

본인이 직접 해보고 나서 정말 필요할 때 광고를 집행해도 늦지 않다고 생각한다. 어느 정도 매출이 발생한다면 홍보 전담 직원을 채용해도 된다. 더디게 진행되더라도 스스로 A부터 Z까지 모든 것을 완벽하게 익힌 후에 일을 진행하라고 조언하고 싶다.

마라토너의 자세로 계속해서 도전하라

대세는 늘 변하기 마련이다. 나 역시도 셀러들과 공부하고 분석하며 끊임없이 노력하고 있다.

요즘 대세 중 하나는 '유튜브'다. 연예인만 하더라도 너나 할 것 없이 서로 유튜브 시장에 뛰어드는 것을 보면, 유튜브의 영향력이 얼

마나 큰지를 알 수 있다. 먹방은 물론 교육 방송 타이틀을 가지고 있던 EBS에서는 우주 대스타 '펭수'를 유튜브의 떠오르는 샛별로 진출시키기까지 했다.

어디 그뿐이랴. 손녀와의 유튜브를 통해 일약 스타덤에 오른 박막례 할머니는 자신의 책을 출간하기도 했다. 이제 유튜버들은 온라인을 벗어나 세상을 뜨겁게 달구고 있다.

유튜브를 글로 비교하자면, 마치 한 편의 시와 같다. 텔레비전 프로그램처럼 길지도, 광고처럼 짧지도 않다. 사람들의 이목을 집중시킬 수 있는 10분 내외의 시간 속에서 자신의 콘텐츠를 함축적으로 담아내야 한다. 몇 날 며칠을 촬영한 촬영분이 있어도 유튜브에서는 10분 내외로 그 내용을 편집해 전하고자 하는 메시지를 보여줘야 하는 것이다.

한편, 유튜브는 시가 가진 표현의 자유도 지니고 있다. 맞춤법에서 벗어나더라도 메시지를 드러낼 수 있으면 어떤 표현이든 자유롭게 서술할 수 있는 '시적 허용'처럼, 유튜브도 공중파의 굴레에 존재하는 각종 심의에서 벗어나 자유롭게 내용을 담을 수 있다. 이러한 장점 덕분에 공중파 예능에서도 프로그램 이름을 내걸고 별도의 유튜브 채널을 운영하기도 한다.

이런 것을 보면 꾸미지 않은 날 것 그대로가 얼마나 매력적인지 알 수 있다. 유튜브 세상에서는 연예인이 아닌 일반인도 유튜브 스타가 될 수 있기에, 직장을 그만두고 유튜버로 전향하는 사람들도 늘어나고 있다.

우리는 출퇴근을 하는 지하철과 맛있는 밥이 차려진 식탁 위, 그리

'경험은 돈 주고도 살 수 없다'는 말이 있듯이, 씨를 뿌려 계절의 풍파를 겪어 보라고 조언하고 싶다.

최근에 오픈한 햇병아리 수준의 내 유튜브 계정. 누구나 처음 도전하는 것은 서툴고 어렵기 마련이다.
하지만 내 유튜브 계정도 곧 많은 사람들에게 빛을 보리라 여기며,
스마트스토어처럼 마치 아기를 다루듯이 조심스럽고 세심하게 노력을 기울이고 있다.

고 잠들기 전 포근한 이불 속에서 다양한 유튜버와 만난다. 그 속에서 그들이 마시는 커피를 찾아 마시고, 음식을 함께 즐기기도 하고, 그들이 사용하는 화장품, 옷 등에도 관심을 갖는다. 급기야 그들처럼 일상 '브이로그(VLOG, 비디오와 블로그의 합성어. 자신의 일상을 일기처럼 영상으로 남기는 방식)'를 촬영하기도 한다.

나 역시도 직장을 그만두자마자 개인 유튜브 채널을 만들어 일상을 올리고 있는데, 사실 어려운 점이 많다. 아직 개인 생활을 중심으로 한 일상 브이로그를 업데이트하는 편이어서 별도의 매출까지는 이어지지 않고 있다. 하지만 보는 이가 많지 않더라도 꾸준히 달려가고 있다. 마치 끝이 없을 것만 같은, 그럼에도 불구하고 끝까지 달려야 하는 마라톤처럼 말이다.

나는 이미 마라톤을 완주했을 때의 성취감처럼, 기대 이상의 성과를 얻기도 했다. 남들이 생각만 하고 있을 때, 나는 스마트스토어를 통해 실제 내 생각 이상의 매출을 달성했고, 직장까지 그만두며 전업 셀러가 되었다.

나는 믿는다. 골인 지점이 보이지 않을 것만 같은 유튜브 세상도 시간을 들여서 차근차근 나아가다 보면 언젠가는 팔로워 수가 늘어날 것이고, 팔로워 수와 구독자가 많아지면 수익 창출의 효과까지 볼 수 있다는 것을.

저마다의 시작 시점이 다를 뿐, 언젠가는 일기장에 기록하듯 모두가 유튜브에 하루를 기록할 날이 머지않아 올 것이라 생각한다. 나 역시도 스마트스토어와 관련한 브랜드 계정을 만들어 활발하게 키워 나가고 싶은 욕심이 있고, 꾸준히 준비 중이다.

CHAPTER TWO

1주일이면 나도 스마트스토어 오너!

※ 사업자등록 신청, 통신판매업 신고, 스마트스토어 개설, 타오바오 가입 및 결제, 스마트스토어 사용 툴 등의 내용은 국세청(홈택스) 및 네이버 스마트스토어, 타오바오 운영사의 업데이트로 인해 수시로 변경될 수 있으니 주의하시기 바랍니다. 또한 사업자등록 신청 시 '주업종'과 '부업종' 코드, 그 밖의 세무적인 사항들은 각자의 상황에 따라 상이하므로, 반드시 관할 세무서에 문의하여 확인하시기 바랍니다.

'지피지기면 백전백승'이라는 말이 있듯이,

어렵게만 느껴졌던 스마트스토어와 타오바오에 대한 이해를 마쳤다면,

이제는 실전에 뛰어들 차례다.

우리는 이제 노트북 한 대와 온라인 세상으로 접속할 수 있는

와이파이만 있으면 두려울 게 없다.

특히 예전과 달리 사업자등록과 통신판매업 신고도

온라인을 통해 쉽게 신청할 수 있어

요령만 알면 순식간에 오너가 될 수 있다.

다만, 방법을 알더라도 어떻게 활용하느냐에 따라 결과는 천차만별이다.

대부분의 경우, 타오바오에서 아이템을 선정하고, 본인의 스마트스토어에

아이템을 등록할 때 모든 것이 판가름난다.

따라서 쉽고 간단한 방법 속에서도

자신만의 경쟁력을 갖출 수 있는 방법을 찾도록 하자.

SMART STORE

스마트스토어 첫발 내딛기

001

'천 리 길도 한 걸음부터'라고 했던가. 지금, 우리는 복잡하게만 생각했던 스마트스토어 개설의 첫발을 내딛으려 하고 있다.

기존에는 사업을 시작하기 위해 필요한 '사업자등록'이나 '통신판매업 신고' 등에 대해 많은 사람들이 막연한 두려움을 갖고 있었다. 직장인의 삶이 익숙했던 사람들에게는 세무서를 방문하거나, 국세청에 도움을 청하는 일이 마냥 어렵게 느껴지기 때문이다. 경험이 있는 지인이 주변에 있거나, 세무서를 방문해 본 사람이라면 걱정이 덜하겠지만, 대부분은 사업자등록증을 발급받는 단계부터 어려움을 호소하는 경우가 많다. '세무서는 어떻게 방문해야 할까?', '발급받는 데 시간은 얼마나 소요될까?' 등의 질문이 머릿속을 복잡하게 만들었을지도 모른다.

하지만 세상은 발전했고, 발급 절차는 점차 간단해지고 있다. 우리가 '네이버 스마트스토어'라는 온라인 쇼핑 플랫폼을 통해 오너에 도전하듯이, 요즘은 간단한 클릭 몇 번만으로 사업자등록과 통신판매업 신고를 진행할 수 있다. 직접 세무서를 방문하지 않아도, 온라

인으로 신청 가능해 시간을 절약할 수 있음은 물론이다. 복잡하게만 생각했던 부분들에 대해 더 이상 혼자 끙끙거리며 헤맬 필요가 없게 됐다. 특히 사업자등록 신청 시 사람마다 처한 상황이 달라 궁금증이 생길 수도 있는데, 이럴 때는 국세청 홈택스 국세 상담센터에서 평일 시간에 한해 관련 사항에 대한 질의응답 시간을 가질 수 있다. 한 마디로 우리 집 안으로 찾아온 국세청 덕분에 누구나 하고자 하는 마음이 있고, 일정 이상의 시간만 투자한다면 특별한 사람이 아니더라도 쉽게 도전할 수 있는 것이다.

뿐만 아니라 스마트스토어를 개설하는 방법도 안내 사항을 세심하게 읽고 따라 한다면 어렵지 않게 진행할 수 있다. '개인'과 '사업자', '해외 사업자' 총 세 가지로 나뉘어 있는 판매자 유형 중, 본인이 원하는 것을 선택해 스마트스토어를 개설하면 된다. 스마트스토어도 홈택스와 마찬가지로 도움을 받을 곳이 존재한다. 스마트스토어센터의 도움말이 바로 그곳이다. 여기서는 스마트스토어와 관련한 내용이 상세하게 기재되어 있다.

이처럼 내가 전문 지식이 없거나, 주변에 도와줄 사람이 존재하지 않는다고 해서 처음부터 낙담하고 겁먹지 말자. 우리는 정보가 넘쳐나는 온라인 세상 속에서 살고 있고, 하고자 하는 마음만 있다면 언제든지 접근 가능하다. 그저 처음 접근하는 탓에 어디서부터 시작해야 할지 막막했을 뿐이다.

사업자등록과 통신판매업 신고를 시작으로 스마트스토어를 개설하는 방법까지, 해당 가이드를 보며 차근차근 진행한다면 우리는 생각보다 더 빨리 스마트스토어 오너가 되어 있을 것이다.

사업자등록을 위해 바쁜 시간을 쪼개 가며 세무서를 찾아갈 필요가 없다. 이제는 온라인으로 간편하게 신청할 수 있다. 순서에 따라 차근차근 진행해 보자.

- 국세청 홈택스(www.hometax.go.kr)에 접속한 후, 공인인증서로 로그인(또는 지문인증)한다. 그런 다음, 화면 상단에 있는 〈신청/제출〉 버튼을 클릭한다.

● '신청/제출' 화면에서 〈사업자등록 신청/정정 등〉 버튼을 클릭한다.

● 〈사업자등록신청(개인) 바로가기〉 버튼을 클릭한다.

● 사업자등록 신청에 필요한 〈인적 사항〉을 입력한다. 사업장 소재지의 경우 별도로 임대한 사업장이 있다면 해당 사업장의 주소를, 임대한 사업장이 없을 경우에는 본인이 거주하고 있는 집 주소를 기재해도 무방하다.

● '업종 선택'에서 〈업종 입력/수정〉 버튼을 클릭한다.

업종 선택

5

전체업종 내려받기 | 업종 입력/수정 | 선택내용 삭제

선택	업종구분	업종코드	업태명	업종명	산업분류코드	제출서류

사업장정보 추가입력

- 선택한 업종이 영위하고자 하는 사업 내용을 정확하게 반영하지 못하는 경우에는, 실제 영위하고자 하는 사업에 대한 설명을 추가 입력하시기 바랍니다.

사업설명

● '업종 구분'에서 〈주업종〉을 클릭하고, '업종 코드'의 〈검색〉 버튼을 클릭한다.

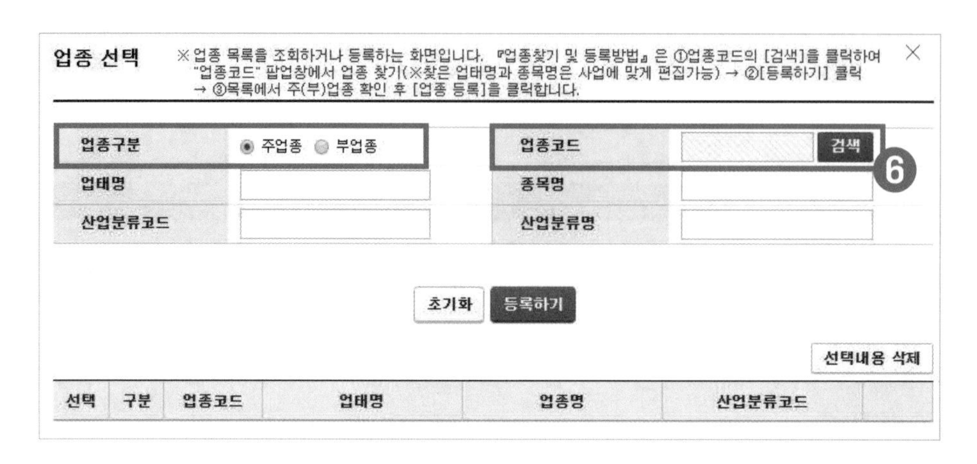

● '업종' 칸에 '전자상거래'를 입력하고 〈조회하기〉 버튼을 클릭한다. '업종 코드 목록' 중 업종 코드 '525101(전자상거래 소매업)'을 더블 클릭한다.

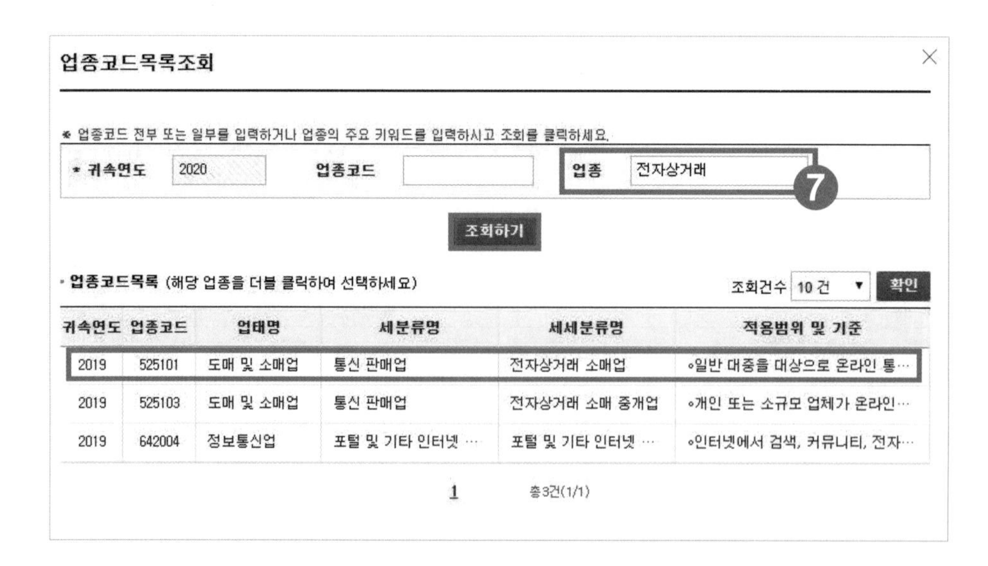

● 〈등록하기〉 버튼을 클릭하면, 주업종명이 '전자상거래 소매업'으로 등록된 것을 확인할 수 있다.

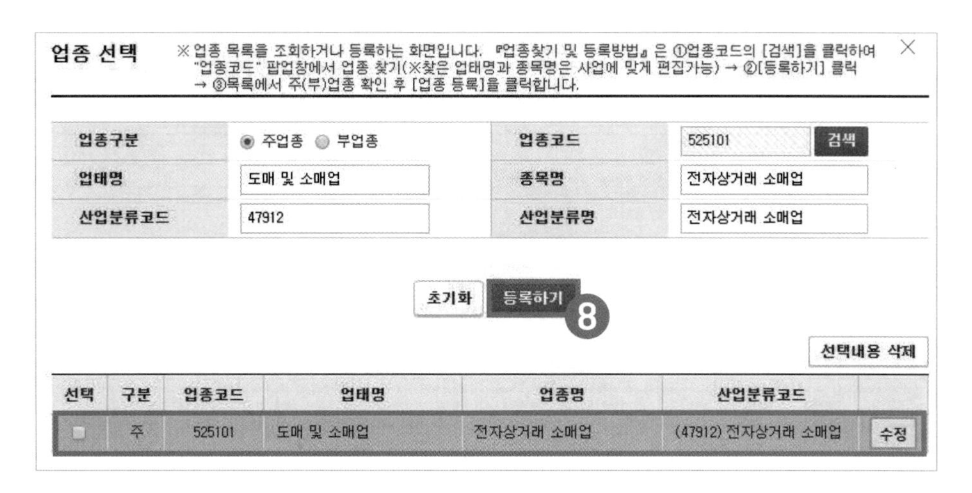

업종 선택 ※업종 목록을 조회하거나 등록하는 화면입니다. 『업종찾기 및 등록방법』은 ①업종코드의 [검색]을 클릭하여 "업종코드" 팝업창에서 업종 찾기(※찾은 업태명과 종목명은 사업에 맞게 편집가능) → ②[등록하기] 클릭 → ③목록에서 주(부)업종 확인 후 [업종 등록]을 클릭합니다.

업종구분	◉ 주업종 ○ 부업종	업종코드	525101 [검색]
업태명	도매 및 소매업	종목명	전자상거래 소매업
산업분류코드	47912	산업분류명	전자상거래 소매업

[초기화] [등록하기] 8

[선택내용 삭제]

선택	구분	업종코드	업태명	업종명	산업분류코드	
□	주	525101	도매 및 소매업	전자상거래 소매업	(47912) 전자상거래 소매업	수정

● 이어 '부업종'을 등록할 차례다. 이번에는 업종 구분을 '부업종'으로 체크하고, 업종 코드 〈검색〉 버튼을 클릭하자.

업종 선택 ※업종 목록을 조회하거나 등록하는 화면입니다. 『업종찾기 및 등록방법』은 ①업종코드의 [검색]을 클릭하여 "업종코드" 팝업창에서 업종 찾기(※찾은 업태명과 종목명은 사업에 맞게 편집가능) → ②[등록하기] 클릭 → ③목록에서 주(부)업종 확인 후 [업종 등록]을 클릭합니다.

업종구분	○ 주업종 ◉ 부업종	업종코드	[검색]
업태명		종목명	
산업분류코드		산업분류명	

9

[초기화] [등록하기]

[선택내용 삭제]

선택	구분	업종코드	업태명	업종명	산업분류코드	
□	주	525101	도매 및 소매업	전자상거래 소매업	(47912) 전자상거래 소매업	수정

● 업종 코드에 '749609'를 입력하고 조회한 후, 아래 내용을 더블 클릭한다. 해당 '부업종' 코드는 해외 구매 대행을 위해 필요하다.

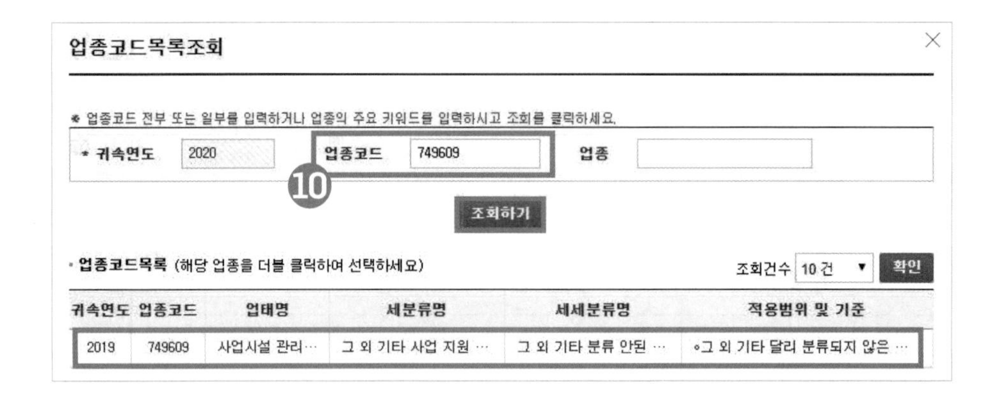

● 주업종과 부업종 모두 등록된 것을 확인한 후, 최종적으로 하단에 위치한 〈업종 등록〉 버튼을 클릭한다.

● 주업종과 부업종 등록을 완료한 후에는 사업장 정보를 입력하면 된다. 이때 개업 일자는 사업자 등록을 신청한 날짜로 입력해도 무방하다.

임대차 내역의 경우에는, 만약 앞에서 사업장 주소지를 본인의 집 주소로 설정을 했는데 자가가 아닌 전세·월세라면, 본인 소유가 아닌 '타인 소유'에 체크한 후, 뒤 ⑬번의 서류 제출 부분에서 '임대차 계약서'를 첨부해야 한다.

사업자 유형은 '간이'로 선택해야 유리하다. 추후 4,800만 원 이상의 연 매출을 올릴 경우에는 일반 사업자로 전환될 수 있음을 고려해야 한다. 단, 초기 매입(투자) 자금이 많은 경우 '일반 과세자'가 유리할 수도 있다.

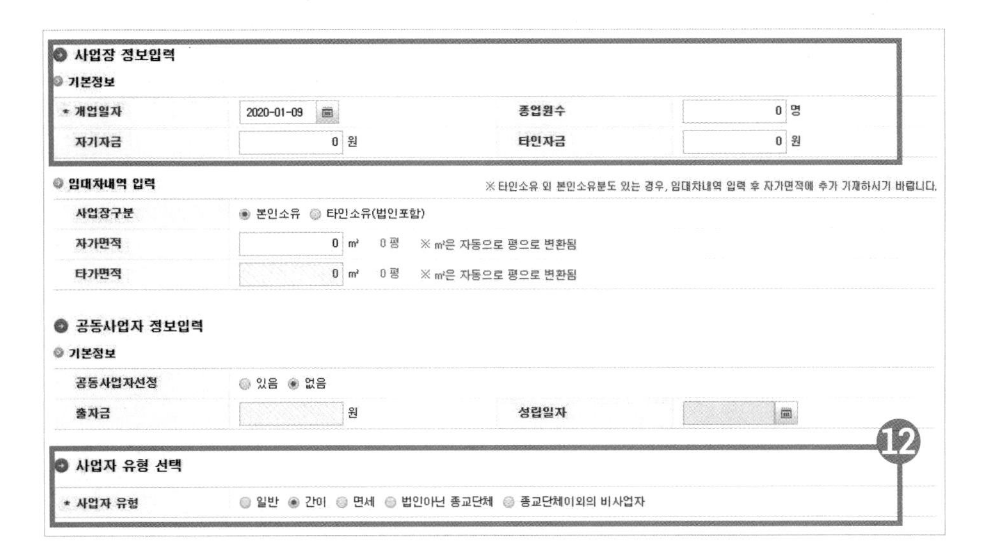

사업장 정보입력

기본정보

* 개업일자	2020-01-09	종업원수	0 명
자기자금	0 원	타인자금	0 원

임대차내역 입력

※ 타인소유 외 본인소유분도 있는 경우, 임대차내역 입력 후 자가면적에 추가 기재하시기 바랍니다.

사업장구분	◉ 본인소유 ○ 타인소유(법인포함)
자가면적	0 ㎡ 0 평 ※ ㎡은 자동으로 평으로 변환됨
타가면적	0 ㎡ 0 평 ※ ㎡은 자동으로 평으로 변환됨

공동사업자 정보입력

기본정보

공동사업자선정	○ 있음 ◉ 없음		
출자금	원	성립일자	

⑫

사업자 유형 선택

* 사업자 유형	○ 일반 ◉ 간이 ○ 면세 ○ 법인아닌 종교단체 ○ 종교단체이외의 비사업자

Check Point! 일반 과세자와 간이 과세자의 차이는?

° 일반과세자 또는 간이과세자로 처음 사업자등록을 했다고 하여 그 유형이 변하지 않고 계속 적용되는 것이 아니며, 사업자등록을 한 해의 부가가치세 신고실적 및 간이과세배제기준 등으로 과세유형을 다시 판정한다.

구 분	일반과세자 1년간 매출액 4,800만원 이상이거나 간이과세 배제되는 업종, 지역인 경우	간이과세자 1년간 매출액 4,800만원 미만이고 간이과세 배제되는 업종, 지역에 해당되지 않는 경우
매출세액	공급가액×10%	공급대가×업종별부가가치율×10%
세금계산서 발급	발급의무 있음	발급불가(카드 or 현금영수증 발급의무 O)
매입세액 공제	매입세액 전액공제	매입세액×업종별부가가치율
의제매입세액공제	모든 업종에 적용	음식점업, 제조업

•간이과세자로서 당해 과세기간(1/1~12/31)의 매출액이 3,000만원 미만인 경우 **부가가치세 신고는 하되, 세금납부는 면제**

* 신규 사업자인 경우 연간 매출을 환산하여 4,800만 원 미만인지 판단함.

Check Point! 한 번 작성한 신청서는 불러오기가 가능하다

teht.hometax.go.kr에 삽입된 페이지 내용:

작성 중인 신청서가 있습니다. 불러오시겠습니까?

- 취소할 경우, 작성 중인 신청서는 삭제됩니다.
- [최종확인]화면에서 [확인]버튼을 클릭해야만 접수가 완료됩니다.

확인 취소

홈택스 사이트에서 사업자등록 신청을 하다 보면, 작성을 멈추고 재접속을 해야 할 때가 있다. 이때 재접속을 하면 자동으로 '작성 중인 신청서가 있습니다. 불러오시겠습니까?'라는 창이 나오는 것을 볼 수 있다. 이때 〈확인〉 버튼을 누르면, 이전에 진행했던 데이터를 자동으로 불러올 수 있어 유용하다. 다만 불러오기 기능을 사용할 때는 누락된 부분이 발생할 수 있으므로 전체적으로 재확인 작업이 꼭 필요하다.

● 마지막으로 제출 서류를 선택하는 창이 나오는데, 처음 스마트스토어를 시작할 경우에는 '임대차 계약서 사본' 정도의 서류만 필요한 경우가 많지만, 혹시라도 본인에게 해당하는 부분이 있는지 꼼꼼히 살펴야 한다. 그러고 나서 다음으로 넘어가면 사업자등록 신청이 완료된다.

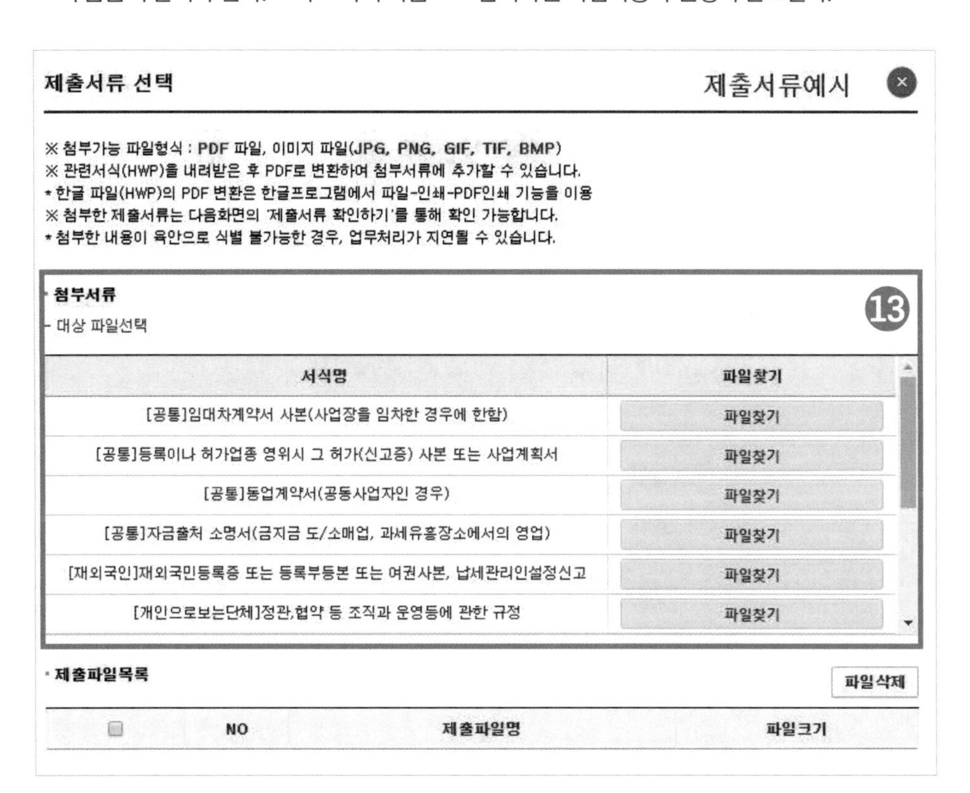

통신판매업 신고를 위한 서류 준비

통신판매업 신고를 하려면 '사업자등록증 사본', '구매안전서비스(에스크로) 이용 확인증', '신분증 사본' 총 세 가지가 필요하다. 이 중에서도 '구매안전서비스 이용 확인증'은 일부 은행에서도 발급 가능하나, 발급 은행이 제한적이므로 네이버 스마트스토어에서 쉽게 발급받는 방법을 추천한다.

먼저 스마트스토어 가입 절차를 진행한다(뒤에서 설명하는 '스마트스토어 개설하기'를 참조). 다음으로 네이버 '스마트스토어센터'에 로그인한 후, '판매자 정보'를 클릭하고, '구매안전서비스 이용 확인증'을 클릭해서 다운받는다.

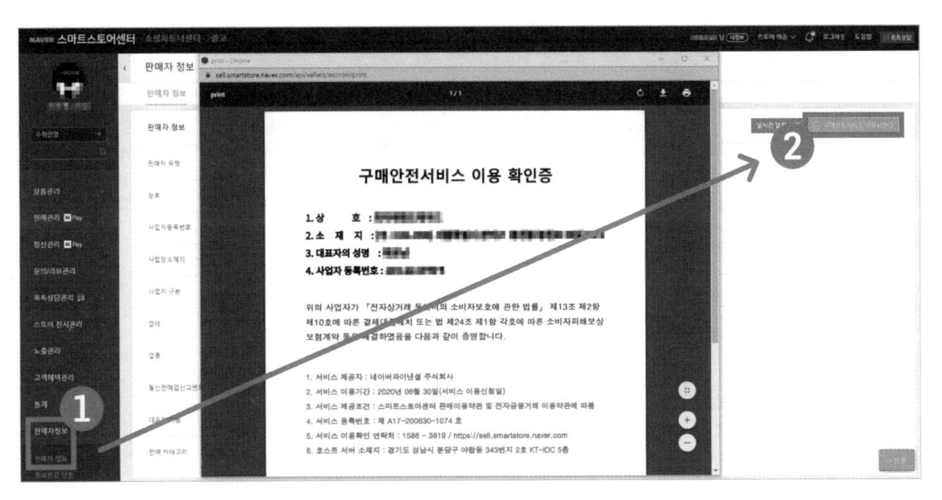

Check Point! 스마트스토어에서 구매안전서비스 이용 확인증을 다운로드 받으려면?

네이버에 의하면 구매안전서비스 이용 확인증은 사업자 회원만 출력이 가능하다. 최초로 스마트스토어센터에 개인 판매자로 가입한 이후 사업자등록증을 취득했다면, 이후 판매자 유형을 '사업자로 전환'할 수 있다. 여기서 주의할 점은 대표자가 동일한 경우에만 사업자 전환 메뉴에서 신청 가능하며, 대표자가 다른 경우에는 가족에 한해 양도양수로 신청할 수 있다.

정부24 통신판매업 온라인 신청

● 통신판매업 신고를 위해 '정부24(www.gov.kr)' 사이트에 접속한다. 공인인증서가 필요하므로 미리 등록해 두면 편리하다. 이어 정부24 검색 창에 '통신판매업 신고'를 입력한다.

● '통신판매업 신고-시·군·구'의 〈신청〉 버튼을 클릭한다.

● 업체 정보를 입력한다.

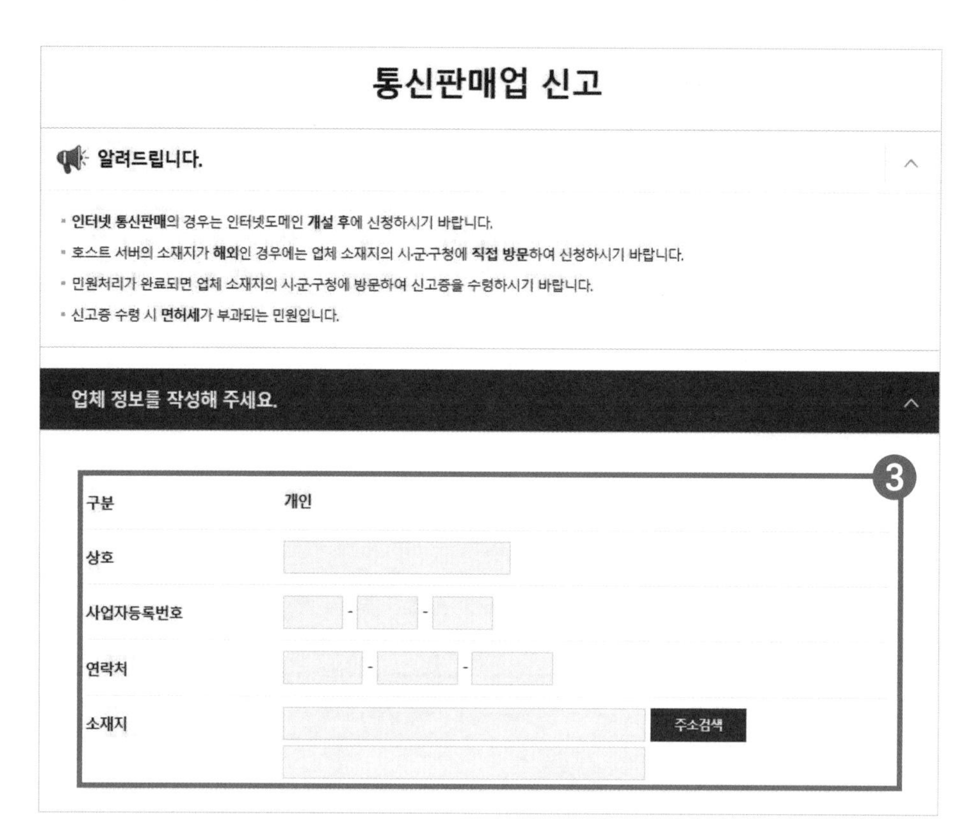
통신판매업 신고
알려드립니다.
· 인터넷 통신판매의 경우는 인터넷도메인 개설 후에 신청하시기 바랍니다.
· 호스트 서버의 소재지가 해외인 경우에는 업체 소재지의 시·군·구청에 직접 방문하여 신청하시기 바랍니다.
· 민원처리가 완료되면 업체 소재지의 시·군·구청에 방문하여 신고증을 수령하시기 바랍니다.
· 신고증 수령 시 면허세가 부과되는 민원입니다.
업체 정보를 작성해 주세요.
3
구분
개인
상호
사업자등록번호
연락처
소재지
주소검색

- 대표자(본인) 정보를 입력한다.

대표자 정보를 작성해 주세요.

4

성명	홍예지
생년월일	
연락처	010 - -
주소	주소검색
이메일	@ naver.com naver.com

- 스마트스토어에서 판매할 예정이므로 판매 방식은 '인터넷'에 체크하고, 인터넷 도메인 이름의 경우 본인의 스마트스토어 주소를 입력한다. 호스트 서버 소재지는 네이버 스마트스토어 구매안전서비스 이용 확인증에 나와 있는 호스트 서버 소재지를 그대로 기입하면 된다.

판매정보를 선택해 주세요.

5

판매방식	TV홈쇼핑 / 인터넷 (체크됨) / 카탈로그 / 신문잡지 / 기타
취급품목	종합몰 / 교육/도서/완구/오락 / 가전 / 컴퓨터/사무용품 / 가구/수납용품 / 건강/식품 / 의류/패션/잡화/뷰티 / 레저/여행/공연 / 성인/성인용품 / 자동차/자동차용품 / 상품권 / 기타 (구체적 품목 기재:)
인터넷 도메인 이름	※ 본인의 홈페이지나 블로그의 경우, "http://www.샘플.kr", 오픈마켓의 경우 "G마켓","옥션"등으로 입력합니다.
호스트서버 소재지	※ 해외인 경우 업체 소재지의 시군구청에 직접 방문하여 신청하시기 바랍니다. ※개인 홈페이지를 개설·운영하는 경우에 작성해 주시기 바랍니다.(오픈마켓을 통해 판매하는 경우 작성할 필요 없음) 주소검색

● 신분증, 구매안전서비스, 사업자등록증 총 세 가지를 파일로 첨부한다.

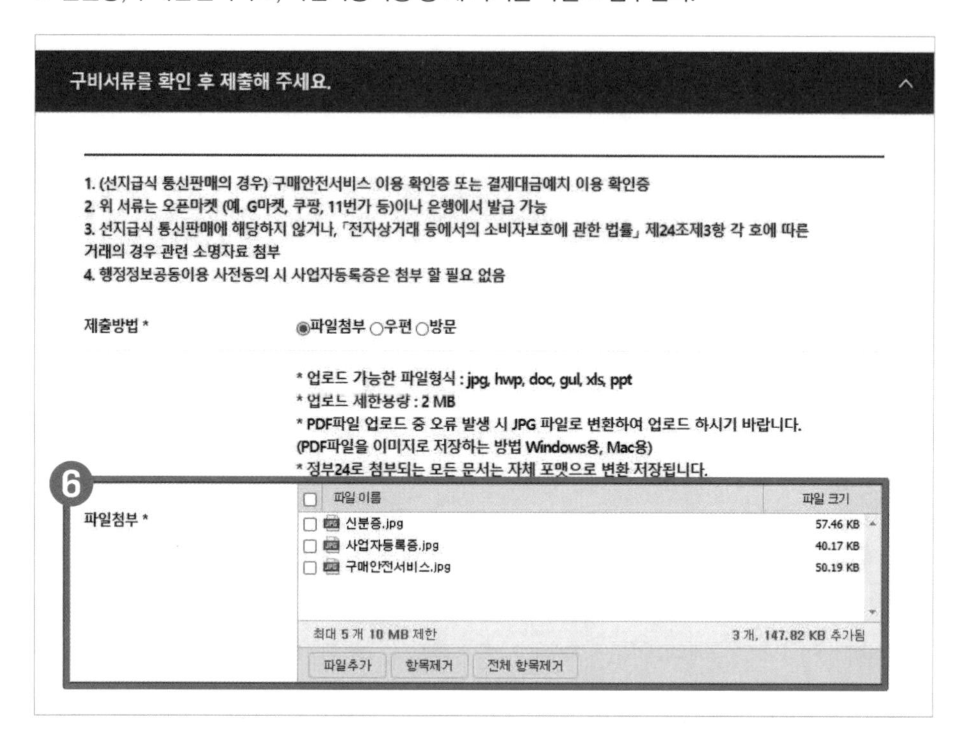

● 신고증 수령기관을 선택하고, 민원을 신청한다. 2~3일 후 처리 결과를 확인하고 수령할 기관에 직접 찾아가면 '통신판매업 신고증'을 받을 수 있다.

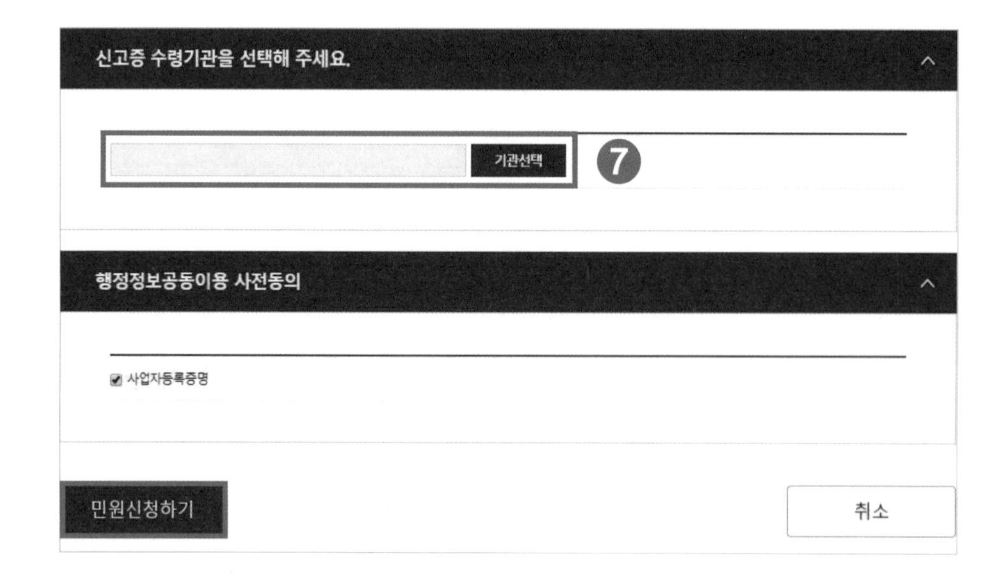

SMART STORE

스마트스토어 개설하기

004

스마트스토어는 '개인', '사업자', '해외 사업자' 세 가지 판매자 유형 중 본인이 원하는 유형을 선택해서 가입할 수 있다. 사업자등록증을 발급받기 전이라면 '개인'을, 현재 사업자등록증이 발급된 상태라면 '사업자'로 가입 절차를 진행하면 된다.

사업자등록증 취득 전에는, 개인 판매자로 시작하자

처음 스마트스토어를 시작하는 사람이라면 개인 판매자로 가입해서 관련 프로그램을 익히는 것도 좋다. 다만 사업자등록을 하지 않고 지속적으로 상품을 판매할 경우에는 각종 불이익은 물론 법규에 따라 처벌을 받을 수 있으므로, 사업자로 전환하기를 당부한다.

● 〈판매자 가입하기〉 버튼을 클릭한다.

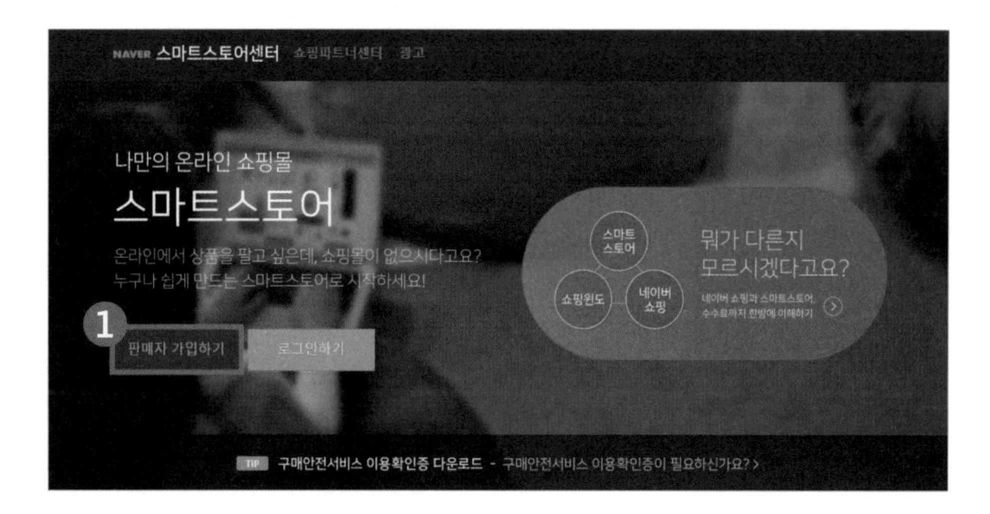

● 〈개인〉을 선택하고 다음으로 이동한다.

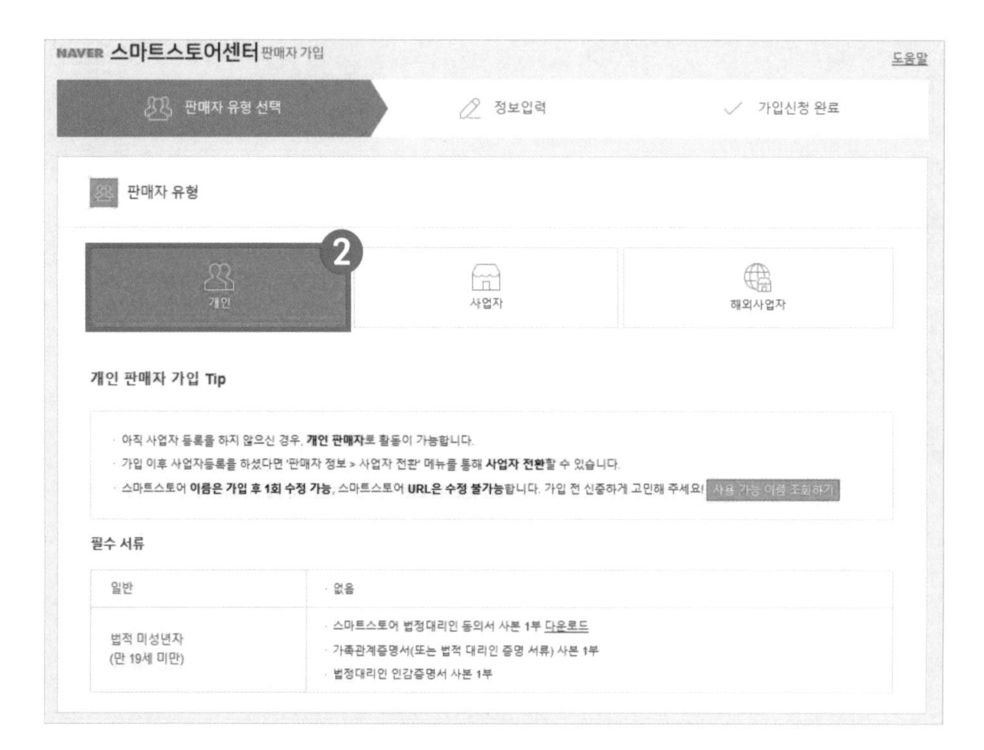

● 휴대전화로 본인 인증을 진행한다.

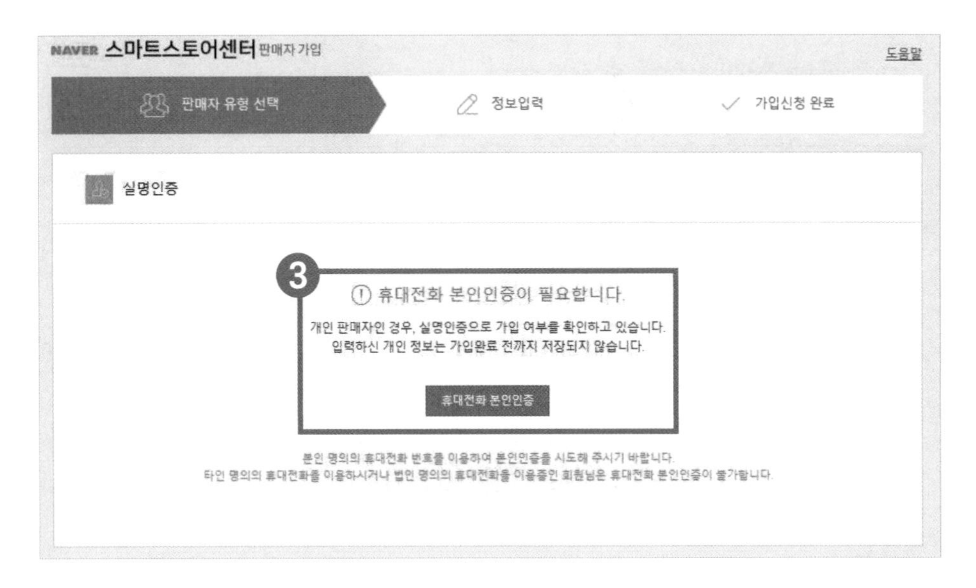

● 본인 인증을 완료한다.

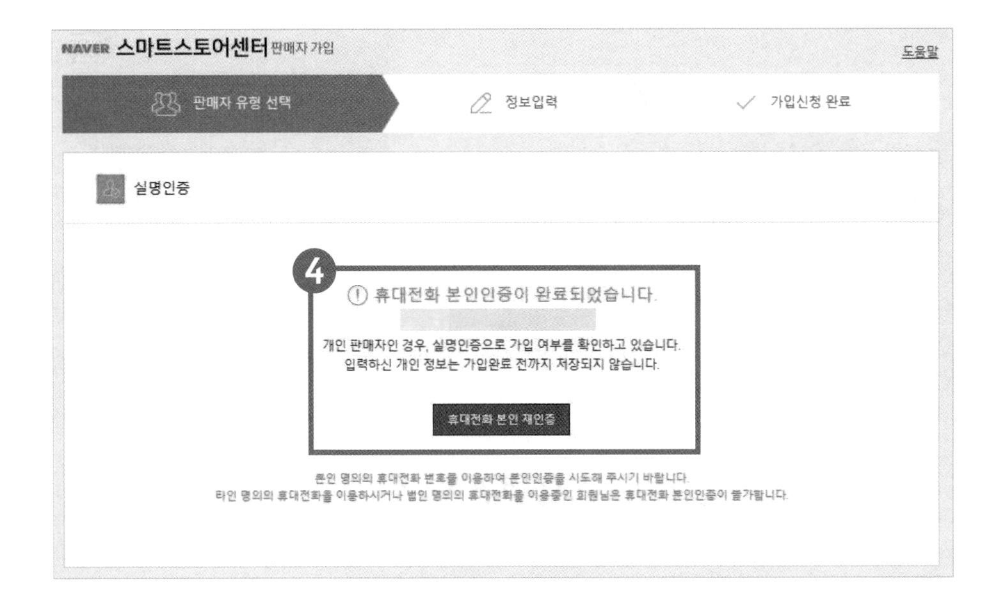

● '네이버 아이디로 가입하기' 또는 '이메일 주소로 가입하기'를 누른다. 이때, 네이버 아이디로 가입할 경우에는 네이버에서 제공하는 서비스를 간편하게 연결할 수 있다는 장점이 있으므로, 네이버 아이디로 가입하는 방법을 추천한다.

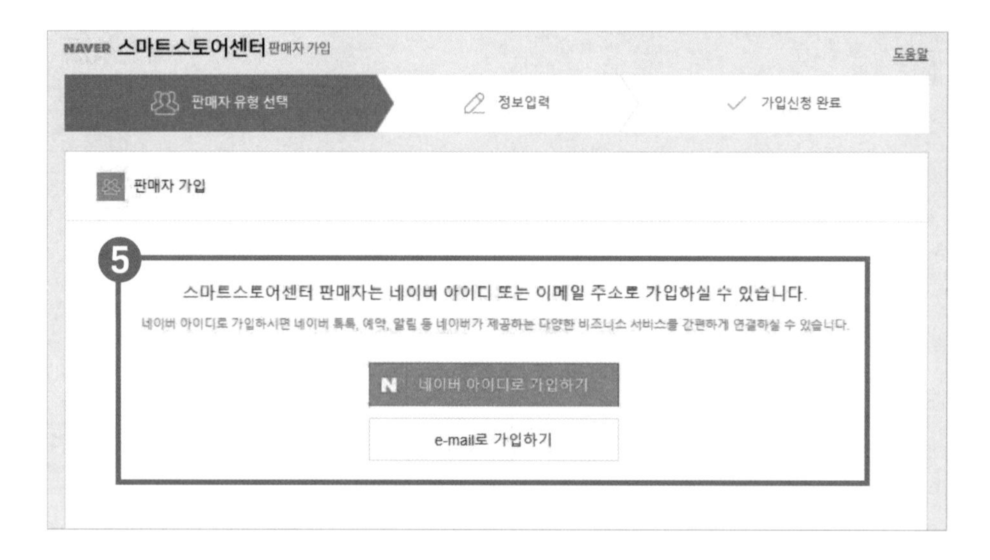

● 가입 정보를 입력하고, 휴대전화 번호나 이메일 주소를 통해 인증한다(위의 ⑤번에서 네이버 아이디로 가입했을 경우).

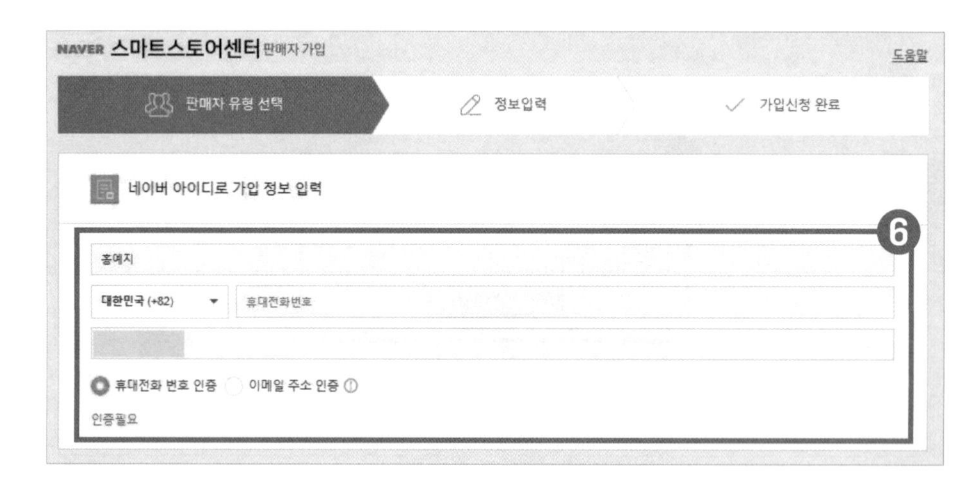

● 판매 활동에 도움을 주는 네이버 쇼핑과 네이버 톡톡 중, 사용하고 싶은 서비스를 선택해 설정한다. 이때 '네이버 쇼핑' 부분에서는 대행사를 선택할 수 있는데, 이 대행사는 네이버 검색에서의 상품 노출 빈도를 높이기 위해 별도로 광고 운영 계약을 맺을 수 있는 네이버 쇼핑 광고 대행사라고 보면 된다. 이와 같은 대행사를 활용하는 것도 좋지만, 처음부터 무리할 경우 금전적인 부담이 될 수 있으므로 굳이 사용하지 않아도 된다. 간혹 잘못된 대행사를 만나 금전적으로 사기 피해를 보는 사례도 있어서 신중한 결정이 필요하다.
'네이버 톡톡'의 경우에는 활용을 추천한다. 상품에 대해 궁금증을 가진 고객이 바로바로 질문할 수 있고, 판매자 역시 간편하게 답변해 줄 수 있기 때문이다.

● 여러 약관 중 필수 사항에 〈동의〉 버튼을 누르고, 선택 사항이 있을 경우에는 꼼꼼히 살펴본다.

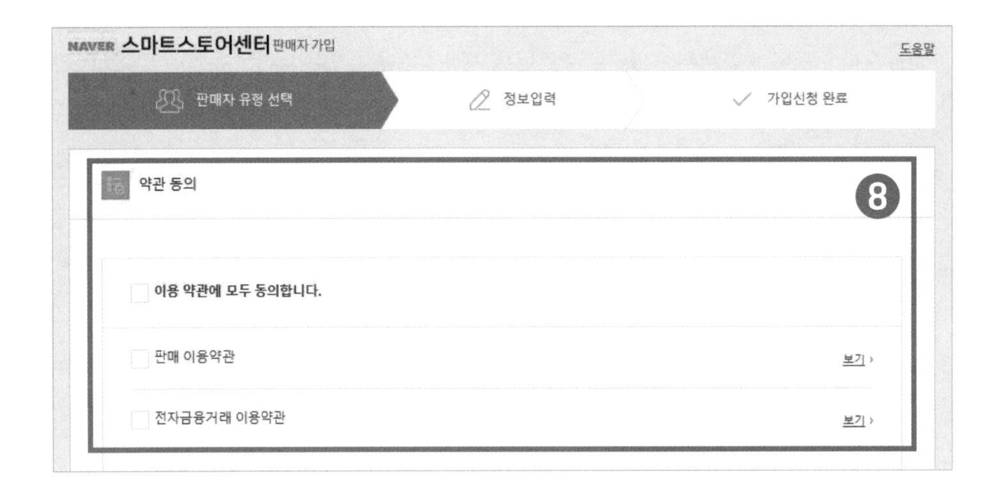

● 판매자 정보를 입력한다.

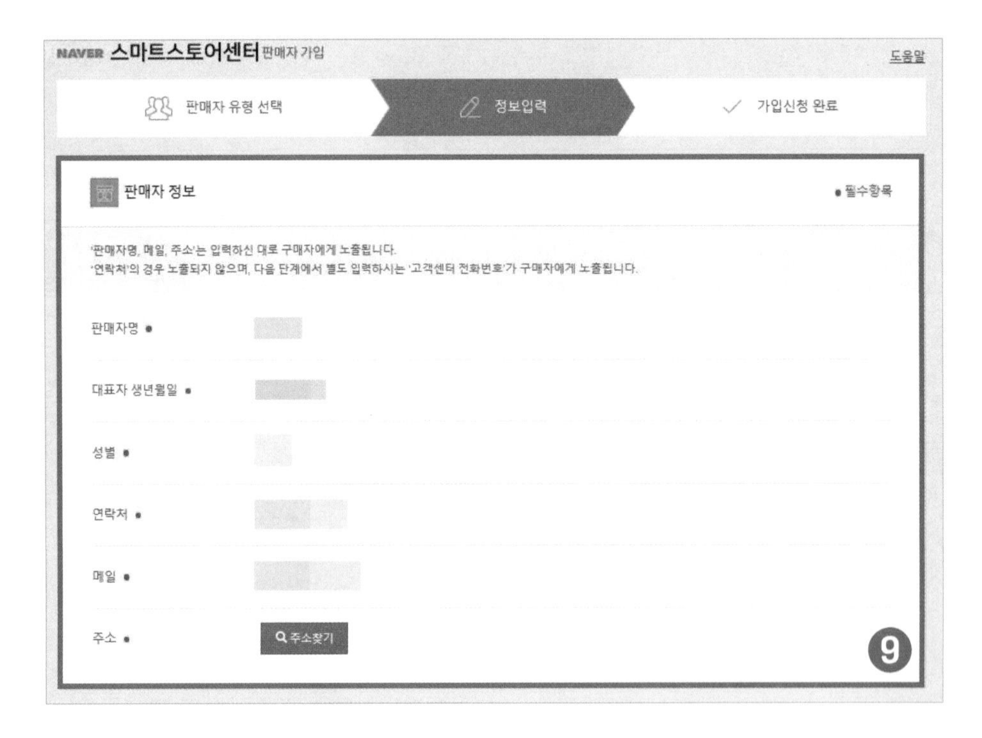

● 스마트스토어 이름과 URL, 소개글 등을 작성한다. 스마트스토어 이름은 가입 후 1회에 한해 수정이 가능하나, 처음부터 오랜 시간을 고심한 후 결정하는 것이 좋다. 스마트스토어 이름은 내 쇼핑몰의 간판이자 얼굴이기 때문이다. 고객의 관심을 끄는 동시에 기억에 남을 수 있는 이름이 유리하다.

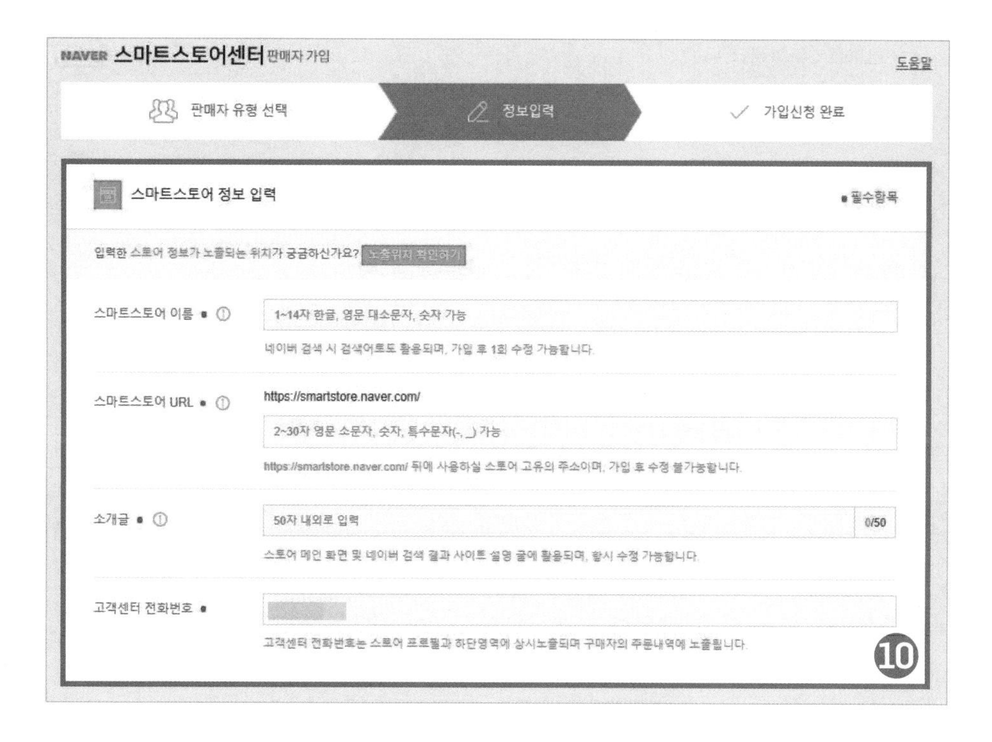

- 자신이 판매할 상품 중, 대표 상품 카테고리를 선택하고 〈판매 권한 신청〉을 누른다. 이어 타오바오에서 구매한 상품을 판매할 예정이므로 '해외 상품 판매'를 체크하고, 해외 상품 판매 이용약관을 꼼꼼히 살핀 후 동의한다. 만약 건강기능식품, 의료기기, 전통주 관련 상품 등 특정 상품군을 판매하려면 관련 서류를 제출해야 한다.

● 본인에게 맞는 상품 배송 유형과 수입 형태를 고르고 상품 출고지를 '해외'로 선택한 후, 중국 배송 대행지 주소를 영문으로 입력한다. 추후 상품 등록·수정 시 출고지를 해외 주소로 설정하면 상품 상세 페이지에 '해외 직배송 상품 안내' 문구가 노출됨을 확인할 수 있다.
간단한 설정 하나로 해당 쇼핑몰의 해외 배송 상품은 배송 기간이 국내 배송에 비해 더 길다는 점을 고객에게 알릴 수 있는 것이다.
아직 배송 대행지 주소가 정해지지 않았을 경우, 국내 주소지로 입력한 후 가입이 가능하다. 이때 상품의 출고지, 반품·교환지 주소는 수정 가능한 항목으로, 가입 이후 출고지를 해외로 수정하면 해외 배송 상품 노출이 가능하다.

배송 · 정산정보

12

상품배송 유형 ● 택배

수입형태 ● 병행

상품 출고지 주소 ● 국내 대표 주소와 동일

해외 국내

출고지 이름 (2~12자 한글, 영문, 숫자 사용가능)

상품출고지

출고지 주소

Address1

address1

Address2

address2

City

city

State/Province/Region

state

Zip/Postal Code

zip code

Country

국가 선택

출고지 연락처1 (필수)

국가 코드 -없이 연락가능한 전화번호 입력

출고지 비상 연락처2 (선택)

국가 코드 -없이 연락가능한 전화번호 입력

● 반품·교환지 주소는 실질적으로 수거가 가능한 주소지를 입력하면 된다. 국내 주소나 해외 주소 등 편한 곳으로 기입하면 된다.

● 정산 받을 입금 계좌를 입력한다.

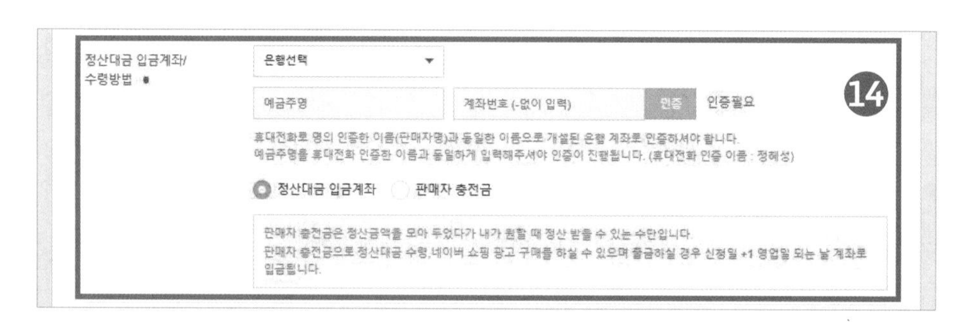

- 담당자의 휴대전화 번호와 이메일 주소를 인증하고, 〈신청 완료〉 버튼을 클릭하면 '개인 판매자' 등록 완료!

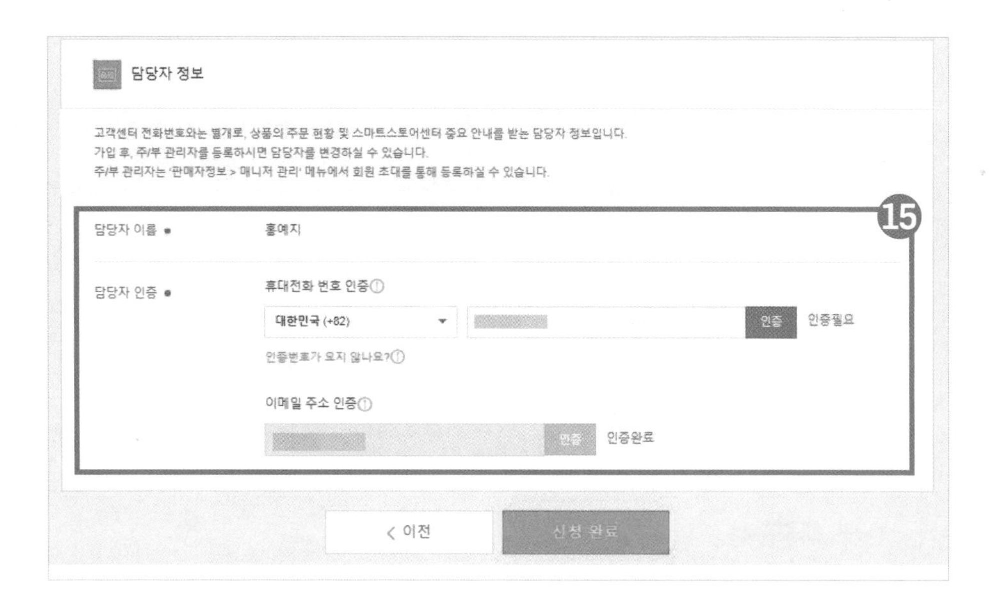

처음부터 제대로 하고 싶다면, 사업자로 시작하자

앞으로도 계속 상품을 판매하려는 계획이라면 처음부터 사업자등록을 진행한 후, 사업자로 가입하는 방법을 추천한다.

- 〈판매자 가입하기〉 버튼을 클릭한다.

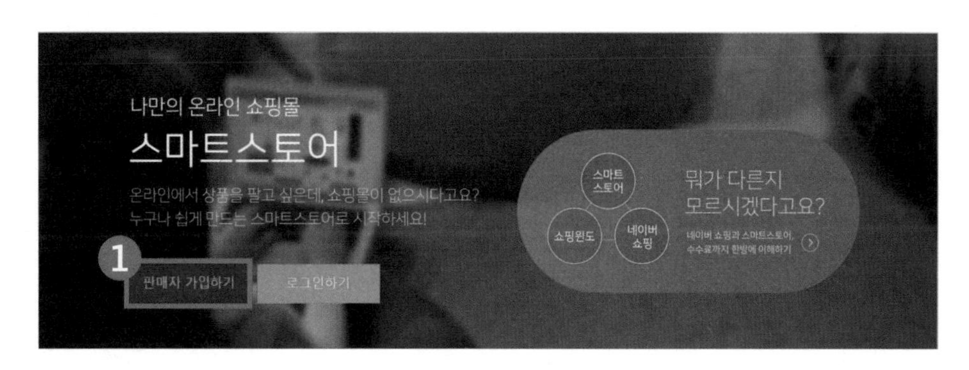

● '사업자'를 선택하고 〈다음〉 버튼을 클릭한다.

● '사업자등록번호'를 입력하고 〈다음〉 버튼을 클릭한다.

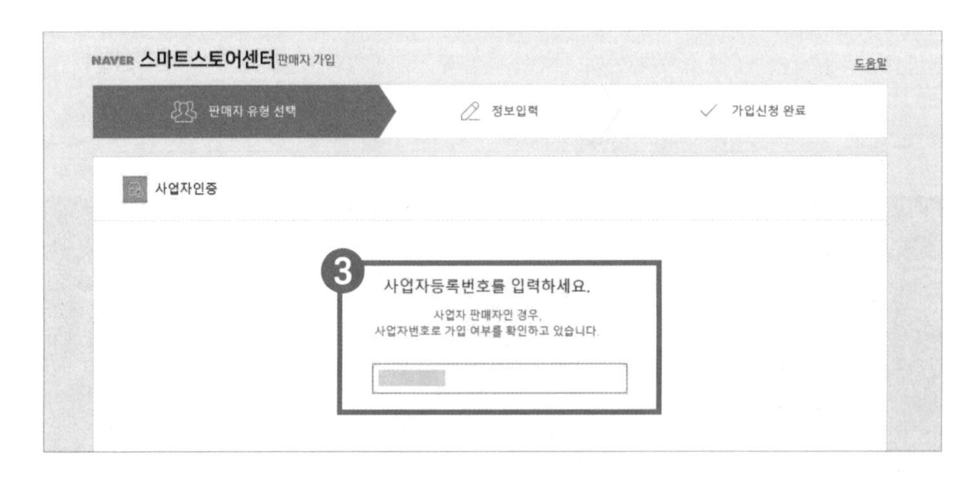

● '네이버 아이디로 가입하기' 또는 '이메일로 가입하기'를 선택한다. 개인으로 가입할 때와 마찬가지로, 네이버 아이디로 가입할 경우에는 네이버에서 제공하는 서비스를 보다 편하게 이용할 수 있어 '네이버 아이디로 가입하기'를 추천한다.

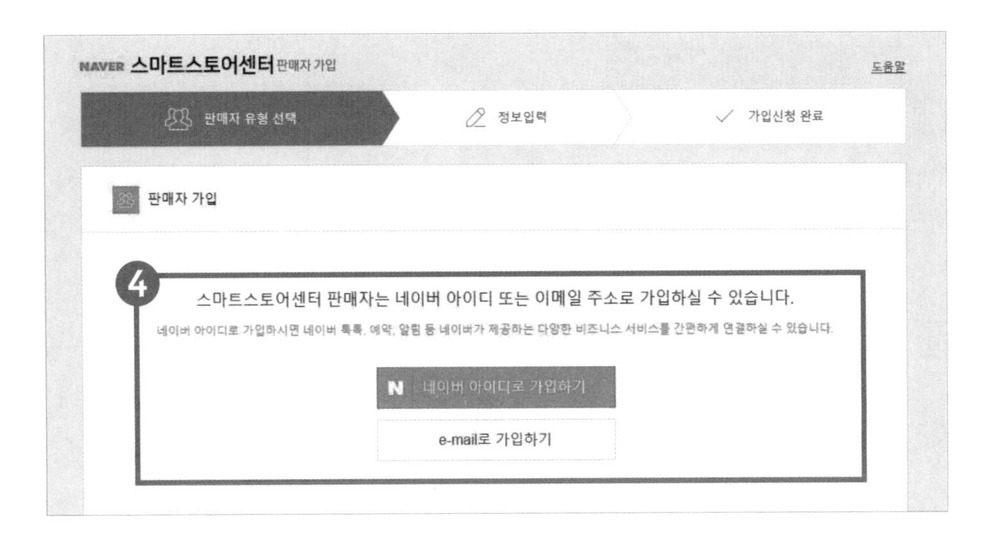

● 네이버 아이디로 가입했을 경우, 가입 정보를 입력하고 휴대전화 번호나 이메일을 통해 인증한다.

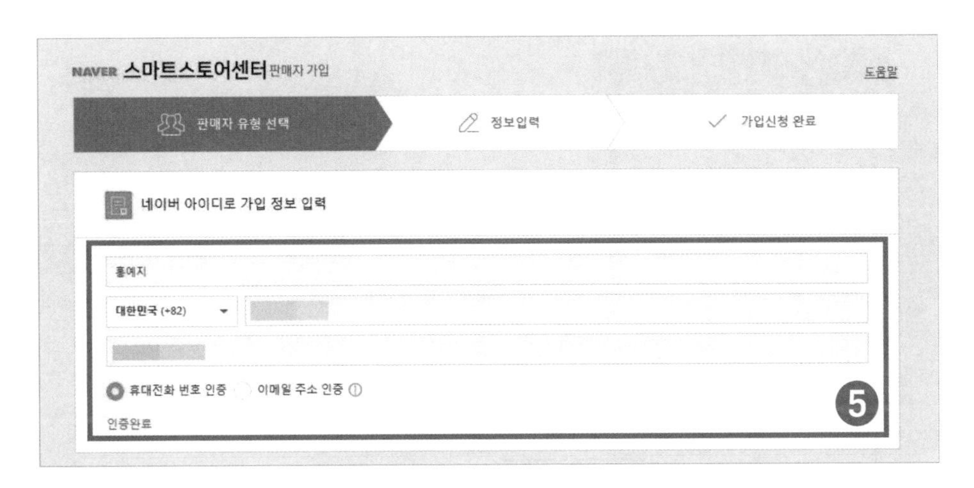

- 네이버 쇼핑이나 네이버 톡톡 중, 사용하고 싶은 서비스를 클릭한다. 많은 셀러가 네이버 쇼핑과 네이버 톡톡을 모두 활용하는 편이다.

- 필수 약관에 동의한다.

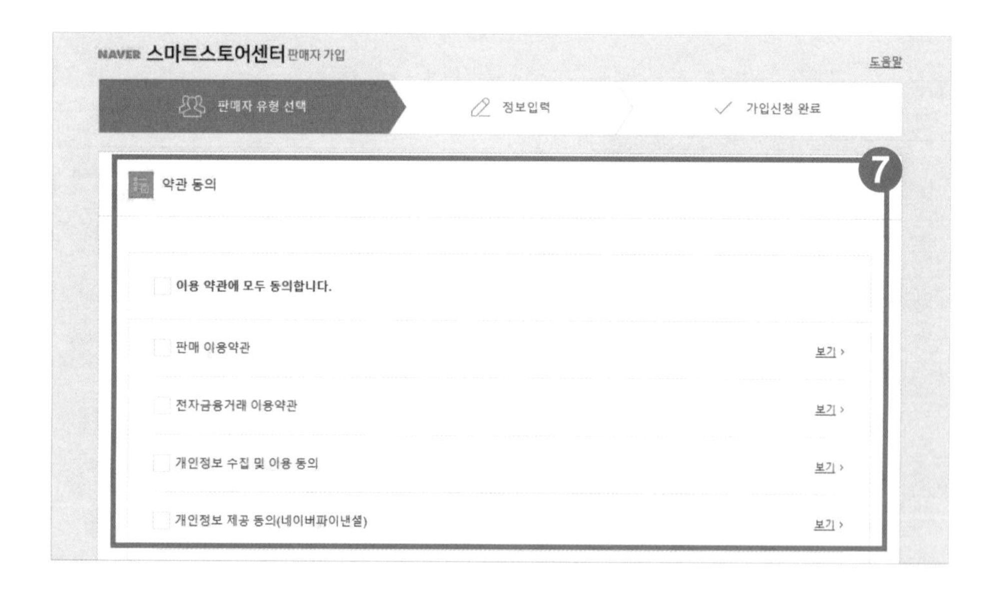

● 약관에 동의하고 나면, '사업자'로 가입 시 필요한 서류를 팝업 창으로 안내해 준다. 가입 절차를 계속 진행하기 전에 필수 서류를 한 번 더 확인하자.

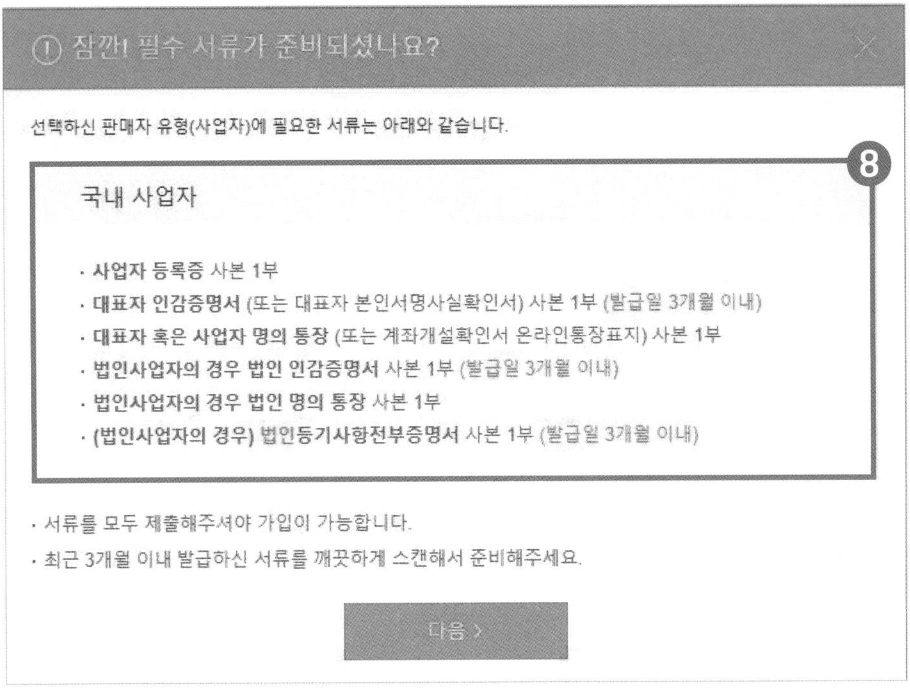

ⓘ 잠깐! 필수 서류가 준비되셨나요?

선택하신 판매자 유형(사업자)에 필요한 서류는 아래와 같습니다.

8

국내 사업자

- **사업자 등록증** 사본 1부
- **대표자 인감증명서** (또는 대표자 본인서명사실확인서) 사본 1부 (발급일 3개월 이내)
- **대표자 혹은 사업자 명의 통장** (또는 계좌개설확인서 온라인통장표지) 사본 1부
- **법인사업자의 경우 법인 인감증명서** 사본 1부 (발급일 3개월 이내)
- **법인사업자의 경우 법인 명의 통장** 사본 1부
- **(법인사업자의 경우) 법인등기사항전부증명서** 사본 1부 (발급일 3개월 이내)

- 서류를 모두 제출해주셔야 가입이 가능합니다.
- 최근 3개월 이내 발급하신 서류를 깨끗하게 스캔해서 준비해주세요.

다음 >

● 본인 사업장에 관한 정보를 입력한다. 상호, 사업장 주소, 업태, 업종 등을 상세하게 기재한다. 통신판매업 신고에 따라 신고 완료나 미신고 버튼을 누른다.

● 대표자의 구성에 맞게 선택하고, 관련 인증을 진행한다. 대표자 명의 휴대전화로 본인 인증을 할 경우에는 별도로 인감증명서를 제출하지 않아도 되므로 휴대전화 인증을 추천한다.

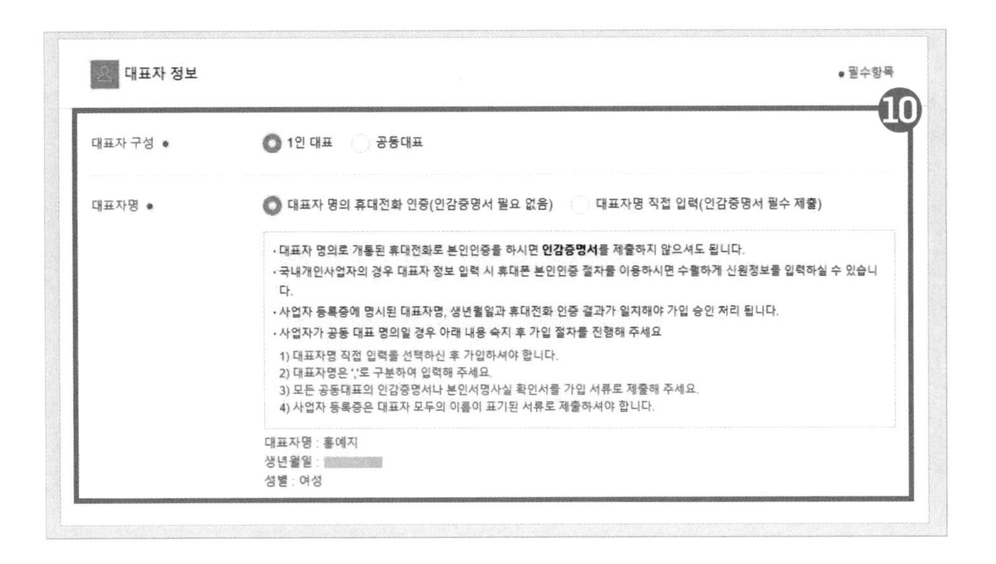

● 이제 스마트스토어 정보를 입력할 차례다. 이름, 주소, 소개글, 고객센터로 사용할 전화번호를 차례로 입력한다. 이름의 경우에는 가입 후 1회 수정이 가능한 반면, URL 주소는 가입 후 수정이 불가능하므로 주의해야 한다.

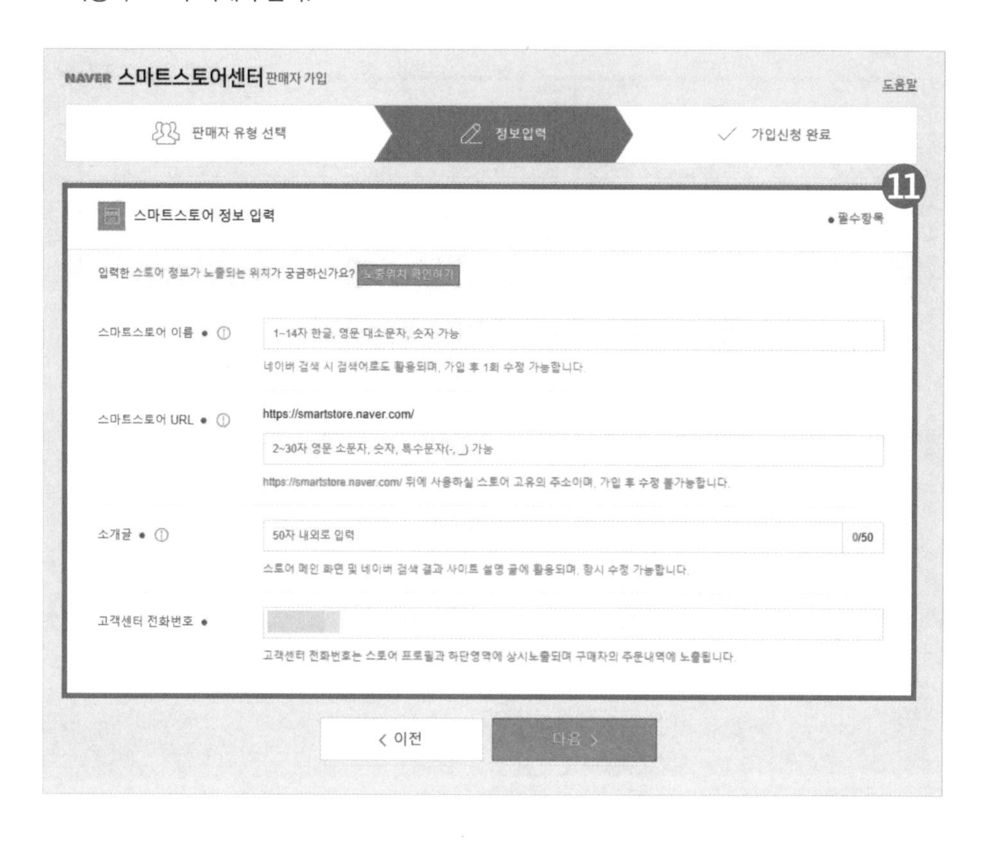

● 대표 상품 카테고리를 선택한다. 이어 판매 권한을 신청하고, 타오바오 물품을 판매할 예정이므로 '해외 상품 판매' 항목에 체크한다. 건강기능식품, 의료기기 등 특정 상품군은 별도의 제출 서류가 필요하다.

● 상품 출고지 주소와 연락처를 기입한다. 출고지를 해외 주소로 설정하면 상품 상세 페이지에 비행기 모양 이미지의 '해외 직배송 상품 안내' 문구가 노출된다. 출고지 주소는 자신이 선택한 배송 대행지의 주소를 영문으로 입력한다.

- 반품/교환지 주소는 실질적으로 수거가 가능한 주소지를 입력하면 된다. 국내 주소지로 수거가 가능한 상품이라면 국내 주소지를 기재해도 무방하다.

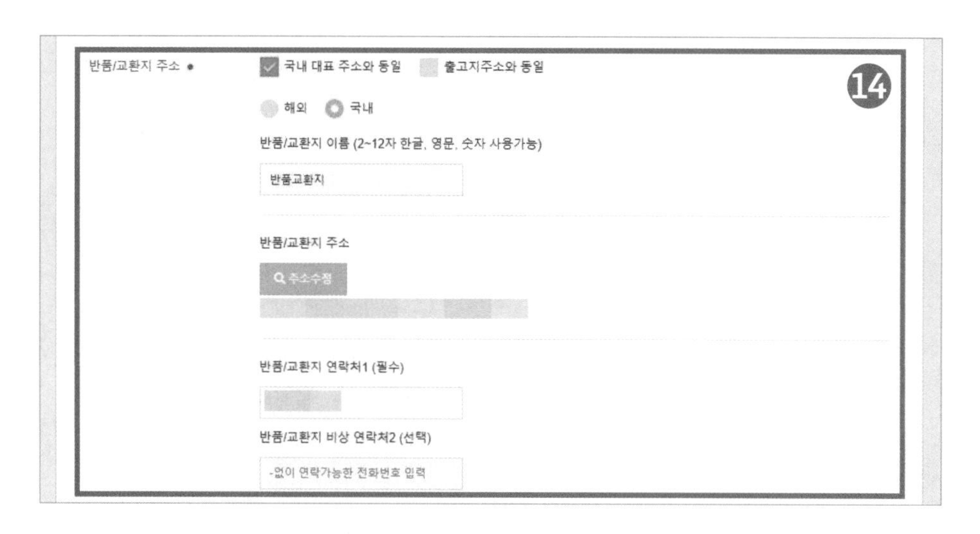

- 정산 받을 은행과 예금주, 계좌번호를 입력한다.

정산대금 입금계좌/
수령방법
15
은행선택
예금주명
계좌번호 (-없이 입력)
인증
인증필요
일반(간이) 사업자의 예금주는 대표자명 또는 사업자등록증의 상호명과 동일해야 하며
법인사업자의 예금주는 사업자등록증의 법인 명의와 동일해야 합니다.
정산대금 입금계좌
판매자 충전금
판매자 충전금은 정산금액을 모아 두었다가 내가 원할 때 정산 받을 수 있는 수단입니다.
판매자 충전금으로 정산대금 수령,네이버 쇼핑 광고 구매를 하실 수 있으며 출금하실 경우 신청일 +1 영업일 되는 날 계좌로 입금됩니다.

● 판매자 신원 확인 정보 입력에 체크한다.

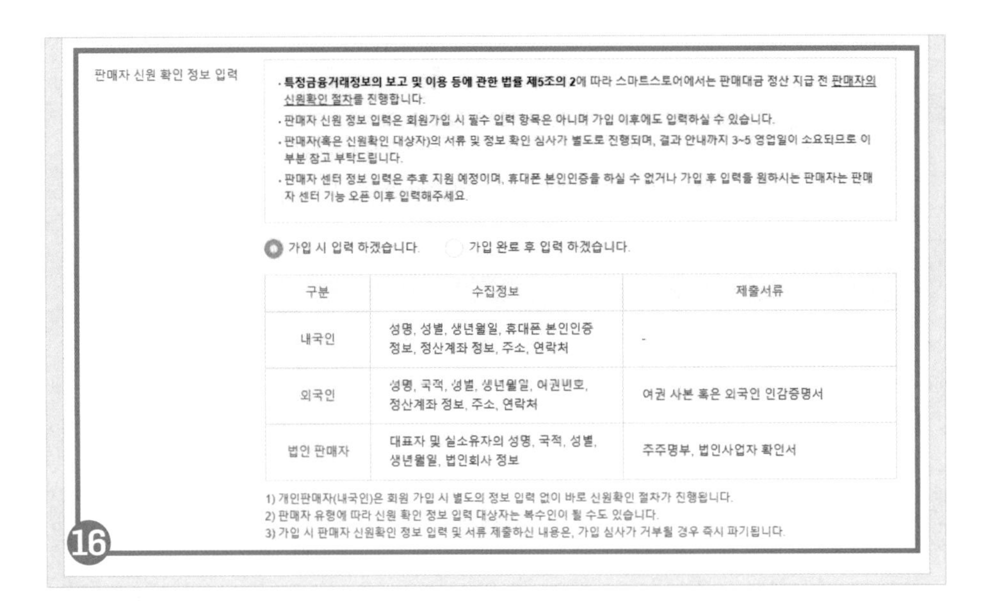

● 휴대전화 번호와 이메일 주소를 인증한다.

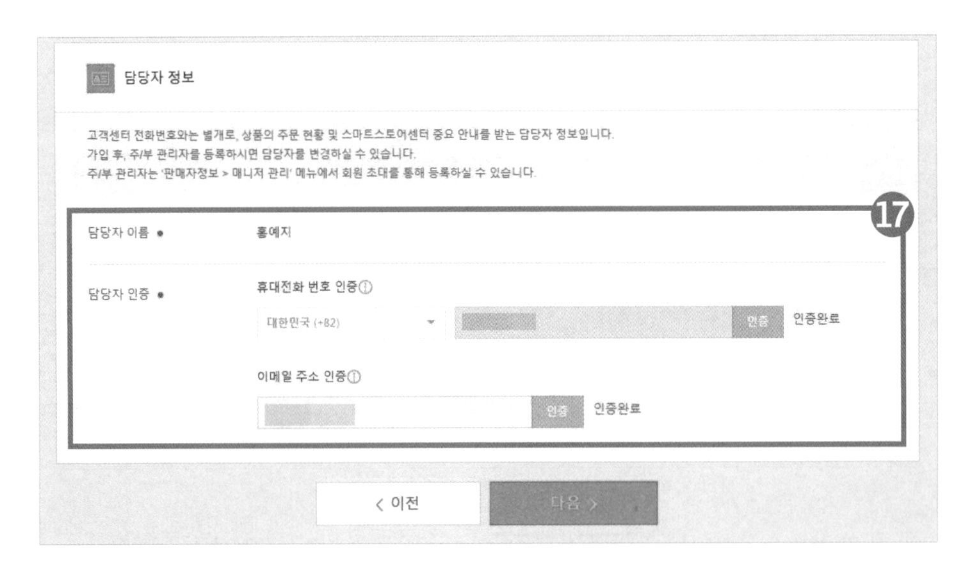

● 오른쪽에 위치한 '정보 입력' 버튼을 누른다.

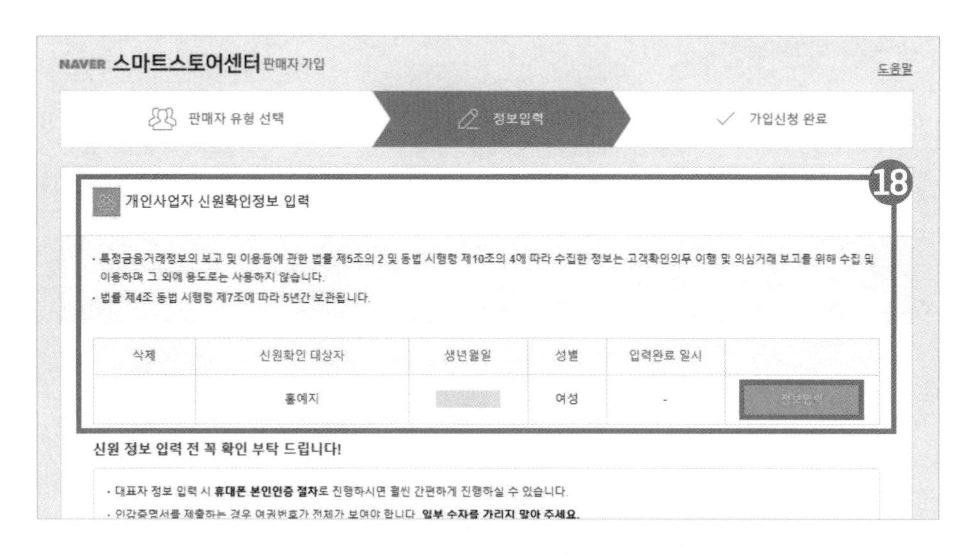
NAVER 스마트스토어센터 판매자 가입
도움말
판매자 유형 선택
정보입력
가입신청 완료
18
개인사업자 신원확인정보 입력
· 특정금융거래정보의 보고 및 이용등에 관한 법률 제5조의 2 및 동법 시행령 제10조의 4에 따라 수집한 정보는 고객확인의무 이행 및 의심거래 보고를 위해 수집 및 이용하며 그 외에 용도로는 사용하지 않습니다.
· 법률 제4조 동법 시행령 제7조에 따라 5년간 보관됩니다.
삭제
신원확인 대상자
생년월일
성별
입력완료 일시
홍예지
여성
-
정보입력
신원 정보 입력 전 꼭 확인 부탁 드립니다!
· 대표자 정보 입력 시 휴대폰 본인인증 절차로 진행하시면 훨씬 간편하게 진행하실 수 있습니다.
· 인감증명서를 제출하는 경우 여권번호가 전체가 보여야 합니다. 일부 수자를 가리지 말아 주세요.

● 이름, 생년월일, 성별, 주소, 연락처 등 잘못된 내용이 없는지 확인한 후 저장 버튼을 누른다.

신원확인 대상자 개인정보 입력

신원확인 대상자 1

19

휴대전화 인증	인증완료
성명	홍예지
생년월일	
성별	여성
내/외국인	내국인
주소	주소수정
연락처	

● ⑱번에서 '정보 입력'이라고 되어 있던 부분이 '수정'으로 바뀐 것을 확인할 수 있다.

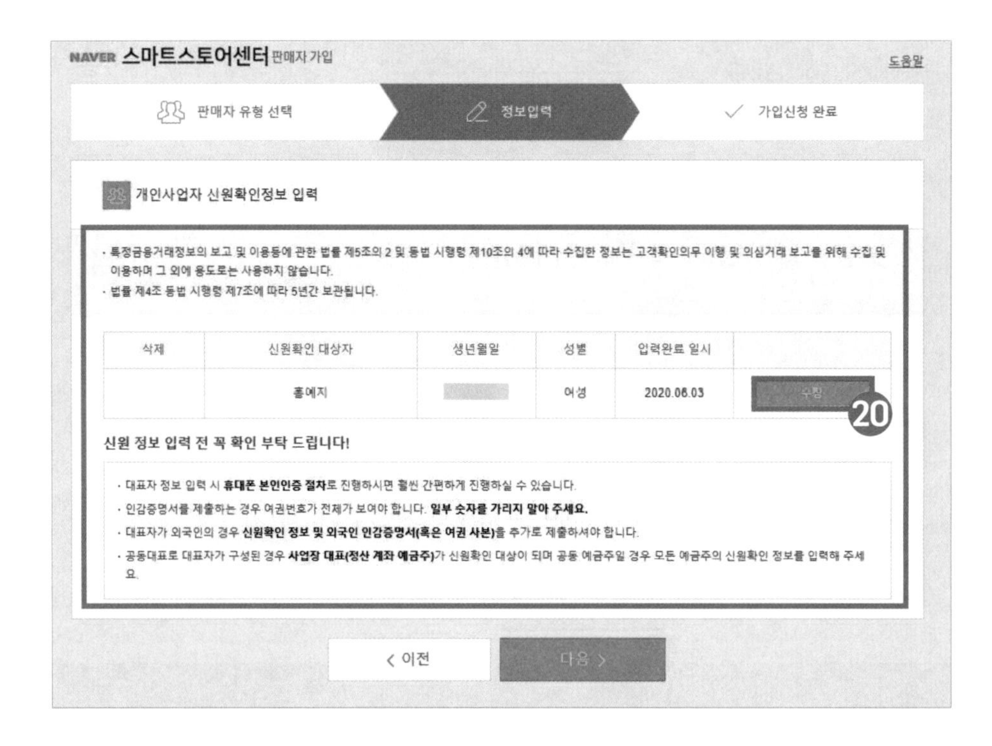

NAVER 스마트스토어센터 판매자 가입
도움말
판매자 유형 선택
정보입력
가입신청 완료
개인사업자 신원확인정보 입력
· 특정금융거래정보의 보고 및 이용등에 관한 법률 제5조의 2 및 동법 시행령 제10조의 4에 따라 수집한 정보는 고객확인의무 이행 및 의심거래 보고를 위해 수집 및 이용하며 그 외에 용도로는 사용하지 않습니다.
· 법률 제4조 동법 시행령 제7조에 따라 5년간 보관됩니다.
삭제
신원확인 대상자
생년월일
성별
입력완료 일시
홍예지
여성
2020.06.03
수정
20
신원 정보 입력 전 꼭 확인 부탁 드립니다!
· 대표자 정보 입력 시 휴대폰 본인인증 절차로 진행하시면 훨씬 간편하게 진행하실 수 있습니다.
· 인감증명서를 제출하는 경우 여권번호가 전체가 보여야 합니다. 일부 숫자를 가리지 말아 주세요.
· 대표자가 외국인의 경우 신원확인 정보 및 외국인 인감증명서(혹은 여권 사본)을 추가로 제출하셔야 합니다.
· 공동대표로 대표자가 구성된 경우 사업장 대표(정산 계좌 예금주)가 신원확인 대상이 되며 공동 예금주일 경우 모든 예금주의 신원확인 정보를 입력해 주세요.
〈 이전
다음 〉

- 마지막으로 사업자등록증 사본과 통장 사본, 필요한 서류를 추가로 등록하고 신청 완료 버튼을 누르면 끝!

Check Point! 판매를 위해서는 사업자를 꼭 내야 하나요?

본인이 영리를 목적으로 상품을 판매한다면 사업자이며, 사업자등록은 의무 사항이다. 따라서 매출과 거래 건수와 관계없이 영리를 목적으로 계속해서 상품을 판매하려면 반드시 사업자등록을 할 것을 당부한다.

SMART STORE

005

알고 보면 쉽고 간단한 '타오바오'

타오바오 가입하기

사업자등록, 통신판매업 신고, 네이버 스마트스토어 개설까지 완료했다면 이제 본격적으로 중국 타오바오 사이트에 가입할 차례다. 많은 셀러가 타오바오 가입을 어려워하는 이유는 뭘까? 그건 바로 '중국어'라는 언어 장벽 때문이다. 그리고 이 장벽을 넘어서는 데 유용하게 사용할 수 있는 도구가 바로 구글의 '크롬(Chrome)' 브라우저다.

크롬 브라우저는 컴퓨터에 기본적으로 설치돼 있는 경우도 많지만, 혹시 본인 컴퓨터에 크롬 브라우저가 없다면 구글 홈페이지에 접속해 다운 받아서 설치해 보자. 크롬의 번역 기능을 사용하면 타오바오 사이트의 중국어를 한국어로 쉽게 번역해(완벽하지는 않지만, 충분히 시도해 볼 만하다!) 필요한 요소만 취할 수 있어 좋다.

● 크롬 브라우저를 열고 구글 사이트에서 '타오바오'를 검색한다.

● 타오바오 사이트를 클릭한다.

● 타오바오 사이트에 접속했을 때, '이 페이지를 번역하시겠습니까?'라는 안내 창이 나오면 번역 버튼을 클릭한다. 혹시 안내 창이 나오지 않을 경우에는 마우스 오른쪽 버튼을 누른 후, '한국어로 번역하기'를 선택한다.

〈안내 창이 나왔을 때〉

〈안내 창이 나오지 않았을 때〉

● 한국어로 번역된 타오바오 사이트에서 '무료'라고 되어 있는 '회원 가입' 버튼을 누른다.

- 회원 가입 창에서는 '한국어로 번역하기'를 클릭해도 언어가 불안정하게 나올 수가 있다. 이럴 때는 오른쪽 상단에 위치한 '영어' 버튼을 클릭해 언어를 바꾸자. 이어 핸드폰 번호를 입력하고, 하단 화살표를 끝까지 드래그한 후, 아래 가입 약관을 체크하고 'Next(다음)'를 클릭한다.

- 핸드폰으로 전송된 인증 번호를 입력한 후, 'Confirm(확인)'을 클릭한다.

● 순서에 따라 비밀번호, 이메일 주소, 타오바오 사이트에서 사용할 아이디를 입력한다. 마지막으로 하단의 'Submit(제출)' 버튼을 클릭하면 회원 가입이 완료된다.

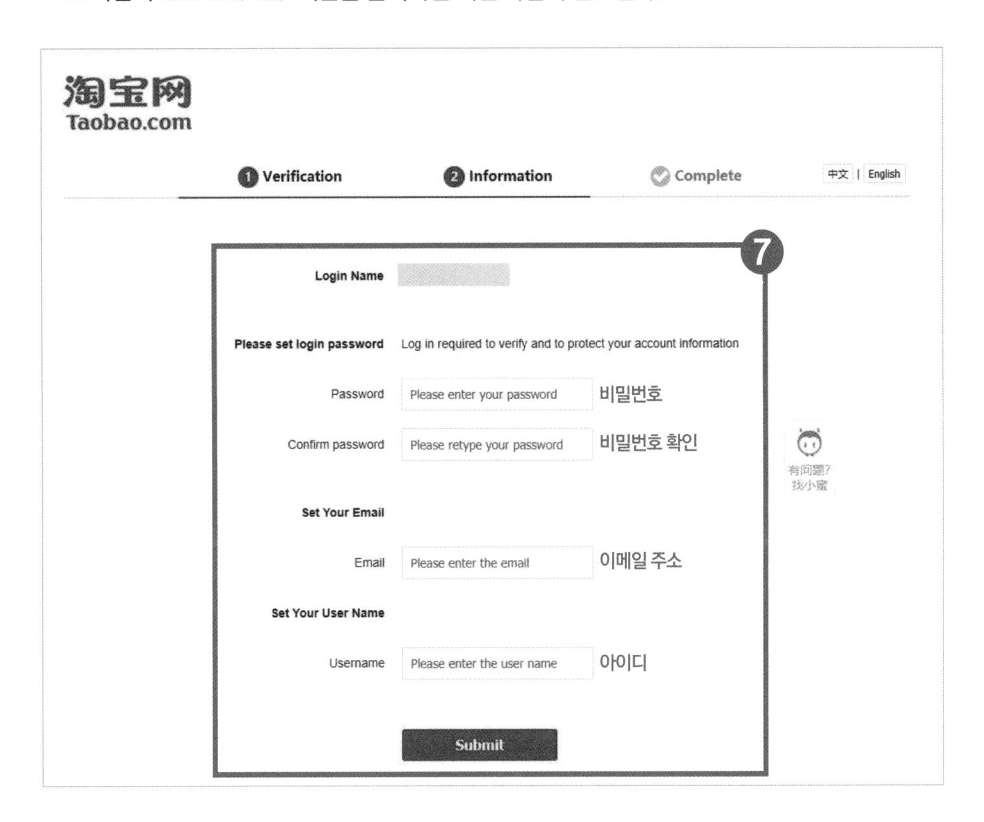

타오바오 아이템 선정하기

크롬 브라우저를 통해 타오바오 회원 가입에 성공했다면, 이제 내 스마트스토어에서 판매할 상품을 검색해 볼 차례다. '개미지옥'이라 불릴 정도로 수많은 상품이 등록되어 있는 타오바오. 그렇다면 어떻게 해야 내가 원하는 상품을 찾아낼 수 있을까? 우선은 검색 창에 텍스트를 입력하거나 찾고자 하는 물건의 이미지를 검색해서 비슷한 상품을 찾아보자. 그렇게 검색해 보면 같은 상품을 다양한 상점에서 판매하고 있을 것이다. 당신은 그 중에서 원하는 가격대와 좋은 품질의 상품을 선택하기만 하면 된다. 특히 각 상품의 가격과 상점의 평점, 구매 후기 등을 꼼꼼히 살펴보고 내 스마트스토어에서 판매할 상품을 결정하는 편이 좋다.

일부 상품의 경우에는 설명이 꼼꼼하게 되어 있지 않아 타오바오 판매자와 대화를 해야 할 때도 있다. 타오바오에서는 판매자와 직접 채팅이 가능하므로, 네이버에서 제공하는 '파파고' 번역기나 다른 번역기를 이용하여 짧고 간결한 문장을 만들어 대화를 진행하면 된다.

이미지 검색 방법으로 상품 찾기

● 타오바오 메인 사이트에서 '돋보기' 버튼을 클릭한다.

● 검색 창에 있는 '사진' 버튼을 클릭한다.

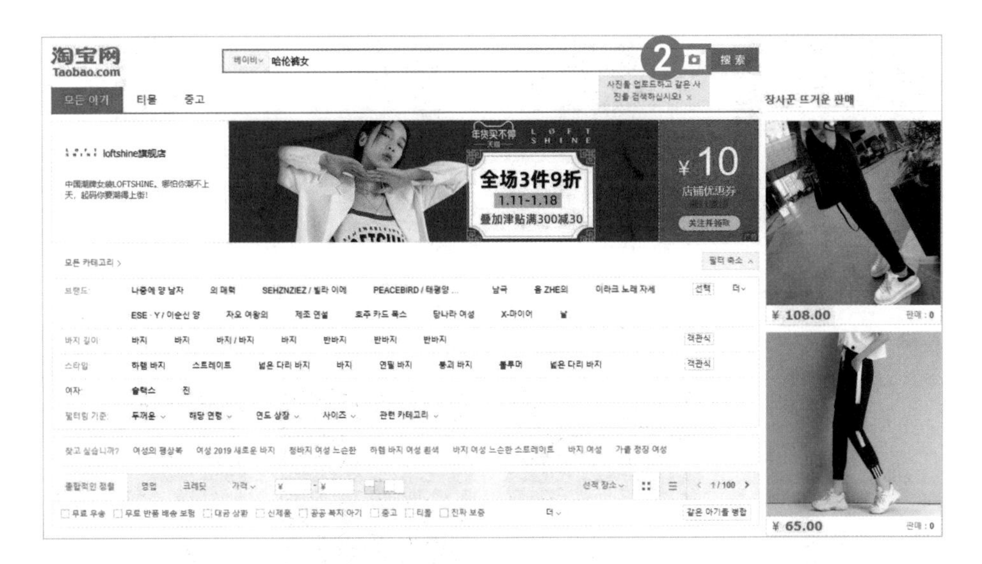

● 검색을 위해 저장해 두었던 이미지를 클릭한다.

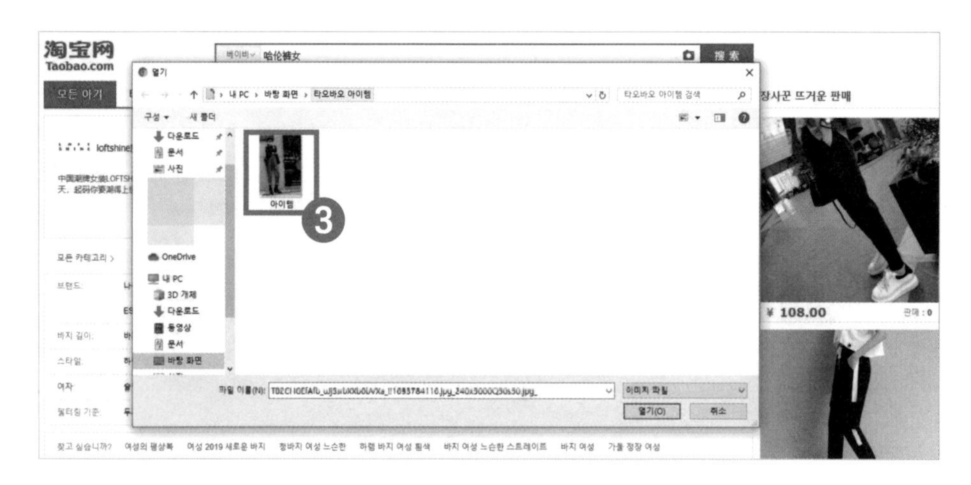

● 내가 검색한 이미지와 비슷한 상품들이 나열된 화면을 볼 수 있다. 그 중에서도 동일 모델로 추정되는 이미지 두 개도 쉽게 찾을 수 있다. 실제 구매할 때는 각 상품의 가격, 상점의 구매 후기 등을 꼼꼼히 살펴보고 판매 상품을 결정하는 편이 좋다. 해당 상품의 경우에는 상단의 상품(0명 거래, 153.90위안)보다 하단에 위치한 상품(41명 거래, 79.00위안)을 구입하는 편이 안전하다. 추후에 배송 문제나 상품의 품질 등으로 인해 생길 수 있는 문제를 사전에 방지할 수 있기 때문이다.

검색어를 이용한 상품 찾기

● 찾고자 하는 단어를 네이버 파파고 번역기에 한국어로 입력한다. 정확한 검색을 위해 찾고 싶은 계절(여름), 성별(여성), 찾고자 하는 아이템(잠옷)을 순서대로 입력한 후, 중국어(간체)로 번역한다. 중국어는 간체와 번체가 있는데, 중국 본토에서 사용하는 간체를 사용하는 편이 좋다.
또한 하단에 있는 문서 모양을 클릭하면 자동으로 복사가 되므로, 해당 버튼을 눌러 미리 복사하면 된다.

● 타오바오 메인 사이트 검색 창에 파파고에서 번역한 문장을 복사해서 붙여 넣는다. 이어 돋보기 버튼을 클릭한다.

● '여름 여성 잠옷'으로 검색한 상품이 순서대로 나열된 화면을 볼 수 있다. 이 중에서 내가 원하는 상품을 클릭하여 상세 페이지를 살펴보자.

● 클릭한 상품의 상세 페이지에는 가격뿐만 아니라 사이즈, 색상 등이 정리된 내용이 나타난다. 그리고 가장 중요한 부분인 해당 쇼핑몰의 신용 정보를 알 수 있다. 타오바오의 경우, 상품 상세 정보 우측에 간단한 신용 정보가 표시되어 있는데, 해당 쇼핑몰의 경우는 황금 왕관 다섯 개의 '평판'을 지니고 있어 믿음직한 판매자라는 것을 알 수 있다.

다이아몬드가 세 개 이상인 쇼핑몰들 대부분은 가격과 상품의 품질, 배송 등에 문제가 없는 경우가 많다. 다만 해당 수치가 절대적인 기준은 아니므로, 참고 사항으로만 보는 것이 좋다. 신규 판매자의 경우에는 성실하고 판매도 잘 이뤄짐에도 불구하고 판매 기간이 짧아 등급이 낮을 수도 있기 때문이다. 따라서 아이템 및 판매자를 선정할 때는 반드시 구매 리뷰를 참고하여 결정해야 한다.

마지막으로 신용 정보 하단에 있는 기술, 서비스, 물류(배송) 부분도 점수가 높을수록 좋다.

● 선정할 상품을 좀 더 구체적으로 알아보기 위해 한국어로 번역된 구매 후기 내용을 꼼꼼하게 살펴본다.

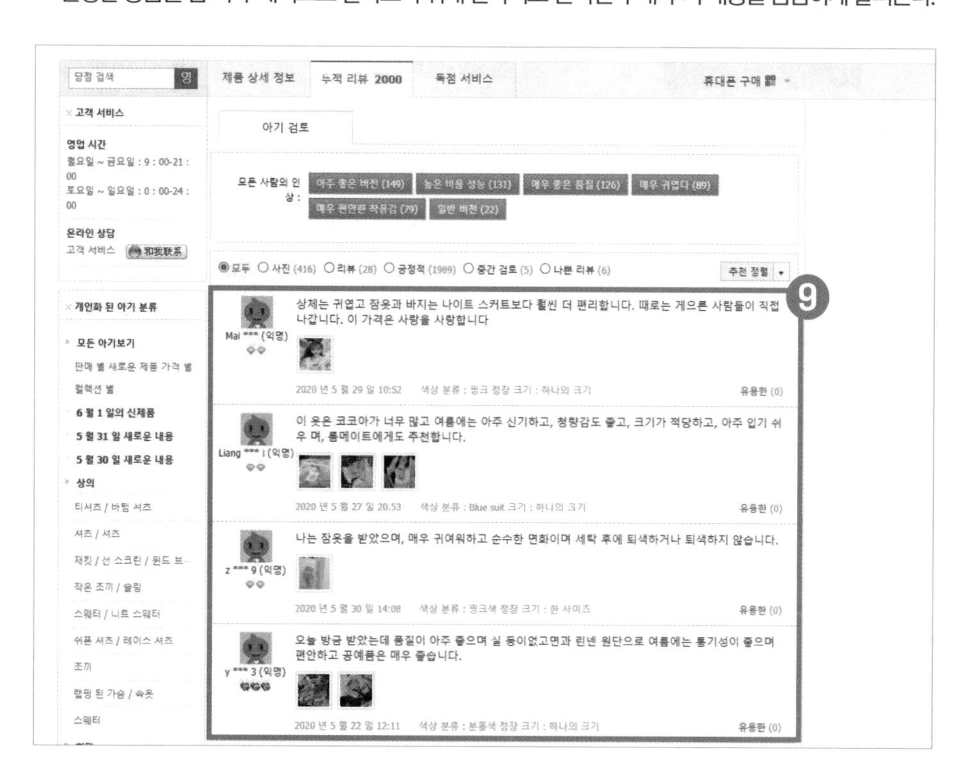

● 해당 판매자가 판매 중인 전체 상품을 살펴보는 것도, 추후 내 스마트스토어를 구축하기 위해 필요한 작업 중 하나다. 부지런히 상품을 업데이트하고 품질이 우수한 상품을 판매하는 쇼핑몰을 찾아내 나의 단골 숍으로 이용하면 매출 향상에 도움이 되기 때문이다. 신용 정보 하단에 위치한 쇼핑몰을 클릭하면 판매자의 쇼핑몰로 연동된다.

● 판매자의 쇼핑몰에 접속하면, 다양한 제품은 물론 인기 있는 제품을 한눈에 볼 수 있어 편리하다.

Check Point! 타오바오 판매자와 직접 대화할 수 있나요?

상품 페이지 및 판매자 페이지 등을 보면 '알리왕왕' 채팅 아이콘(파란색 물방울)을 찾을 수 있다. 해당 아이콘을 클릭하고 온라인 쇼핑 커뮤니케이션 도구인 알리왕왕을 설치해 판매자와 대화할 수 있다. 평소에는 판매자와 직접 대화할 일이 많지 않다. 하지만 본인의 스마트스토어에 업로드한 상품에 대해 고객들이 질문한다면, 정확한 답변을 위해 판매자와 대화해야 할 일이 생기게 된다. 그럴 때 판매자와 채팅하기를 통해 필요한 정보를 알아내면 된다. 이럴 경우에도 파파고 번역기나 다른 번역기를 사용해 문장을 짧고 간결하게 만들면 타오바오 판매자와 대화하는 데 큰 무리는 없다.

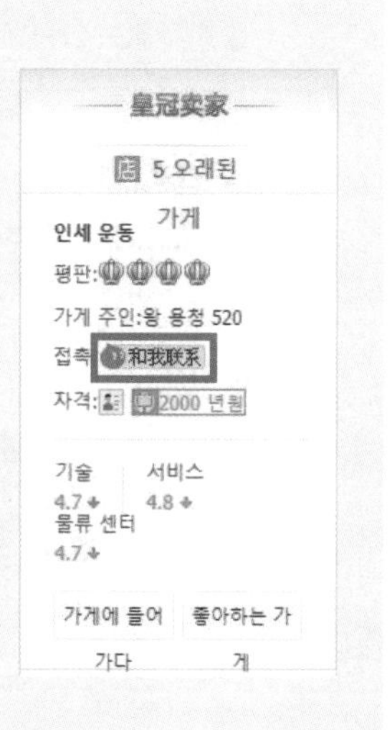

꿀 Tip!

자주 쓰이는 중국어 파헤치기, 이 정도만 알아도 OK!

1. 입금 확인과 영수증 부탁드립니다.

请确认收款和麻烦给我收据。

2. 물건이 언제 발송되나요?

什么时候发货?

3. 수령인 이름을 잘못 입력했습니다. 이름 변경 부탁드려요.

我的收件人的名字写错了。请帮我改姓名一下。

4. 물건이 파손되지 않게 잘 부탁드려요.

拜托不要让东西破损。

5. 하자 없는 상품으로 발송해 주세요.

麻烦请确认一下物品质量再发货。

6. 가격을 할인해 주세요.

可以打折吗。

7. 물품이 아직 배대지에 도착하지 않았는데, 언제 발송했나요?

货还没收到了, 什么时候发货吗?

8. 해당 상품의 정확한 사이즈를 알고 싶습니다.

我想知道该商品的正确尺寸。

9. 대량 구매 시 할인이 되나요?

买多的话能给我折扣吗?

10. 몇 개 이상 구매해야 추가 할인을 받을 수 있나요?

买几个以上才能获得额外折扣?

11. 제품 사이즈 참고 시 자주 쓰이는 단어

尺码 : 사이즈 / 尺寸 : 치수 / 肩宽 : 어깨 폭(넓이) / 胸围 : 가슴 둘레 / 腰围 : 허리 둘레 / 臀围 : 엉덩이 둘레 / 大腿围 : 허벅지 둘레 / 腿围 : 다리 둘레 / 衣长 : 기장(길이) / 裤长 : 바지 기장 / 裙长 : 치마 기장 / 袖肥 : 소매 / 袖长 : 소매 길이 / 袖肥 : 팔 직경 / 袖围 : 소매둘레 / 下摆围 : 밑단 둘레 / 裤脚 : 바지 밑통 / 前档 : 앞 밑위 / 后档 : 뒷 밑위 / 长 : 가로 / 宽 : 세로 / 高 : 높이 / 身高 : 키 / 体重 : 체중 / 参考尺寸 : 참고 치수 / 尺码表 : 사이즈 표 / 建议码数 : 추천 사이즈 / 颜色 : 색상 / 产品信息 : 제품 정보 / 货号 : 제품 번호 / 面料弹力 : 옷감 탄력 / 无弹 : 탄력 없음 / 微弹 : 약한 탄력 / 高弹 : 고탄력 / 产品版型 : 제품 핏 / 修身 : 슬림 핏 / 适中 : 적당한 / 宽松 : 여유 있는 / 薄厚指数 : 두께 / 薄 : 얇음 / 厚 : 두꺼운 / 面料质感 : 옷감 질감 / 软 : 부드러운 / 硬 : 딱딱한

[자료 제공 : 셀러픽]

타오바오에서 상품 구매하기

이제 모든 준비는 끝났다. 회원 가입을 완료하고 내 스마트스토어에 업데이트할 아이템까지 찾았다면 이제는 필요한 상품을 구매하는 일만 남았다.
온통 중국어로 되어 있는 탓에 결제가 쉽지 않을 것이라 생각할 수 있지만, 우리 대신 상품을 검토해 줄 배송 대행지 주소와 해외에서 사용 가능한 비자 혹은 마스터카드만 잘 입력하면 누구나 쉽게 상품을 구매할 수 있다. 특히 처음에 배송 받을 주소와 결제 카드에 대한 상세 정보만 입력해 놓으면, 두 번째부터는 간편하게 결제가 가능하므로 편리하게 이용 가능하다.

● 구매하려는 상품 페이지에 접속해서 원하는 사이즈와 색상을 선택한 후, '장바구니에 추가' 버튼을 누른다.

● 내가 선택한 상품의 사진이 나온 것을 확인한 후, '장바구니로 이동' 버튼을 누른다.

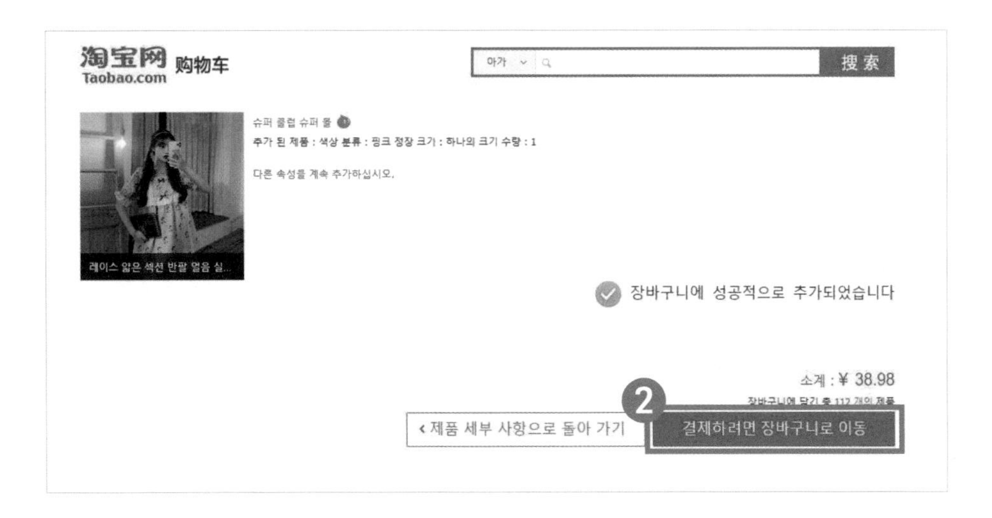

● 내 장바구니에 상품이 들어와 있는 것을 확인할 수 있다.

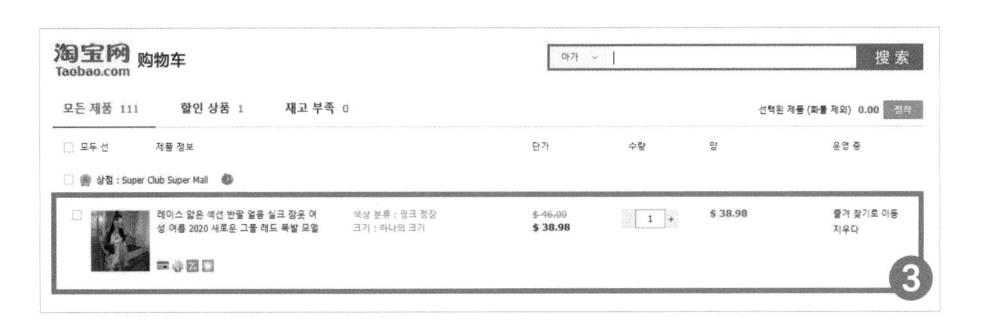

● 구매하려는 상품을 선택한 후, '결제' 버튼을 누른다.

● 배송 대행지로 사용할 주소를 입력하기 위해 '새로운 주소' 입력 창을 클릭한다. 한 번 저장된 주소는 다음 상품을 구매할 때 목록으로 노출되어 간편하게 선택할 수 있다.

● 배송 대행지 주소를 확인한 후, 주소와 상세 주소, 우편번호, 받는 사람, 전화번호를 입력한다. 주소의 경우에는 배송 대행지 주소를 보고 그대로 선택하면 되고, 상세 주소는 배송 대행지 주소의 상세 주소를 복사하여 붙여넣기 하면 된다. 또한 받는 사람의 이름에는 본인의 이름을 한자로 변환한 뒤 입력하면 된다.

● 주소를 입력한 후, 주문 창으로 다시 돌아와 하단의 '제출' 버튼을 누른다.

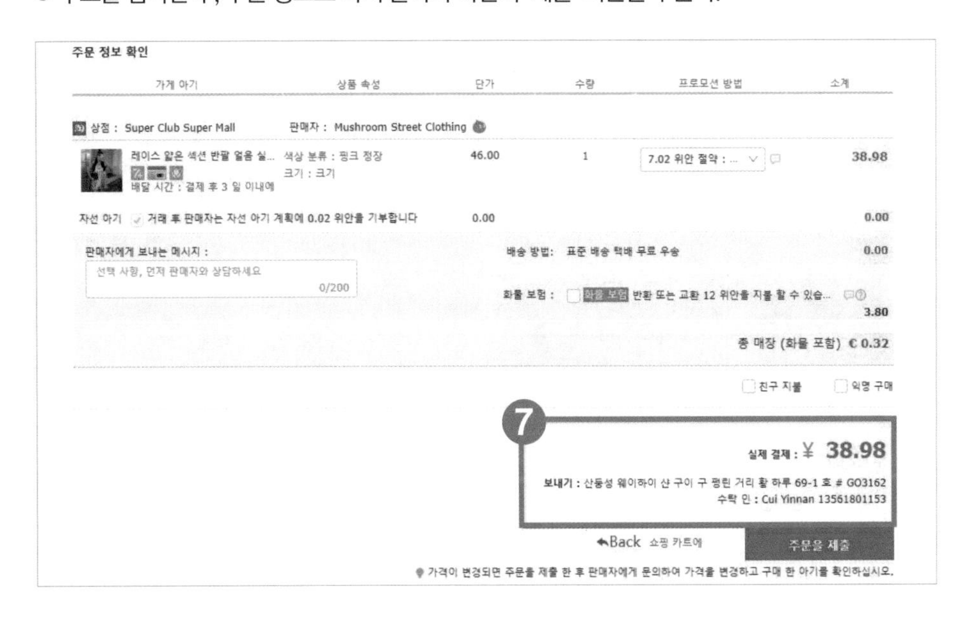

● 미리 신용카드를 등록한 경우에는 다음과 같이 간단한 정보 확인만으로 쉽게 결제할 수 있다. 하지만 신용카드를 처음 등록하는 경우라면 '다른 신용 카드 사용'을 선택하자.

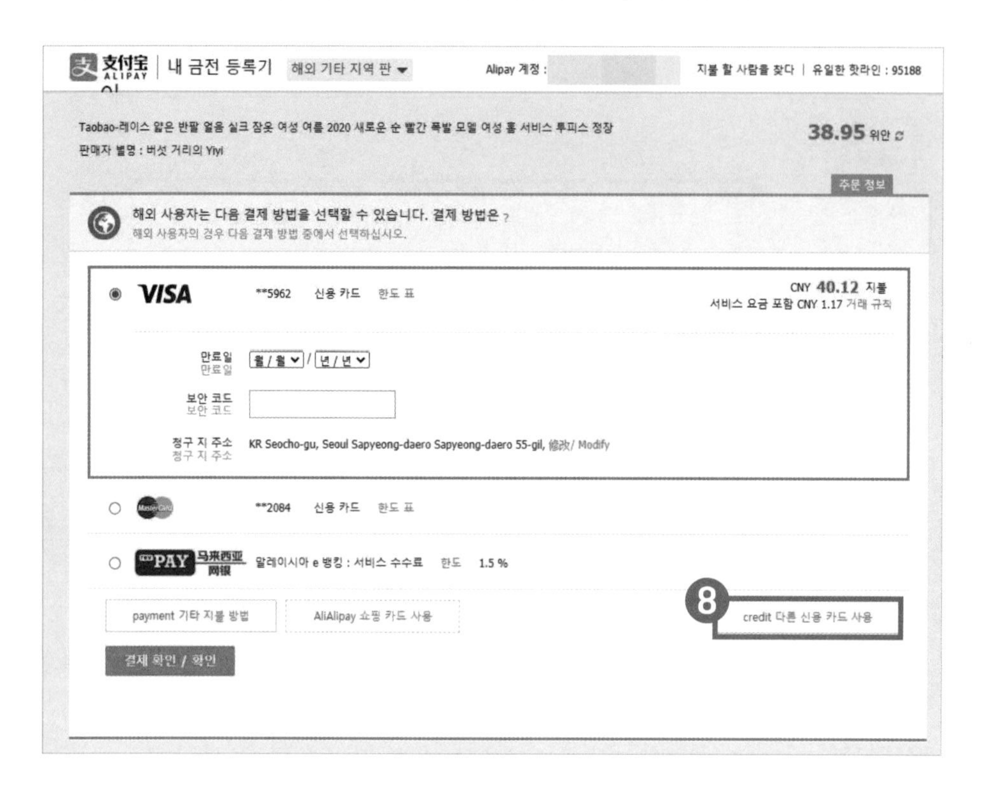

● 타오바오에서 결제할 신용카드의 번호를 입력한다.

● 신용카드 소유자의 이름, 유효 기간, 카드 뒷면의 숫자, 이메일 등을 입력한다.

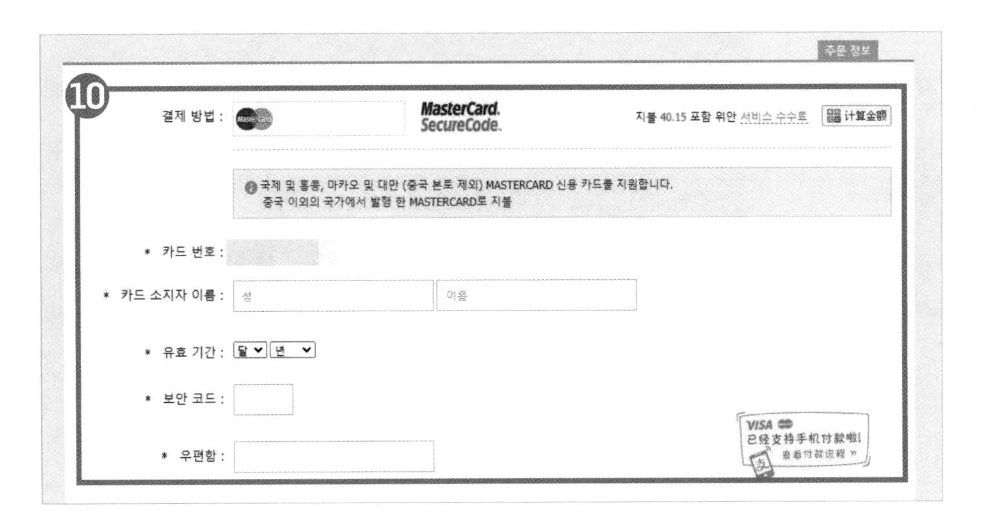

● 대한민국을 선택하고, 번역기를 통해 본인의 주소를 영문이나 중국어로 번역한 후, 입력한다. 마지막으로 파란색 '결제 확인' 버튼을 누르면 결제가 완료된다.

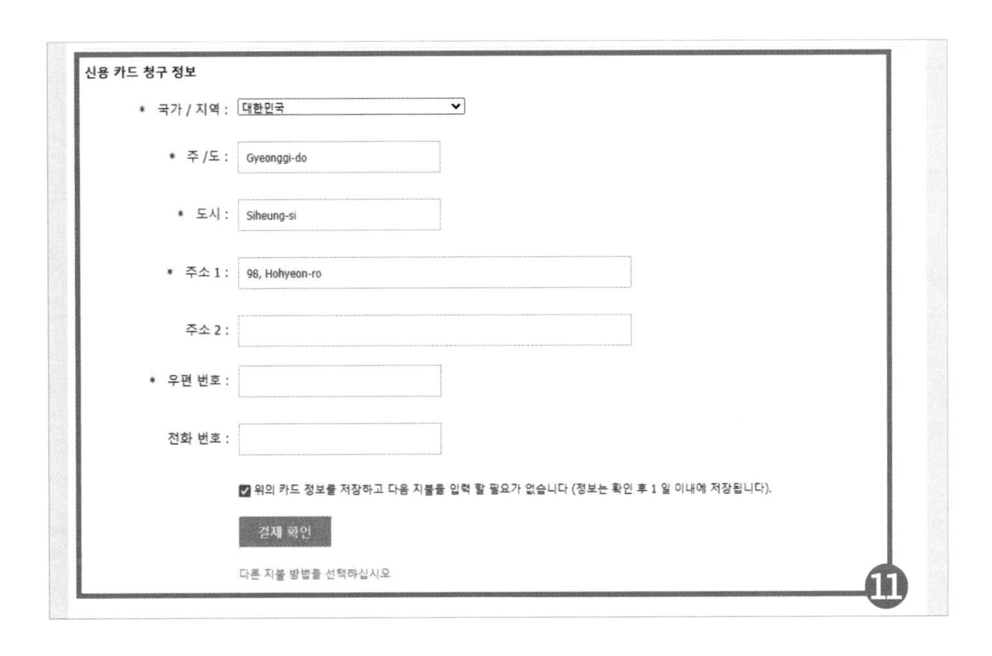

타오바오 상품을 내 스마트스토어에 등록하기

타오바오에서 매력적인 상품을 찾았다면, 이제는 내 스마트스토어에서 판매할 차례다. 그렇다면 어떤 방법으로 스마트스토어에 상품을 등록해야 판매 수익으로 이어질 수 있을까?

첫 번째로, 단순한 자화자찬 식의 상품 설명에서 탈피해야 한다. 우리가 상품을 살 때를 생각해 보자. 아무리 장점을 알리는 것이 중요하더라도 과도할 정도의 칭찬 일색인 설명 글을 읽는다면 누구라도 질리기 마련이다. 따라서 장점을 부각하더라도 사람들의 호기심을 자극하거나 불편한 요소를 해소해 줄 만한 문구로 소비자를 유혹해야 한다.

두 번째로, 소비자의 입장에서 생각하고 또 생각하는 것이 핵심이다. 앞선 내용과 이어지는 부분으로, '내가 이 상품을 구입했을 때 궁금한 점이 무엇일까?'라는 시각에서 상품의 상세 설명을 이어 나가야 한다. 의류를 판매한다면 원단은 무엇인지, 사이즈가 어떻게 되는지, 세탁 시 구김이나 이염이 발생하지는 않는지 등, 의류를 구입할 때 주의 깊게 보는 요소들을 상세하게 설명해야 한다. 그래야만 소비자가 판매자에게 다시 한 번 질문해야 하는 번거로움에서 벗어날 수 있다. 소비자가 번거로운 절차나 단계를 거치도록 한다면, 다른 숍으로 눈길을 돌릴 확률이 높아진다.

세 번째로, 사진은 많고 상세할수록 좋다. 소비자는 예쁘고 멋스럽기만 한 사진을 원하지 않는다. 온라인의 특성상 직접 눈으로 볼 수 없기에 간접적이나마 본인이 직접 그 상품을 마주하는 듯한 느낌이 들 정도로 다양한 각도의 디테일한 사진을 올리는 것이 좋다.

네 번째로, 타오바오에서 선정한 상품을 내 스마트스토어에 올리기 전에 본인이 직접 구매해서 살펴보는 것을 추천한다. 타오바오 사이트 내에서 판매 등급이 높은 판매자의 상품일지라도, 예상치 못한 변수가 생길 수 있기 때문이다. 국내 쇼핑몰에서 잘 팔리는 판매자들의 상품을 보면, 셀러가 오랜 기간 직접 사용해 보고 좋았던 상품만 선택해서 판매하는 사례가 많다. 그렇기에 시간적 여유가 된다면, 직접 상품을 구매해서 꼼꼼하게 살펴보고 나서 만족스러웠던 상품만 내 스마트스토어에 올리는 방법을 추천한다.

마지막으로, 상품 사진에 유의해야 한다. 지금까지는 중국 상품을 판매하는 대부분의 판매자가 중국 사이트의 사진을 저작권에 구애받지 않고 사용하는 경우가 많았다. 그러나 지금은 중국 내의 사진 저작권 관련 법률이 강화되고 있는 실정이다. 따라서 본인이 상품을 구매한 후, 사진을 찍어서 자신의 스마트스토어에 올리는 방법을 권장한다. 실제로 타오바오 내의 중국 판매자들이 한국 쇼핑몰에 있는 사진을 그대로 가져가서 쓴 것을 모른 채, 우리나라 판매자들이 중국 판매자의 사진을 그대로 가져와서 사용했다가 소송에 휘말리는 경우도 있었다.

처음부터 조금의 분쟁이라도 만들기 싫은 사람이라면, 중국에서 촬영한 것으로 예상되는 상품을 판매하는 판매자와 직접 연락해 해당 이미지를 사용해도 되느냐고 허락을 구한 후, 사용하는 것이 좋다. 훗날 발생할 수 있는 문제를 미리 예방하는 방법 중 하나다.

다양한 방법 중에서 자신에게 맞는 해결책으로 일을 진행하자. 판단은 독자 여러분의 몫이다.

● 네이버 스마트스토어센터에 로그인을 한 후, 상품 관리에서 '상품 등록'을 클릭한다.

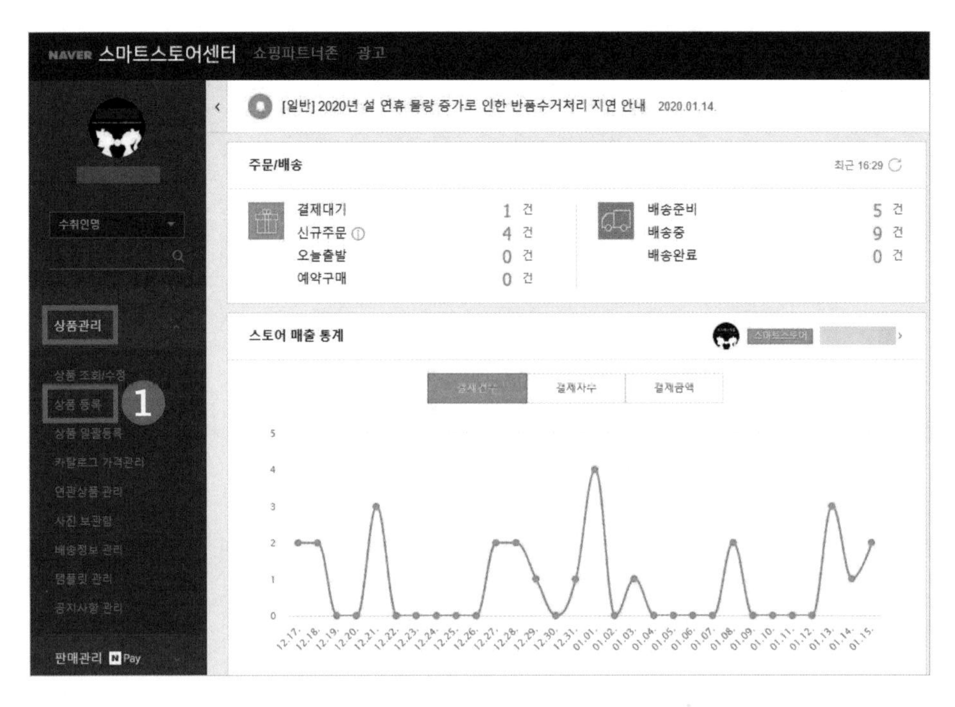

● 카테고리에서 판매할 상품을 선택한다. 예시로 여성 코트를 판매해 보자. 카테고리 선택을 눌러 '패션 의류', '여성 의류', '코트'를 차례로 클릭한다.

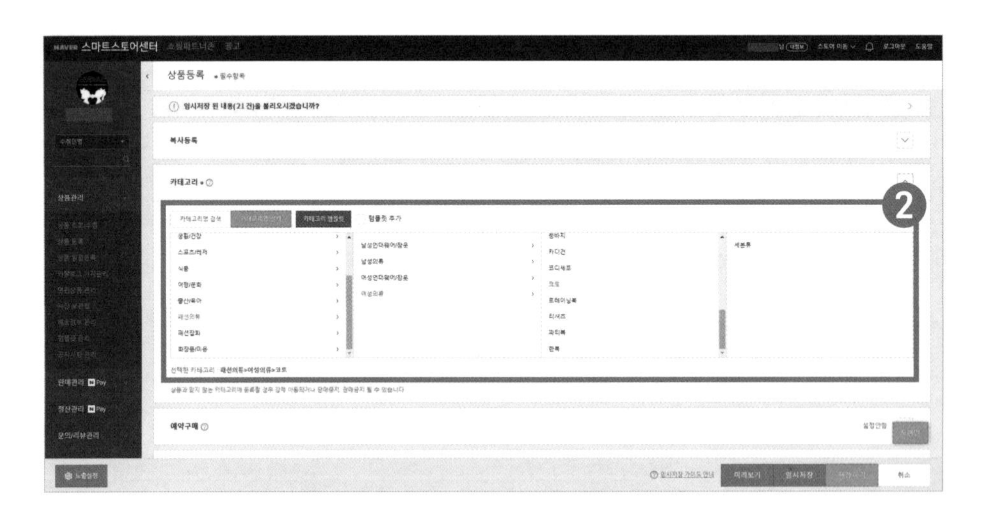

● 가장 먼저 상품명을 작성한다. 상품명은 사이즈, 원단, 계절, 상품명 등 키워드 검색에 잘 노출될 수 있는 내용으로 작성한다. 이때 주의할 점은 '~스타일', '~st' 등과 같이 정품 스타일을 표방하는 내용의 단어를 넣으면 네이버에서 제재를 받을 수 있다는 점이다.

이어 판매가는 기존 타오바오에서 판매 중인 가격에서 소비자에게 지급할 포인트, 판매자의 마진 등을 고려한 금액을 책정하는 편이 좋다. 마진의 경우에는 40%가 적절하며(특이한 아이템의 경우 40% 이상), 해외 구매 대행이기에 배송료는 소비자 부담으로 해야 손해를 보지 않는다.

부가세는 본인의 상황에 맞게 선택하고, 재고 수량은 타오바오 사이트 내에서 본인이 판매할 상품의 '수량'에 나와 있는 개수를 보고 가늠해서 정하면 된다.

Check Point! 부가세는 어떻게 설정해야 하나요?

과세 상품 : 판매하는 상품이 '면세' 대상에 해당하지 않는 경우로, 본인이 '일반' 과세자 또는 '간이' 과세자인 경우.

[사례]

- 부가가치세 가산 전 상품 가격(부가가치세 제외, '공급가액'이라 칭함) : 50,000원
- 부가가치세(10%) : 5,000원
- 부가가치세 가산 후 상품 가격(부가가치세 포함, '공급대가'라 칭함) : 55,000원

* 따라서 소비자에게 55,000원에 판매해야 한다.

면세 상품 : 본인이 '면세 사업자'이거나, 판매하는 상품 자체가 '면세' 품목일 경우.

[사례]

- 부가가치세 가산 전 상품 가격 : 50,000원
- 부가가치세 : 없음(면세)
- 부가가치세 가산 후 상품 가격 : 50,000원

* 따라서 소비자에게 50,000원에 판매해야 한다.

영세 상품 : 본인이 '영세율 적용 과세사업자'인 경우로, 주로 수출품(해외로 판매하는 상품)이 해당된다.

[사례]

- 부가가치세 가산 전 상품 가격 : 50,000원
- 부가가치세(0%) : 없음(영세율 적용, 세율이 0%라는 의미)
- 부가가치세 가산 후 상품 가격 : 50,000원

* 따라서 소비자(국외 소비자)에게 50,000원에 판매해야 한다.

- 이제 옵션을 선택할 차례다. 옵션은 선택형–설정함, 직접 입력하기, 단독형이나 조합형을 누른다. 옵션 타입이 한 개일 경우에는 단독형으로, 여러 개일 경우에는 조합형을 클릭한다. 이어 옵션 명과 옵션 값을 입력한 후 옵션 목록으로 '적용'을 누른다. 그러면 하단에 '화이트, 품절'로 된 것을 볼 수 있다.

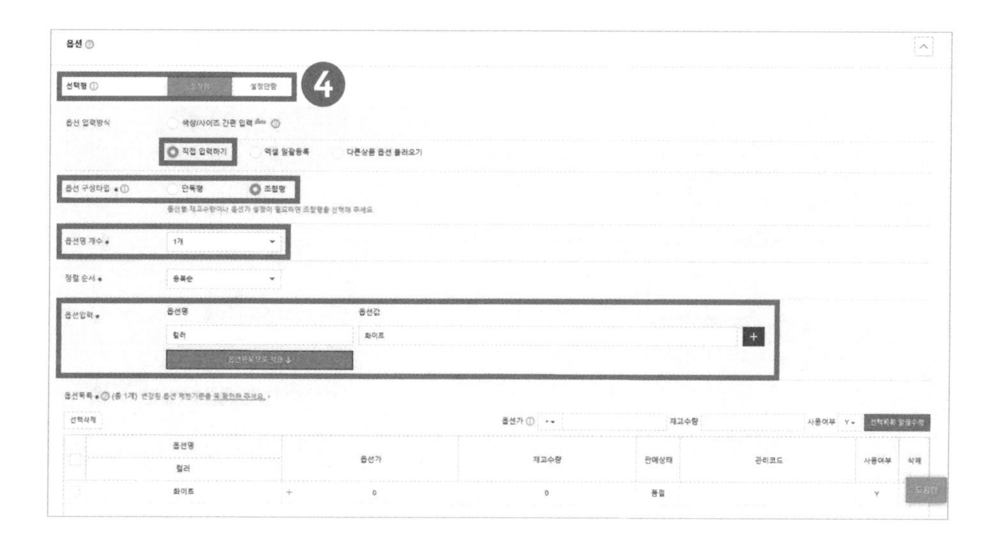

- 품절로 되어 있는 옵션 목록을 판매 중으로 바꾸기 위해서는 재고 수량을 입력하면 된다. 50개를 입력하고 좌측에 화살표를 클릭한다. 마지막으로 선택 목록 일괄 수정을 클릭하면 '재고 수량 50개, 판매 중'으로 상태가 바뀐 것을 확인할 수 있다.

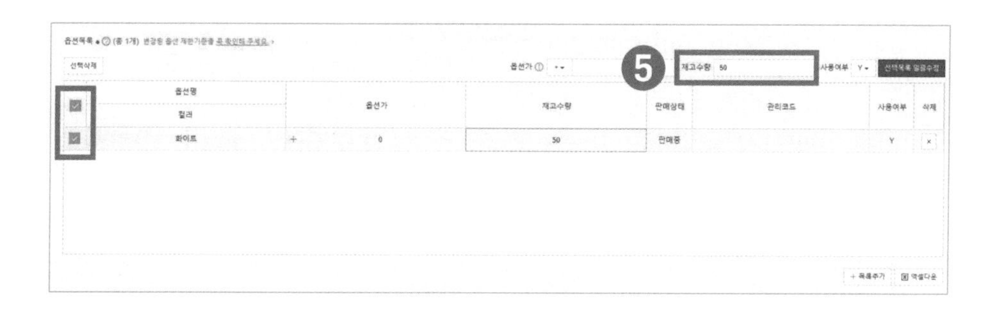

Check Point! 컬러와 사이즈가 다양한 경우에는 어떻게 하면 되나요?

간혹 상품의 특성상 컬러와 사이즈가 다양한 경우가 있다. 이럴 때는 옵션 명 개수를 2개로 변경하고, 옵션 명과 옵션 값을 추가하면 간단하게 해결 가능하다. 옵션 명과 옵션 값에 각각 컬러와 사이즈를 입력하고 옵션 목록으로 적용을 누른다. 이어 재고 수량을 입력하고 선택 목록 일괄 수정을 누르면 컬러와 사이즈별로 카테고리가 나뉘고, 재고 수량 50, 판매 상태가 '판매 중'으로 바뀐 것을 볼 수 있다.

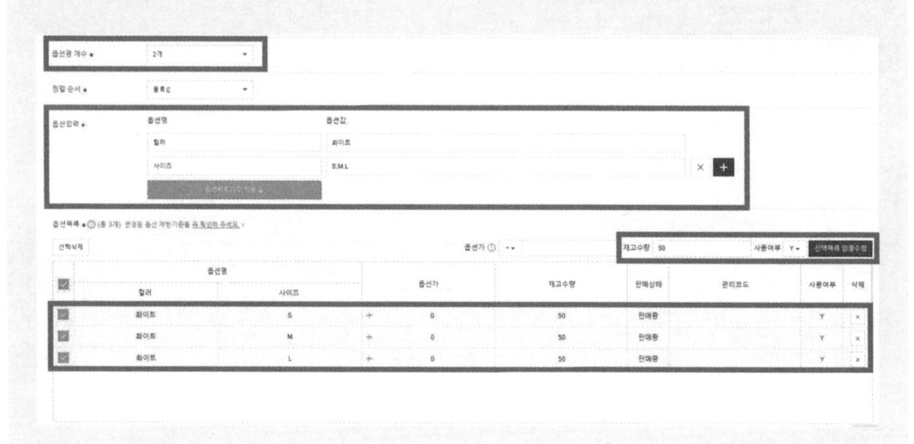

의류의 경우에는 상의와 하의의 컬러가 다를 경우도 있는데, 이럴 경우에도 간단하게 상의와 하의를 표시해 옵션을 수정할 수 있다.

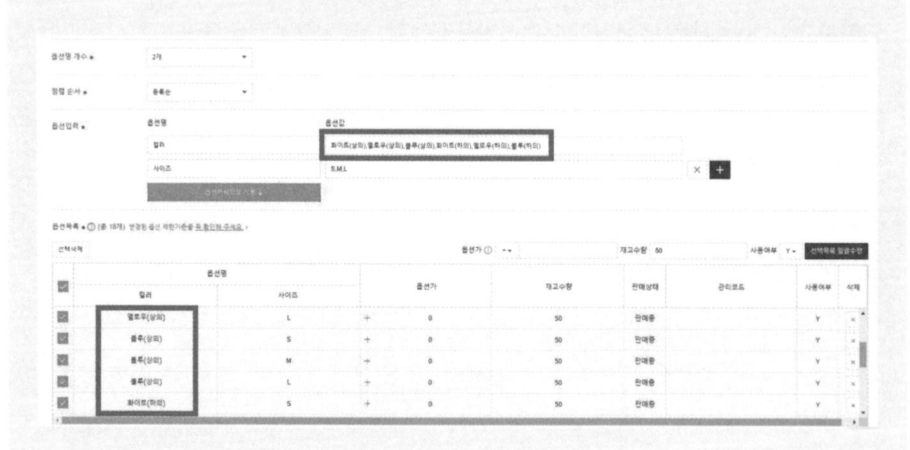

- 만약, 옵션의 종류가 너무 다양해서 구매자가 직접 정보를 입력해야 할 경우에는 '직접 입력형-설정함'을 클릭하면 된다. 다만, 초보자가 사용할 일이 많지는 않기 때문에 앞서 언급한 선택형을 최대한 활용하는 편이 좋다.

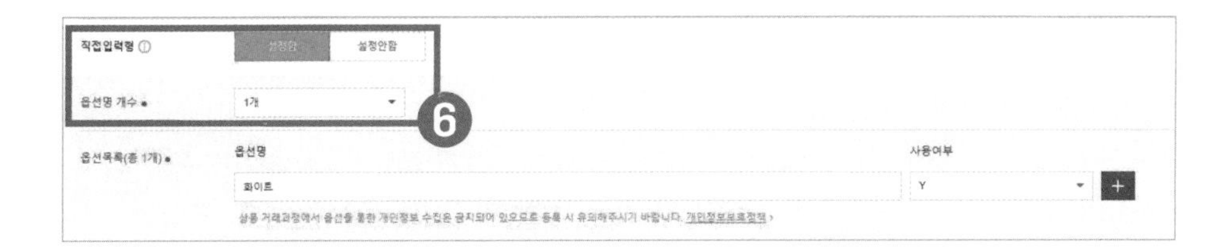

- 이제 스마트스토어의 핵심인 상품 이미지를 입력할 차례다. 대표 이미지는 말 그대로 상품 페이지에서 대표로 보이는 사진이므로, 상품을 가장 잘 표현했거나 분위기가 좋은 사진을 선택하면 된다. 대표 이미지 하나로 그 상품에 대한 이미지가 바뀔 수 있으므로 항상 주의해서 선택해야 한다. 플러스 버튼을 클릭하면 사진을 고를 수 있는 화면이 나온다.

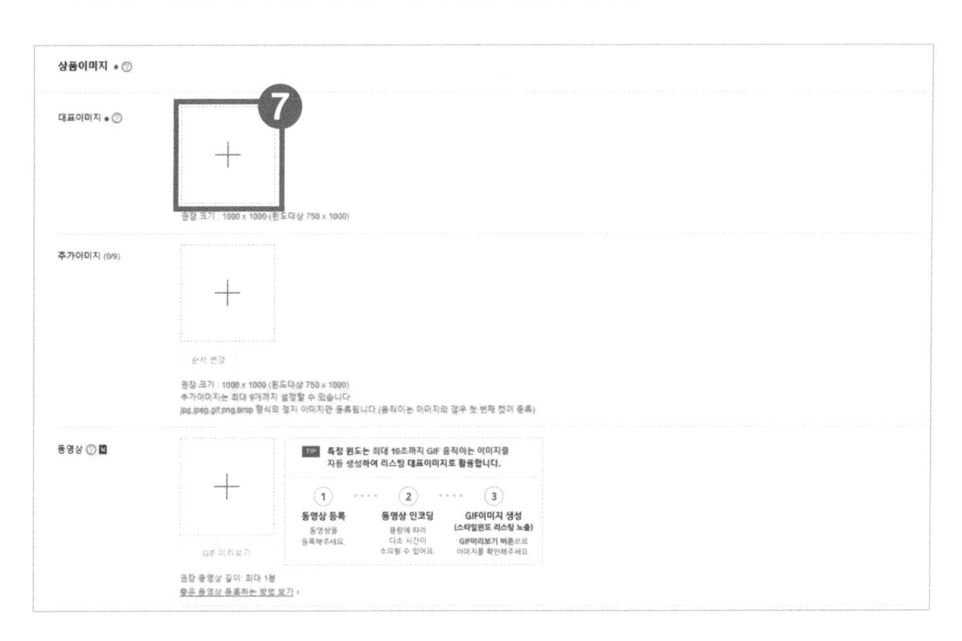

● 내 사진에서 대표 이미지를 찾아보자.

● 타오바오 사이트에서 찾은 상품 중, 내 스마트스토어에 등록할 코트 상품 사진을 저장해 놓은 폴더를 열어 대표 이미지를 더블 클릭해서 선택한다. 업로드하기 편하도록 미리 스마트스토어에 올릴 상품 사진들을 한 폴더에 모아 놓으면 좋다.

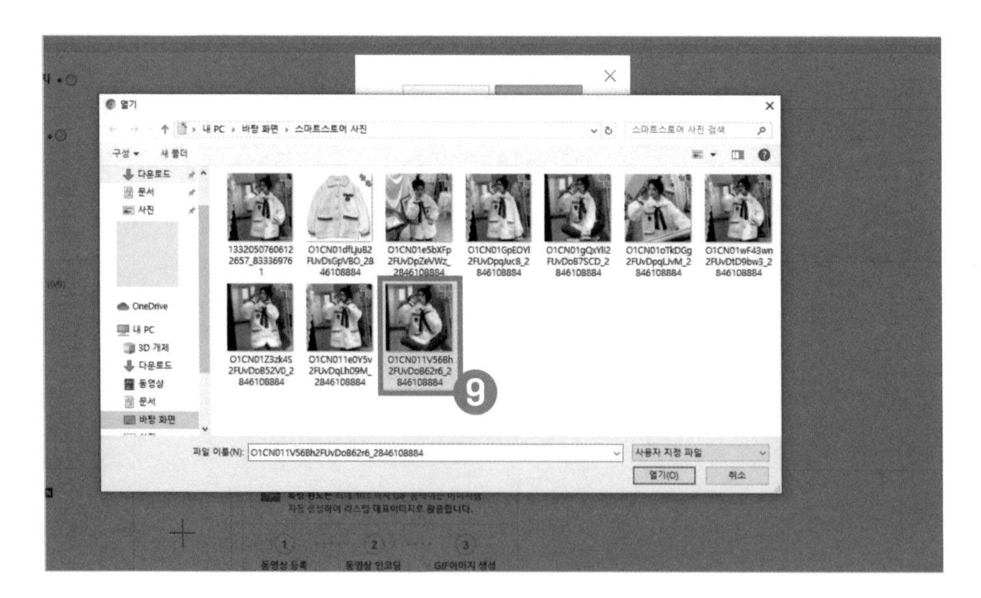

● 추가 이미지는 최대 9개까지 선택할 수 있다. 따라서 이미지는 최대한 많이 보여주는 것이 좋으므로 9개를 맞춰서 올리는 것을 추천한다. 이번에도 '플러스' 버튼을 클릭한 후 '내 사진'에서 추가 이미지를 검색해 보자.

● 대표 이미지로 입력했던 사진을 제외한 나머지 9개의 사진을 더블 클릭한다. 더블 클릭 한 번에 모든 이미지가 자동으로 입력되기 때문에 보다 편하게 사용할 수 있다.

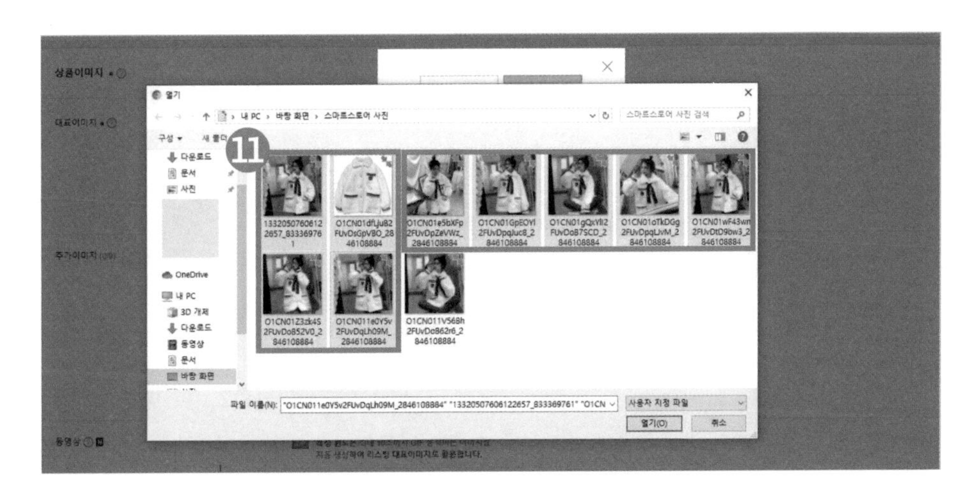

● 이로써 대표 이미지와 추가 이미지 총 10개가 전부 등록된 것을 확인할 수 있다. 이어 하단의 동영상 부분은 직접 옷을 입고 촬영한 동영상이나, 옷의 촉감 등을 나타낼 수 있는 동영상을 직접 만들어 업로드하면 좋다. 동영상 업로드는 강제 사항은 아니나, 추가할 경우 플러스 요인이 될 수 있다.

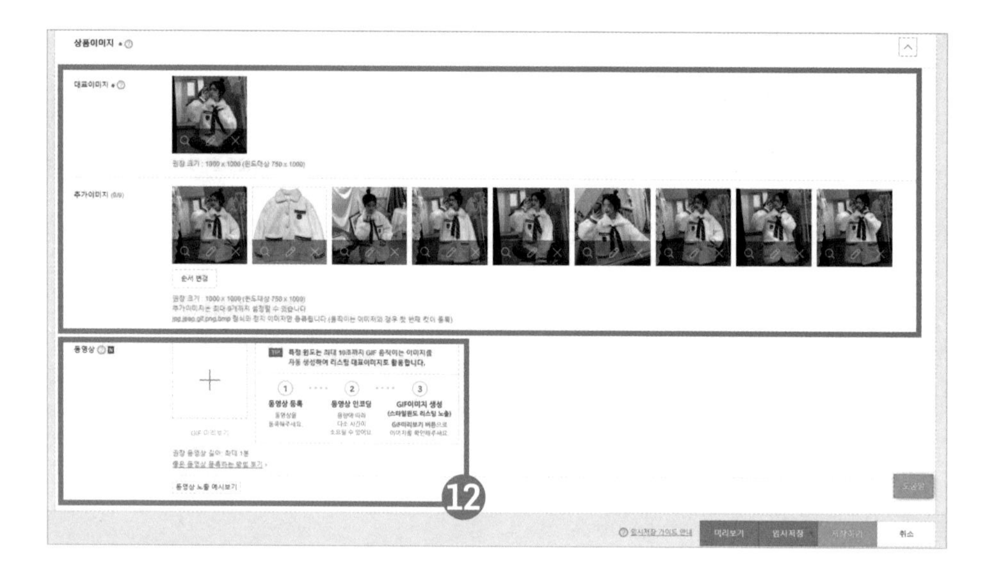

● 이제 상품의 상세 설명을 입력할 차례다. 네이버 스마트에디터를 클릭해 작성해 보자.

● 상품 상세 설명에 들어갈 사진을 위해 좌측 상단에 위치한 '사진' 버튼을 클릭한다.

● '내 사진'을 클릭해 컴퓨터에 저장된 사진들을 불러온다. 앞서 대표 이미지를 설정했을 때처럼, 하나의 폴더에 사진들을 넣어 놓으면 사진을 입력할 때 큰 수고를 들이지 않아도 된다.

● 사진들이 입력된 것을 확인할 수 있다.

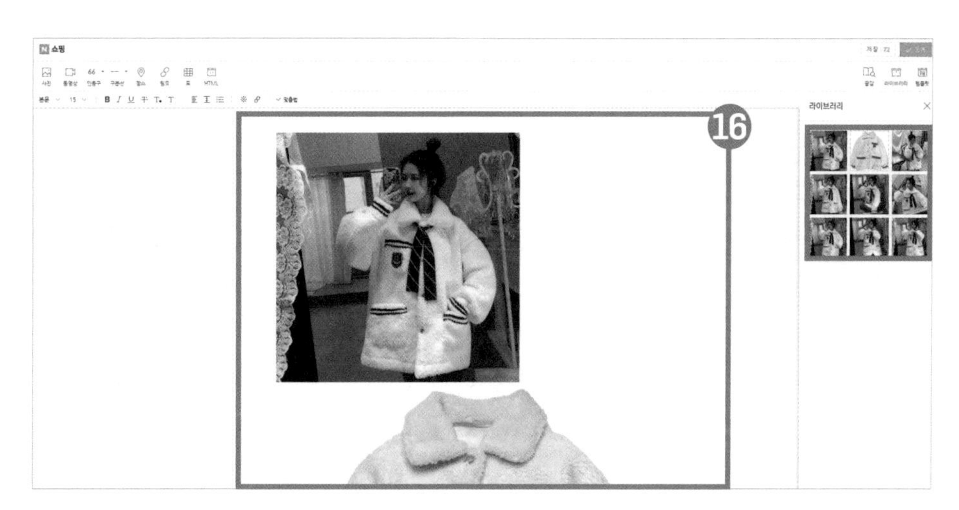

● 타오바오 사이트에서 내가 선택한 상품의 상세 정보를 통해 주요 사항을 확인한다.

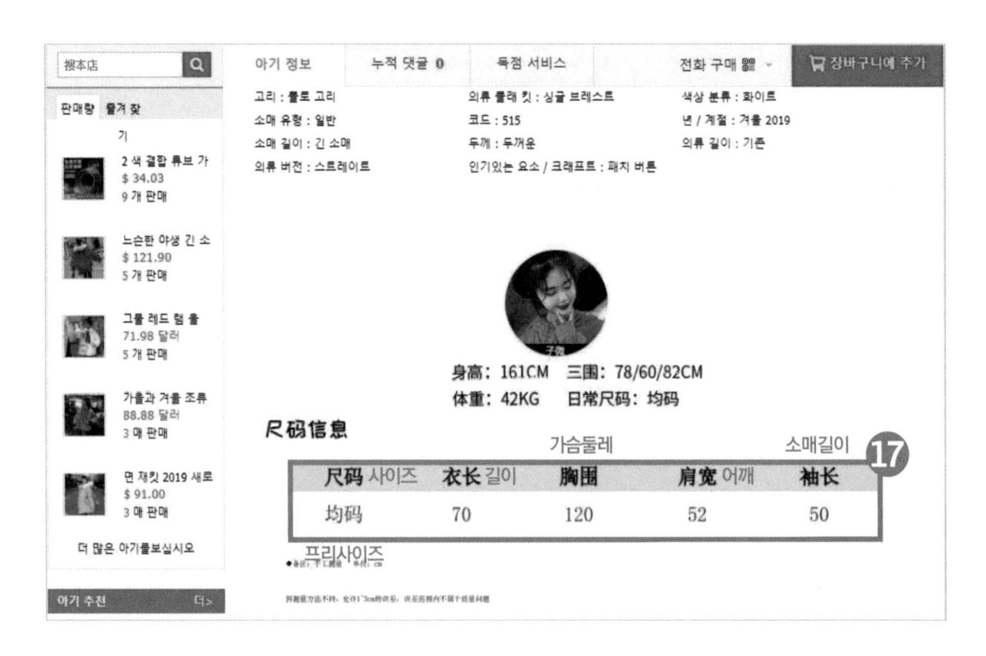

● 사진 위에 게재할 내용을 입력한다. 먼저, 판매할 상품의 설명을 상세하게 적어 준다. 어떤 스타일의 상품인지, 특이한 디자인 요소는 어떤 것이 있는지 등을 넣어 준다. 또한 제목에 넣었던 '빅사이즈 양털 교복~' 등의 내용을 한 번 더 입력해 소비자들의 검색 결과에 조금이라도 더 노출될 수 있도록 한다.

다음으로, 컬러와 사이즈를 적도록 하자. 프리사이즈 옷이 많지만, 상품마다 가슴둘레, 길이 등이 다르기 때문에 타오바오 사이트에서 확인한 사이즈를 그대로 적어 주면 된다. 이어 해외 배송임을 감안해 배송일이 오래 걸린다는 공지 사항과 빠른 배송을 원하는 이들을 위한 팁 등을 함께 게재해 소비자들이 혼란스럽지 않도록 배려하는 것이 중요하다. 아울러 해외 직배송이기에 주문이 들어간 후에는 주문 취소가 어렵다는 당부 사항도 넣어야 한다. 마지막으로 '등록' 버튼을 누르면 완성이다.

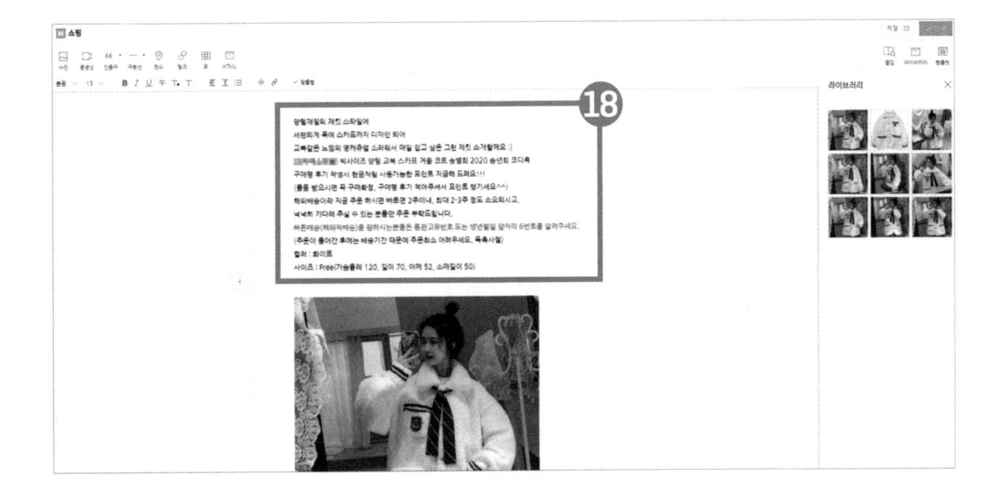
쇼핑
라이브러리
18
양털재질의 재킷 스타일에
세련되게 목에 스카프까지 디자인 되어
고급같은 느낌의 영캐주얼 스러워서 매일 입고 싶은 그런 재킷 소개할께요 :)
빅사이즈 양털 교복 스카프 겨울 코트 송별회 2020 송년회 코디룩
구매평 후기 작성시 현금처럼 사용가능한 포인트 지급해 드려요!!!
(물품 받으시면 꼭 구매확정, 구매평 후기 적어주셔서 포인트 챙기세요^^)
해외배송이라 지금 주문 하시면 빠르면 2주이내, 최대 2-3주 정도 소요되시고,
넉넉히 기다려 주실 수 있는 분들만 주문 부탁드립니다.
빠른배송(해외직배송)을 원하시는분들은 통관고유번호 또는 생년월일 앞자리 6번호를 알려주세요.
(주문이 들어간 후에는 배송기간 때문에 주문취소 어려우세요. 독촉사절)
컬러 : 화이트
사이즈 : Free(가슴둘레 120, 길이 70, 어깨 52, 소매길이 50)

Check Point! 사진을 수정할 수 있는 방법이 있나요?

사진을 더블 클릭하면 사진 편집 툴로 갈 수 있다. 이때 좌측 상단에 있는 크기 조절, 자르기, 회전, 보정 등을 통해 수정이 가능하다.

SmartEditor
취소

● 상세 설명에 작성된 내용이 있음을 확인할 수 있다.

● 판매할 상품의 속성을 선택한다. 소재, 총 기장, 종류, 핏 등을 상품에 맞게 간단하게 선택하면 된다.

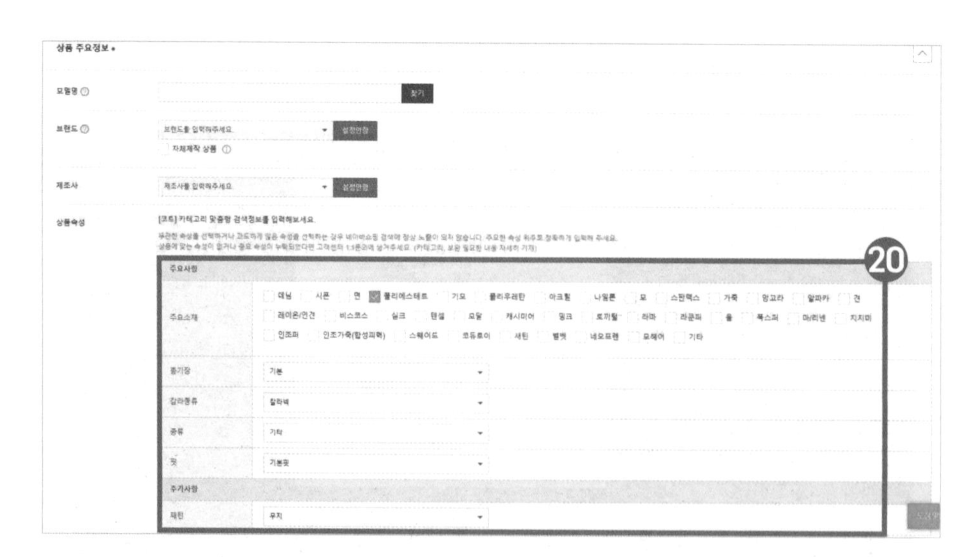

- 타오바오 상품을 판매하는 것이므로, 원산지는 '수입산-아시아-중국'을 선택하고, 상품 상태는 신상품을 클릭하면 된다. 이때 수입사 입력은 '협력사'나 '거래처' 등을 입력해 빈 칸이 생기지 않게 한다.

- '상품군'은 의류를 선택하고, 상품 소재와 색상, 치수, 제조자, 주의 사항 등은 '상세 설명 참조'로 작성해도 큰 무리는 없다(상품군 우측에 위치한 '상품 상세 참조로 전체 입력' 버튼을 클릭해도 된다).

상품정보제공고시
22
설정여부 | 설정함 | 상품정보제공고시 템플릿 | 템플릿 추가
상품군 | 의류 | 상품상세 참조로 전체 입력
제품소재 | 상품상세참조
섬유의 조성 또는 혼용률을 백분율로 표시, 기능성인 경우 성적서 또는 허가서
색상 | 상품상세참조
치수 | 상품상세참조
제조자 | 제조자를 입력해주세요. | 설정안함
선택된 제조자 : 상품상세참조
세탁방법 및 취급시 주의사항 | 상품상세참조
제조년월 | 캘린더 | 직접입력
상품상세참조

- 애프터서비스(AS) 책임자 부분에는 본인의 이름이나 전화번호(전화번호 노출이 부담스러울 경우에는 070 번호를 이용할 수 있는 전화 애플리케이션 '아톡'을 추천한다)를 기재한다.

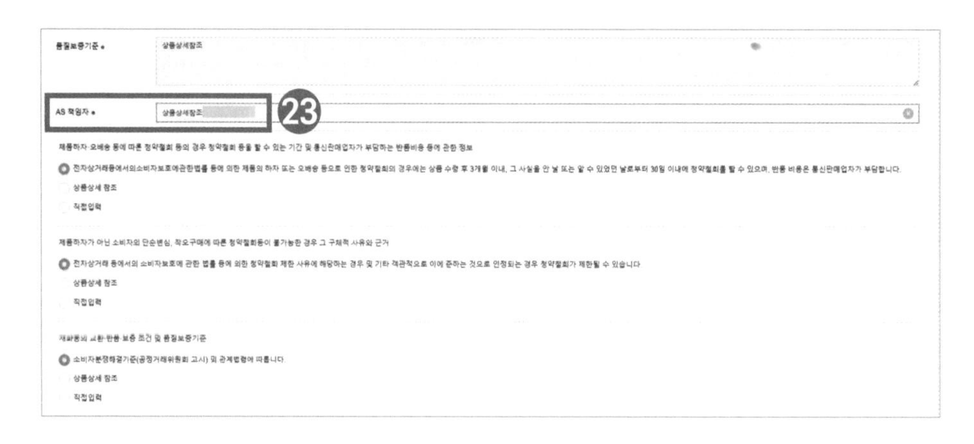

- 배송 관련 부분은 본인이 업체와 거래한 것을 기반으로 기본 배송비를 입력하면 된다. 또한 결제 방식은 선 결제를 하는 편이 좋다. 선 결제는 소비자가 상품을 구매하면서 배송비까지 함께 지불하기 때문에 판매자가 신경 쓸 요소가 없다.

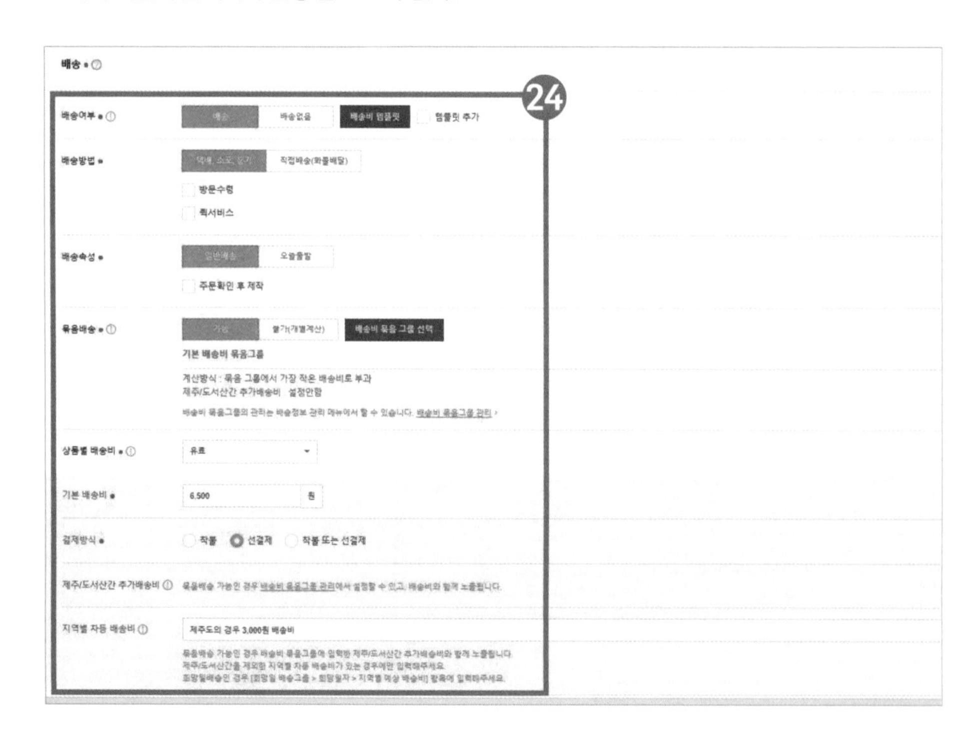

- '반품/교환 택배사' 및 반품 배송비와 교환 배송비를 입력한다. '반품/교환지'는 실질적으로 수거가 가능한 주소지를 설정하면 된다.

- 애프터서비스 전화번호는 판매자의 번호를 입력하고, 애프터서비스 안내 부분에 소비자와 소통 가능한 영업 시간을 작성한다.

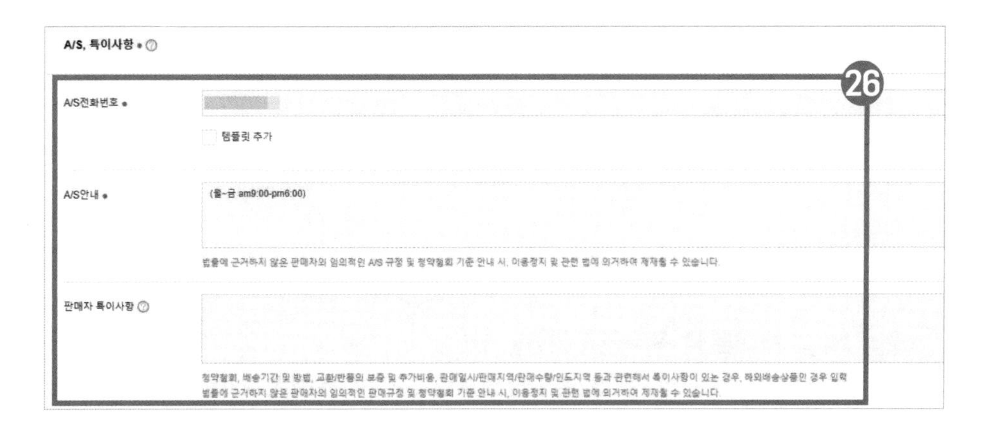

● '구매/혜택 조건' 중 소비자에게 포인트로 지급할 금액을 입력한다. 포인트 설정에 위치한 '상품 리뷰'의 종류에는 텍스트 리뷰와 포토/동영상 리뷰가 있는데, 텍스트 리뷰를 작성했을 때보다 포토/동영상 리뷰를 작성했을 때 더 많은 금액을 받을 수 있도록 설정하는 것이 좋다.

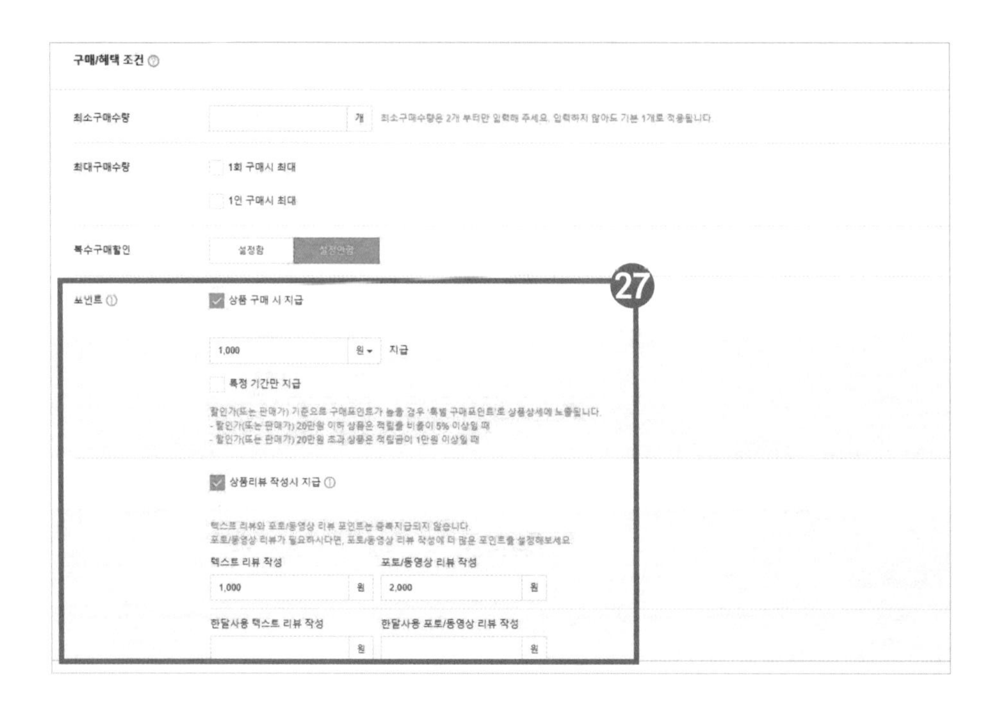

Check Point! 포인트를 꼭 지급해야 하나요?

대부분의 소비자는 자신이 구매하려는 상품의 리뷰(구매 후기)가 좋을 때 걱정 없이 구매하기 버튼을 누르는 경향이 있다. 따라서 스마트스토어 운영 초기에는 보다 많은 리뷰를 구축하는 데 중점을 두는 것이 좋다. 초기에는 텍스트 리뷰와 포토/동영상 리뷰를 쓴 사람에게 소정의 금액을 지불하더라도 리뷰를 모으는 데 신경을 써야 한다. 단, 본인이 무리하지 않는 선에서 금액을 책정할 것.

● 네이버 스마트스토어에 상품을 등록할 때, 가장 고민을 많이 하는 부분이 상품명, 태그다. 이는 네이버 쇼핑 상위 노출에 있어 상품명과 상품 태그가 매우 중요한 역할을 하기 때문이다.
먼저 태그 부분에서 핫(Hot) 태그, 감성 태그, 이벤트형 태그, 타깃형 태그를 고루 선택한다. 태그는 최대 10개까지 전부 활용하는 것을 추천한다.
하단에 위치한 페이지 타이틀(Page Title)에는 보통 상품명을 입력하면 된다. 이어 메타 디스크립션(Meta description)에는 '코트, 긴 팔, 송별회' 등 원하는 단어나 설명을 넣으면 된다.

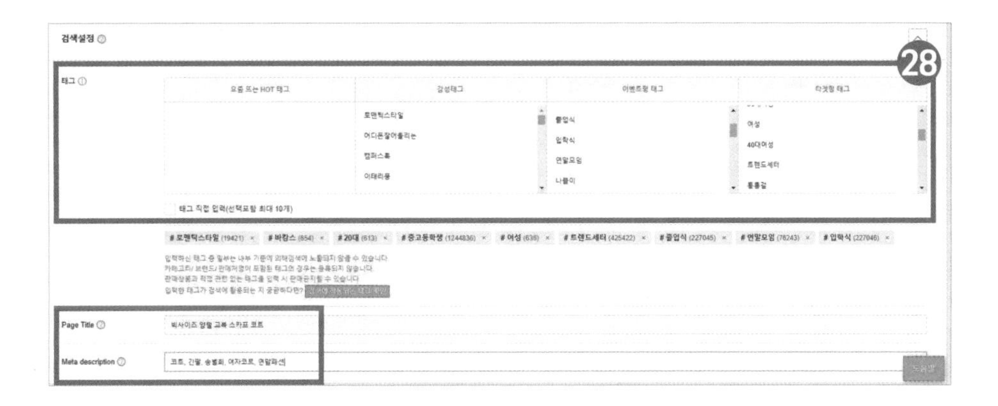

● 가격 비교 사이트 등록에서 네이버 쇼핑 부분을 체크한 후, 전시 상태를 '전시 중'으로 변경한다. 마지막으로 '쇼핑 상품 정보 검색 품질 체크' 버튼으로 주요 항목들을 한 번 더 체크한 후, 저장하기 버튼을 누르면 완료된다.

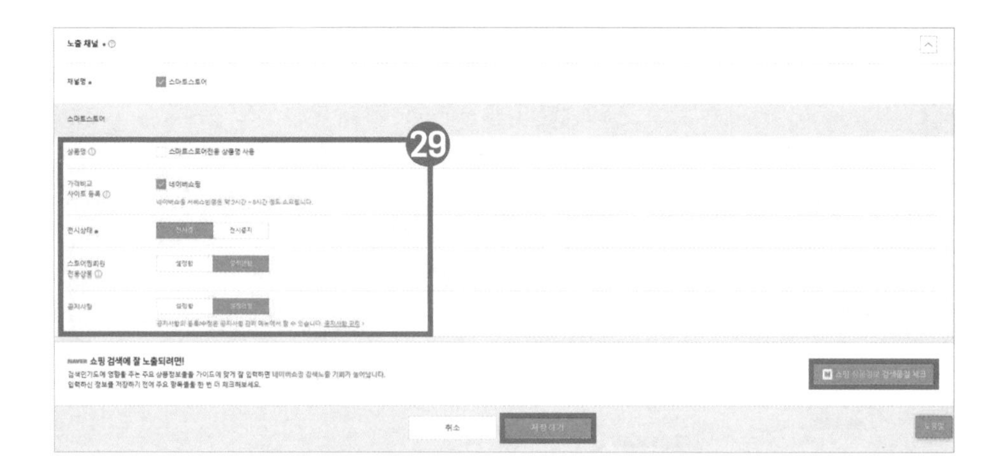

● 내 스마트스토어 페이지에 지금까지 입력한 상품이 등록된 것을 확인할 수 있다.

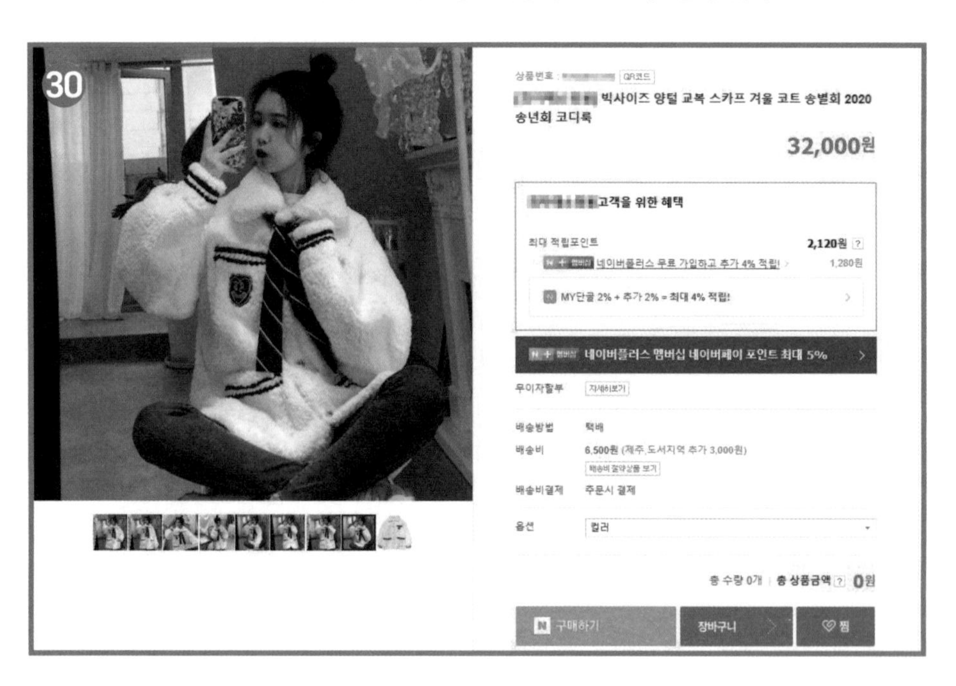

SMART STORE

첫 주문 확인 후, 발송하기

006

스마트스토어에 아이템을 등록했다면, 이제는 두근거리는 마음으로 첫 주문을 기다릴 차례다. 그리고 첫 주문을 받게 되면 무엇보다 빠른 속도로 고객의 주문을 확인하는 것이 중요하다.

주문을 확인하는 방법은 두 가지다. 스마트스토어센터에서 신규 주문을 확인하거나, 혹은 등록한 휴대폰 번호로 보내오는 알림을 확인하는 방법이다. 알림 설정 역시 스마트스토어센터에서 설정 시간까지 정할 수 있어 편하게 사용 가능하다.

다만, 주문이 들어온 이후에는 발송 처리가 지연되거나, 품절 취소, 반품과 교환 처리 지연 등으로 판매자에게 페널티가 부과될 수 있으며, 점수 누적에 따라 심한 경우에는 이용 정지 처리가 되어 판매 활동과 정산이 제한될 수 있으니 주의하자.

신규 주문 확인하기

● 스마트스토어센터에 로그인한 후, '주문/배송'칸에서 신규 주문을 확인한다.

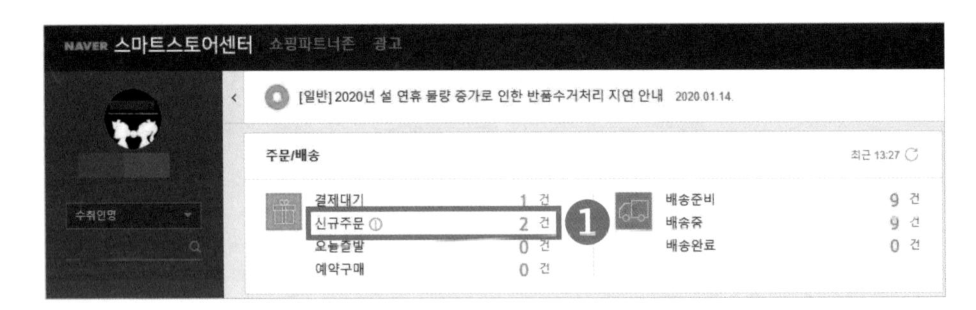

Check Point! 주문을 확인하는 방법은?

1분 1초가 바쁘게 흘러가는 직장인이 스마트스토어를 투잡으로 하는 경우에는 실시간 주문 확인이 어렵지 않을까 하는 걱정이 들 수 있다. 따라서 네이버에서는 스마트스토어센터 외에도 실시간 알림 설정으로 주문을 확인할 수 있도록 돕고 있다. 스마트스토어센터에 로그인을 한 다음, 판매자 정보를 클릭, 실시간 알림 설정 버튼을 누르면 되고, 이곳에서 SMS 수신 시간까지 설정할 수 있다. 덕분에 바로바로 접속할 수 없더라도 어느 시간대에 신규 주문이 들어왔는지 확인할 수 있으므로, 걱정 없이 직장 업무와 스마트스토어 업무를 병행할 수 있다.

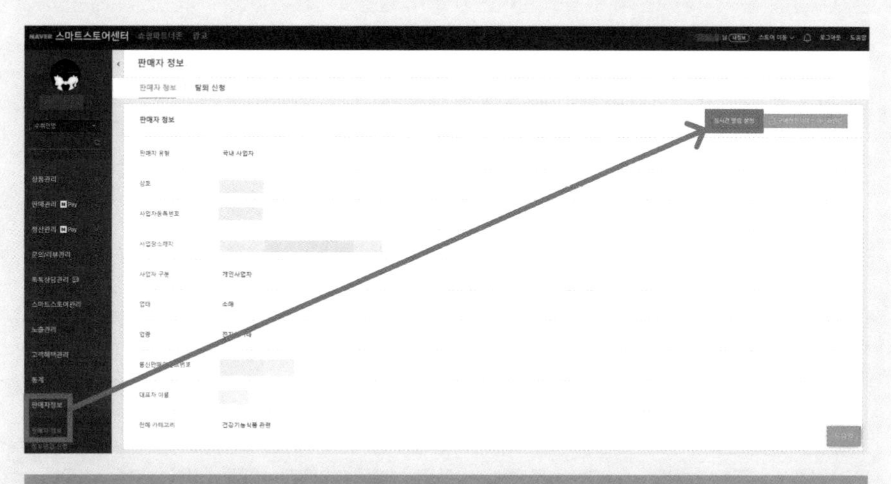
스마트스토어센터
판매자 정보
판매자 정보
탈퇴 신청
판매자 정보
국내 사업자
개인사업자
소매
건강기능식품 관련
상품관리
판매관리
정산관리
문의/리뷰관리
톡톡상담관리
스마트스토어관리
노출관리
고객혜택관리
통계
판매자정보

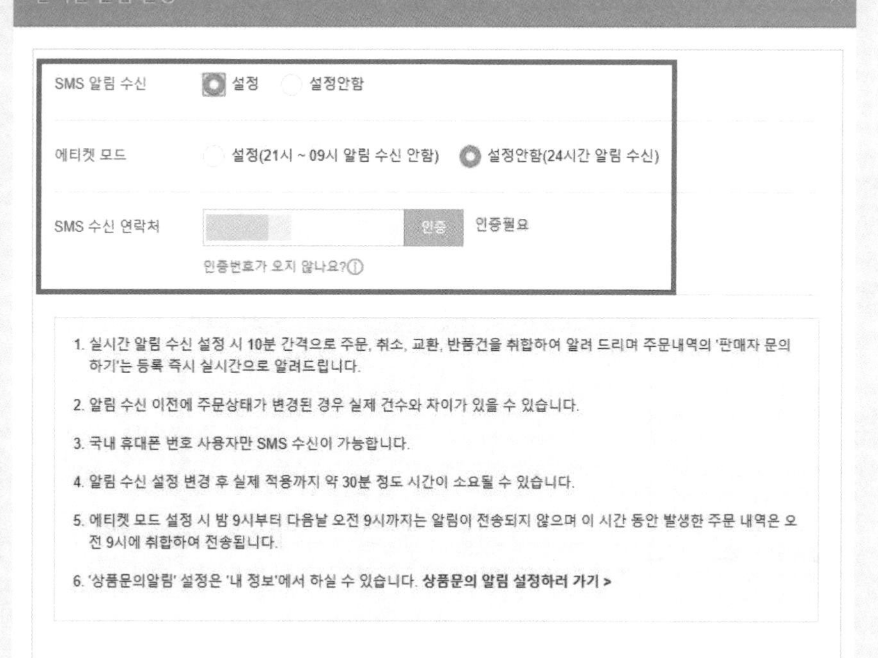
실시간 알림 설정
SMS 알림 수신
설정
설정안함
에티켓 모드
설정(21시 ~ 09시 알림 수신 안함)
설정안함(24시간 알림 수신)
SMS 수신 연락처
인증
인증필요
인증번호가 오지 않나요?
1. 실시간 알림 수신 설정 시 10분 간격으로 주문, 취소, 교환, 반품건을 취합하여 알려 드리며 주문내역의 '판매자 문의하기'는 등록 즉시 실시간으로 알려드립니다.
2. 알림 수신 이전에 주문상태가 변경된 경우 실제 건수와 차이가 있을 수 있습니다.
3. 국내 휴대폰 번호 사용자만 SMS 수신이 가능합니다.
4. 알림 수신 설정 변경 후 실제 적용까지 약 30분 정도 시간이 소요될 수 있습니다.
5. 에티켓 모드 설정 시 밤 9시부터 다음날 오전 9시까지는 알림이 전송되지 않으며 이 시간 동안 발생한 주문 내역은 오전 9시에 취합하여 전송됩니다.
6. '상품문의알림' 설정은 '내 정보'에서 하실 수 있습니다. 상품문의 알림 설정하러 가기 >
저장
닫기

- 신규 주문을 클릭하면 2건의 주문이 들어온 것을 확인할 수 있다. 이곳에서는 판매 채널, 구매자명, 구매자 ID, 수취인명 등을 확인할 수 있다.

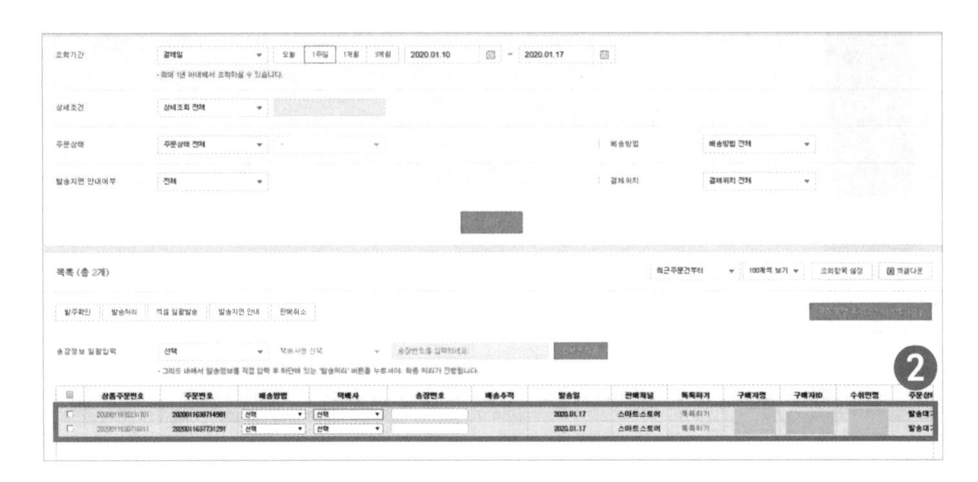

- 상품 주문번호를 누르면 더 자세한 주문 정보를 알 수 있다. 상품명, 주문 상태, 옵션, 상품 금액 등을 한눈에 파악하고 싶을 때 편리하다.

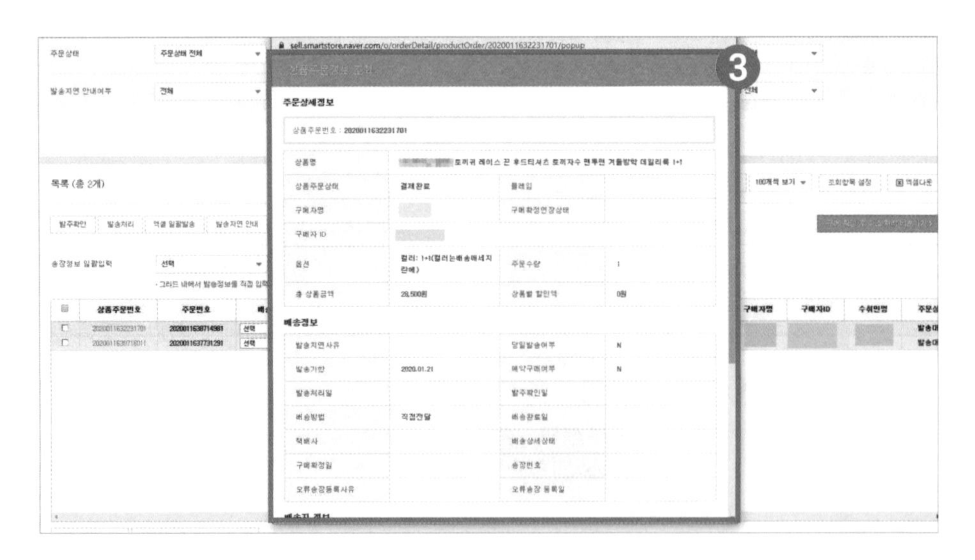

- 첫 주문이니만큼 배송 방법을 확인해 보자. 택배, 등기, 소포와 퀵서비스, 방문 수령, 직접 전달 중에서 고를 수 있다.

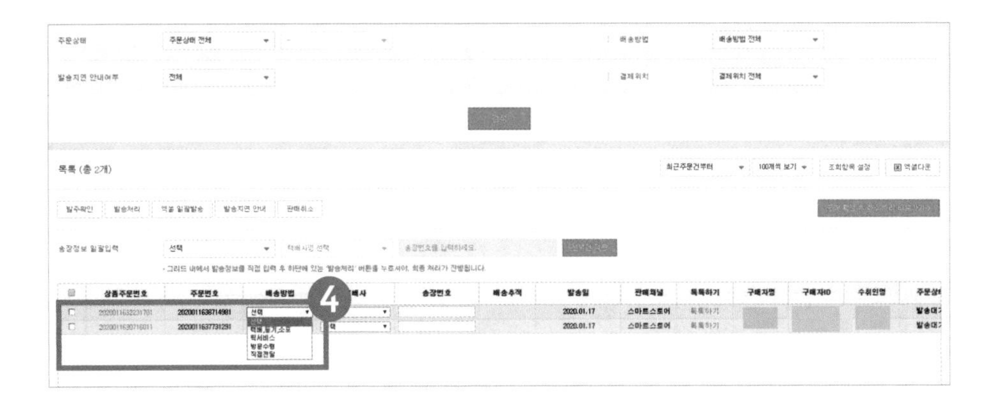

- 택배사 카테고리를 클릭해 배송 대행지에서 알려 준 택배사와 운송 번호를 입력한다.

Check Point! 주문 확인이 늦어져도 상관없을까?

네이버 측에서 발송 지연과 품절, 클레임 처리 지연 등으로 인해 판매 활동이 원활하게 이뤄지지 않는다고 판단될 때는 판매자에게 페널티를 부과한다. 따라서 네이버 측에서 제공하는 판매관리 페널티 부과 기준을 참고해 주문 관리를 하는 편을 추천한다.

1. '판매관리 페널티'란?

발송지연, 품절, 클레임 처리 지연 등 판매활동이 원활하게 이루어지지 않을 경우 페널티가 부과됩니다.

판매관리 페널티 부과 기준

항목	상세 기준	페널티 부여일	점수
발송처리 지연	발송유형별 발송처리기한까지 미발송 (발송지연 안내 처리된 건 제외)	발송처리기한 다음 영업일에 부여	1점
	발송유형별 발송처리기한으로부터 4영업일 경과후에도 계속 미발송 (발송지연 안내 처리된 건 제외)	발송처리기한 +5영업일에 부여	3점
	발송지연 안내 처리 후 입력된 발송예정일로부터 1영업일 이내 미발송	발송예정일 다음 영업일에 부여	2점
품절취소	취소 사유가 품절	품절 처리 다음 영업일에 부여	2점
반품 처리지연	수거 완료일로부터 3영업일 이상 경과	수거완료일 +4영업일에 부여	1점
교환 처리지연	수거 완료일로부터 3영업일 이상 경과	수거완료일 +4영업일에 부여	1점

판매관리 페널티 단계별 제재

판매자 단위로 최근 30일간 판매관리 페널티가 10점 이상이며,
판매관리 페널티 비율(판매관리 페널티 점수의 합/결제건수의 합)이 40% 이상인 경우에는 적발 횟수에 판매 활동이 제한됩니다.

1단계 **주의** → 2단계 **경고** → 3단계 **이용제한**

1단계: 주의
최근 30일 동안 스마트스토어의 페널티 점수의 합이 10점 이상이며,
판매관리 페널티 비율(판매관리 페널티 점수의 합/결제건수의 합)이 40% 이상이 최초로 발생된 상태이니 주의해주시기 바랍니다.

2단계: 경고
'주의'단계를 받은 판매자 중 최근 30일 동안 스마트스토어의 페널티 점수의 합이 10점 이상이고,
판매관리 페널티 비율(판매관리 페널티 점수의 합/결제건수의 합)이 40% 이상인 경우이며 '경고'단계를 받은 날로부터
7일간 신규 상품 등록이 금지(스마트스토어센터 및 API 연동을 통한 신규 상품 등록 금지) 됩니다.

3단계: 이용제한
'경고'단계를 받은 판매자 중 최근 30일 동안 스마트스토어의 페널티 점수의 합이 10점 이상이고,
판매관리 페널티 비율(판매관리 페널티 점수의 합/결제건수의 합)이 40% 이상인 경우이며 스마트스토어 이용정지 처리되어
판매 활동 및 정산이 제한됩니다.

특히 위와 같이 1단계 주의 단계부터 3단계 이용 제한까지 단계별 제재가 들어갈 수 있는데, 심할 경우에는 이용 제한까지 받을 수 있으니 항상 주의를 기울여 살피는 것이 좋다. * 해외 구매 대행은 배송 지연 문자 발송이 필수이니 주의!

SMART STORE

한물간 동대문? NO! 성공의 개선문!

007

아무리 온라인 쇼핑몰이 발전했다고 한들 원조만이 가진 장점이 있다. 많은 사람이 가장 먼저 떠올리고, 신뢰하는 곳, 셀러들에게 동대문이란 그런 존재다. 요즘은 셀러가 아니더라도 부자재에 관심이 있거나 취미로 무언가를 만들고 싶어 하는 사람들의 방문도 점점 늘고 있다. 다양한 상점이 한 장소에 모여 있어 정보를 쉽게 얻을 수 있고, 온라인과 달리 즉각적인 소통이 가능하기에 자신이 모르는 분야까지 많은 소식을 접할 수 있기 때문이다.

동대문시장은 종일 분주하다. 낮에는 일반인들의 방문이 잦고, 밤에는 본인의 쇼핑몰에서 판매할 아이템을 구하러 온 셀러들로 문전성시를 이룬다. 이렇게 동대문의 불빛이 다시 밝게 빛나게 된 이유는 명확하다. 예전과 달리, 동대문에서 통하는 사입 용어를 모르는 초보 셀러들도 쉽게 도전할 수 있을 정도로 '친절'해졌기 때문이다.

심지어 요새는 핸드폰 애플리케이션을 통해 동대문에서 판매하는 제품의 관련 정보를 알아볼 수 있어 편리하다. 만약 바쁜 일정으로 인해 꾸준히 밤 시장을 방문할 수 없다면, 유명 도매 애플리케이션

인 '신상마켓'을 핸드폰에 설치해 보자. 신상마켓은 1만8천여 개의 도매 매장이 가입돼 있을 뿐만 아니라, 매일 3만여 개의 신상이 업데이트되고 있어 스마트스토어에 어떤 제품을 올려야 할지에 대한 고민을 날려 준다.

이 정도만 되어도 셀러들 입장에서는 충분히 '혜자' 타이틀을 붙여 줄만도 한데, 이 애플리케이션의 기능은 여기서 끝나지 않는다. 시장 조사는 물론이고 도매로 직거래 주문까지 가능하다. 이러한 기능을 활용해 단가, 아이템, 스타일을 비교해 보고 매장에 직접 찾아가서 상품을 사입하는 방법은 초보 셀러들이 가장 쉽게 접근할 수 있는 방식 중 하나다. 이렇게 거래를 쌓아 가면서 고정 거래처가 만들어지면, 그때부터는 샘플이나 주문도 모두 택배로 받아볼 수 있다.

이와 같은 방식으로 나만의 거래처를 확보한 후, 주문 수량이 늘면 무슨 혜택이 주어질까? 분식집 단골에게는 서비스로 어묵 하나를 얹어 주듯, 새로운 샘플은 나만 팔 수 있도록 살포시 독점권을 주기도 한다. 이 정도면 어묵이 아니라 무료 이용권 수준이다. 나만 팔 수 있는 아이템이 있다면, 이보다 더 경쟁력 있는 무기가 또 어디 있겠는가.

이 외에도 남대문이나 부산 등에 위치한 몇몇 도매 매장도 만나볼 수 있다. 오프라인에서 발품을 팔아 새로운 거래처를 만들고 정보를 얻듯이 온라인에서도 새로운 정보들을 무궁무진하게 얻을 수 있는 것이다.

이처럼 인터넷이 발달한 세상에서는 자료가 없어서 못 찾는 것이

아니다. 셀 수 없을 정도로 많은 자료 속에서 내게 필요한 정보를 쏙 쏙 골라내는 데 익숙하지 않을 뿐이다. 우리는 여기저기 흩어져 있는 정보들을 수집해 내 것으로 만드는 데 집중하기만 하면 된다.

밤 시장을 자주 갈 수 없는 셀러들이 주로 사용하는 애플리케이션 '신상마켓'. B2B 플랫폼인 신상마켓은 동대문 패션 상품을 누구보다 빠르게 확인할 수 있고, 직접 시장에 가지 않아도 상품들을 한데 모아 원하는 스타일의 상품을 골라 소싱할 수 있다.

길만 알아도 반은 성공! 동대문 지도

초보 셀러들이 가장 당황하는 것 중 하나는 여러 동대문시장 중에서도 어디를 방문해야 할지 모른다는 점이다. 이를 위해 동대문시장에서 초보 셀러들이 주로 방문할 만한 곳을 엄선해 소개한다. 이 지도만 있으면 길을 헤매지 않고도 시장 방문이 가능하다.

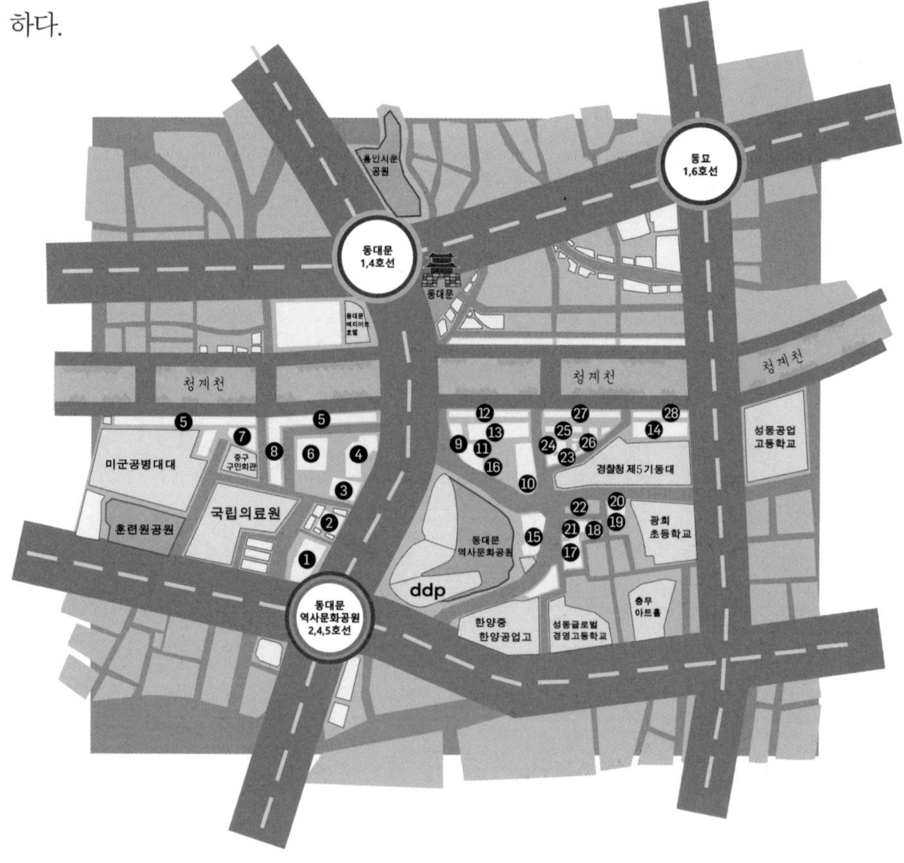

1. 굿모닝시티
2. hello apM
3. 밀리오레
4. 두산타워
5. 평화시장
6. 현대아울렛
7. 통일시장
8. 동화상가
9. 맥스타일
10. 에리어식스
11. 광희패션몰
12. 신평화패션타운
13. 남평화상가
14. 디오트
15. 유어스
16. 제일평화시장
17. 누죤
18. 에이피엠럭스
19. apm
20. 골든타운
21. 디자이너클럽
22. 팀204
23. 혜양엘리시움
24. 스튜디오W
25. 아트프라자
26. 테크노상가
27. 동평화패션타운
28. 청평화패션몰

*그래픽: 홍신의

동대문의 밤은 낮보다 화려하다

이곳은 크게 밤 시장과 낮 시장으로 구분된다. 밤 시장은 오후 8시부터 시작하는데, 웬만하면 9~10시쯤 방문해 좋은 물건을 일찍 구매하길 추천한다. 낮 시장의 경우에도 밤 12시부터 오후 12시까지 오픈되기에 시간을 잘 맞춰 방문해야 한다.

둘의 성격은 비슷하면서도 상이하다. 밤 시장은 단가가 높지만, 개성 넘치는 옷들이 많고 백화점에서 판매하는 수준의 의류도 어렵지 않게 찾을 수 있다. 실제로 여기서 판매되는 의류는 중국으로 수출되고 있다.

반면 낮 시장은 단가가 저렴한 일반 의류와 매일 쉽게 입을 수 있는 '데일리 아이템(Daily Item)'이 주를 이룬다. 단가와 상관없이 두 벌 이상 구매하는 것이 원칙이며, 반품이 힘들고 택배비만 지불하면 당일에 바로 배송 받을 수 있다.

타오바오와 같은 구매 대행은 신용카드 구매가 가능해서 현금이 없어도 구입할 수 있는데 반해, 동대문시장을 이용할 때는 현금을 꼭 준비해 가야 한다. 이것을 '사입비'라고 하는데, 동대문시장에서는 대부분 신용카드 결제가 불가능하기 때문이다.

만약 현금을 준비하지 못했다면, 계좌 이체를 할 수 있도록 준비해 가야 한다. 만약 꾸준한 거래가 이뤄지고 거래처가 어느 정도 생겼을 때는 동대문의 수호천사와도 같은 '사입삼촌(직접 현장으로 가서 상품을 사입할 수 없는 사업자들을 대신해 사입과 배송을 대행해 주는 사람을 부르는 명칭)'에게 부탁하면 주문에서 배송까지 모든 일을 한 번에 해결해 주기

도 한다.

한편, 동대문시장을 방문할 때는 최대한 편한 복장으로 가는 것이 좋다. 구두보다는 오래 걸어도 발이 아프지 않도록 운동화를 신고, 가방도 최대한 짐 없이 가볍게 방문하자. 처음 방문하는 밤 시장이라고 한껏 들뜬 마음에 예쁜 원피스에 뾰족 구두를 신고 갔다가는 제대로 된 제품도 구매하지 못한 채 종일 퉁퉁 부은 발만 만지작거려야 할 수도 있다. 이런 복장으로 가면 판매자들 눈에도 초보로 보이기에 바가지를 쓸 수도 있다.

특히 마음에 드는 매장의 위치를 알 수 있는 호수, 제품의 가격 등을 메모하기 위한 필기도구를 챙겨 가는 것이 좋고, 간단한 사입 용어 정도는 숙지하고 갈 것을 추천한다.

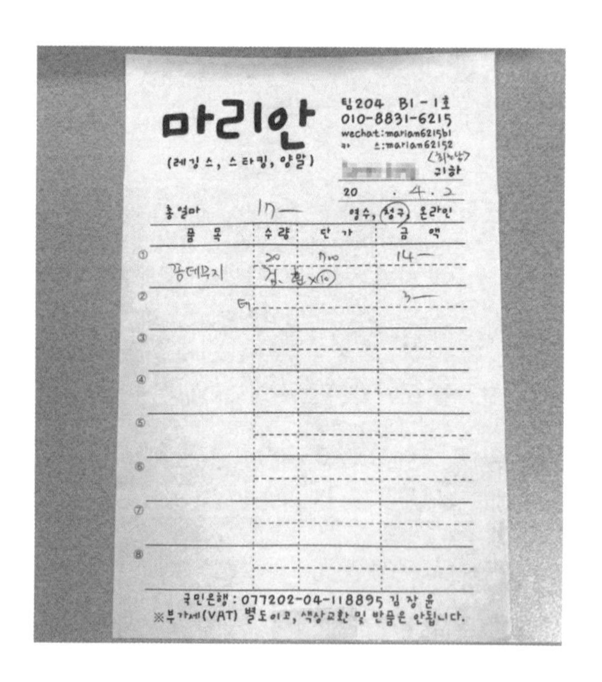

동대문시장을 방문하면 꼭 영수증을 받아 와야 한다. 그래야 상호와 가격을 알 수 있고, 나중에 여러 매장을 방문하게 되더라도 기억에 남길 수 있다.

고객을 유혹하는 사진 촬영은 덤

국내 도매시장은 옷을 구매할 수는 있지만, 해당 제품의 사진을 허락 없이 사용할 수는 없다. 저작권법에 의해 보호를 받기 때문이다. 따라서 자신의 스마트스토어에 사진을 올리려면, 모델을 채용하거나 자신이 직접 모델이 되어 촬영한 제품 컷을 촬영해야 한다. 실제로 의류 스마트스토어 오너를 꿈꾸는 수강생들 중에는 모델 일도 병행하고 싶어 하는 이들을 쉽게 볼 수 있다. 멋스러운 옷을 차려입고 모델이 되어 나만의 쇼핑몰을 운영하는 꿈을 동대문시장을 통해 펼칠 수 있는 것이다.

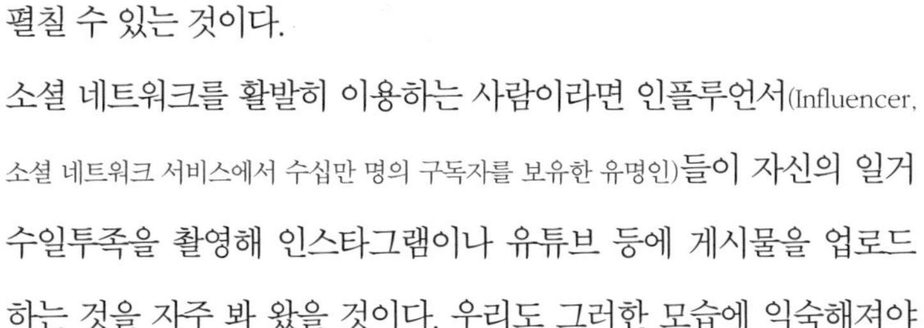

소셜 네트워크를 활발히 이용하는 사람이라면 인플루언서(Influencer, 소셜 네트워크 서비스에서 수십만 명의 구독자를 보유한 유명인)들이 자신의 일거수일투족을 촬영해 인스타그램이나 유튜브 등에 게시물을 업로드하는 것을 자주 봐 왔을 것이다. 우리도 그러한 모습에 익숙해져야 한다.

그들은 자신이 판매하는 제품이 있다면 장소가 어디든 그 제품을 함께 올리고 사람들의 반응을 꾸준히 살핀다. 예를 들어, 다이어트 보조제를 판매하는 한 인플루언서는 맛집에 가서 맛있는 음식들을 상다리가 휘어질 정도로 주문한 후, 슬쩍 다이어트 보조제를 들고 있는 자신의 손을 촬영해 업로드한다. 이렇게 과식을 해도 이 다이어트 보조제만 있으면 예쁜 몸매를 유지할 수 있음을 어필하기 위함이다. 같은 제품이라도 멋있는 배경과 그렇지 않은 배경에서 촬영한 사진은 티가 나기 마련이고, 동일한 상황에서도 상품을 어떻

여행을 가서 직접 촬영했던 튜브 사진. 이 튜브를 고객들이 여행지에서 사용할 만한 예쁜 아이템이라고 인식하게 하는 것이 중요하다.

게 노출하느냐에 따라 소비자의 구매 욕구는 다르게 나타난다. 인플루언서들은 그러한 소비자의 욕구를 잘 파악하고 이용하는 것이다.

우리도 이 점을 잘 기억해 두고 적극적으로 활용해야 한다. 오랜 기간 스마트스토어를 운영하며 어느 정도 입지를 다지게 되면 힐링의 시간이 필요할 때가 종종 찾아온다. 남부럽지 않은 수익은 그만큼의 스트레스를 가져오기 마련이다.

그럴 때, 여행을 떠난다고 가정해 보자. 초보 셀러들이 흔히 하는 실수 중 하나는 단순히 '여행'에만 초점을 맞춘다는 것이다. 우리는 이제 어엿한 스마트스토어 오너다. 자신이 앞으로 판매할 제품의 샘플을 가져가 어여쁜 배경에서 촬영해야 한다. 그리고 슬쩍 게시물 업로드와 함께 예고하자. '○○ 제품, 커밍 순(Coming Soon).'

스마트스토어 오너라면 힐링을 위해 여행을 떠나면서도 다음 아이템을 준비하며 일석이조로 바캉스를 즐기는 데 익숙해져야 한다. 가슴을 뭉클거리게 만드는 석양 아래서 자신이 직접 마련한 샘플을 입고 자신이 운영하는 쇼핑몰에 올릴 옷을 촬영한다고 상상해 보자. 생각만 해도 설레는 일이다.

이처럼, 자신이 있는 모든 장소가 촬영지로 둔갑해 사업에 시너지를 줄 수 있는 일은 없다고 자신한다. 지금 당장 동대문시장에 가서 옷과 아이템을 구매하고, 스스로 그 아이템의 모델이 되어 보자. 사진에 반드시 얼굴이 노출될 필요는 없다. 그 아이템에 어울릴 만한 배경만 있어도 충분하다.

모든 것은 하는 만큼 성장하기 마련이다. 본인을 촬영하는 데 익숙하지 않았던 사람이라도 계속해서 하다 보면 자신도 모르는 사이에 프로 모델이 되어 있을지도 모른다. 주위의 부러움을 사는 건 시간 문제다.

내가 판매하는 의류를 직접 착용한 채 여행지에서 촬영하기도 한다. 처음에는 익숙하지 않아서 창피한 마음이 들 수도 있으나, 오히려 실제 모델을 채용해서 진행하는 것보다 자연스러운 느낌이 들어서 고객들의 반응도 좋은 편이다.

고객들의 반응을
먼저 살피기 위해
일부러 여행 때
촬영한 사진을
미리 인스타그램에
올리기도 한다.

밤 시장의 일꾼이 되자

동대문시장을 떠올렸을 때, 가장 많은 사람이 궁금해 하는 곳 중 하나가 '밤 시장'이다. 도매로 물건을 구입하기 위해 자주 방문하게 되는 밤 시장. 언제 방문해야 하고, 어떤 풍경을 만날 수 있을까? 동대문 밤 시장 다이어리를 통해 그 궁금증을 해결한다.

10:40pm

직장인들이 퇴근하고 내일을 준비할 시간.

하지만 동대문의 밤 시장은 지금부터 시작이다.

밤 시장을 위해 하루 동안 체력을 비축해 둔 뒤 두근거리는 마음으로 동대문역에 도착했다.

10:48pm

동대문역을 나온 후, 두타를 지나 도매시장 메카로 걸어가는 길목에서 만난 풍경.

화려한 불빛과 길바닥에 쌓인 택배 봉투들….

사람 냄새 나는 곳이자 누군가의 터전인 이곳은 언제 방문해도 나에게 깊은 떨림을 선물한다.

10:56pm

사입 멤버들을 만나 도매시장 중 제일 핫한 곳인 apm에 도착.

이곳에서는 백화점 품질에 버금가는 고급스러운 옷과 인테리어들을 볼 수 있다.

다른 곳에 비해 가격대는 조금 높은 편이지만, 동대문 도매시장을 대표한다고 말할 수 있는 곳이기도 하다.

피곤이 몰려올 때쯤, 밤 시장에서 빠질 수 없는 에너지 드링크 얼음 박카스 한 잔. 줄여서 '얼박!'
늦은 시간인 만큼 단시간에 에너지를 공급하기 위해 얼른 목을 축이고 열심히 사입에 임한다. 이곳에서는 정신을 똑바로 차린, 발 빠른 사람이 승리한다.

사입할 물건들을 열심히 살핀다.

동대문 밤 시장에 올 때는 항상 편한 옷차림과 굽이 낮은 신발을 착용해야 한다. 그렇지 않으면 퉁퉁 부은 발과 몸 때문에 몇 날 며칠을 고생할 수도 있다. 또한 사진 촬영의 경우에는 매장의 허락을 받은 한에서만 가능하니 주의할 것.

11:11pm

매장 앞에 쌓인 택배 봉투들로 주문량을 가늠해 보았다. 예쁜 옷들이 많은 매장은 역시 주문량이 많다. 대부분의 옷은 색깔별로 2장 이상부터 주문 가능하다.

11:32pm

밤 시장에 도착한 지 1시간도 채 되지 않았지만, 이미 근처 길바닥은 수많은 택배 봉투로 보행이 어려울 정도다. 이 사진만 보더라도 각 지방으로 향하는 물품이 어마어마하다는 것을 가늠할 수 있다. 코로나19 때문에 잠시 주춤했던 동대문시장도 다시 활기를 보이는 반가운 모습이다.

11:43pm

apm 건물 근처에 위치한 퀸즈스퀘어 건물로 이동. 퀸즈스퀘어는 중국과 국내 제품을 같이 취급하는 가격대가 높은 시장이다. 또한 가죽 아이템을 같이 취급하는 상가이기도 하다. 이곳에 진열돼 있는 옷만 보더라도 올여름에 어떤 아이템이 유행하게 될지를 미리 파악할 수 있다.

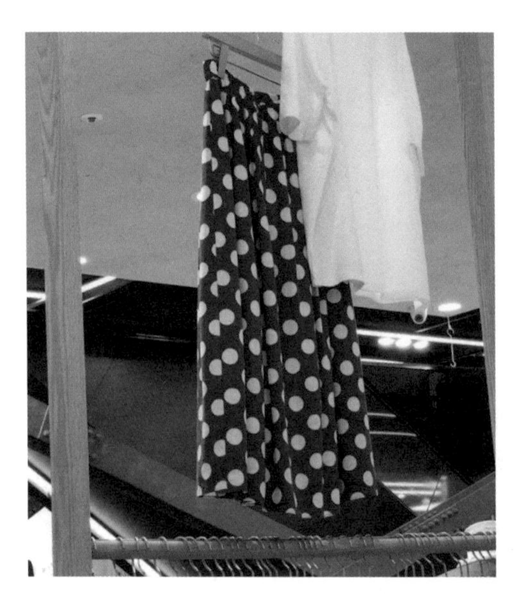

12:21am

퀸즈스퀘어 건물 밖으로 나오면 로드숍을 만날 수 있다. 이곳은 apm이나 퀸즈스퀘어에 비해 조금 더 저렴한 도매가로 옷을 구매할 수 있다. 로드숍 입구 근처에 쌓여 있는 택배 봉투가 이 매장의 가성비를 대변한다.

12:36am

갑자기 빗방울이 쏟아진 탓에 근처 디오트패션 도매상가 건물 안으로 몸을 피신했다. 마침 대봉(큰 봉투)을 나르는 지게삼촌(물건을 배달해주는 사람을 부르는 명칭)을 발견. 밤 12시가 훌쩍 넘은 시간이지만, 이곳은 한창 바쁜 시간이다. 대부분의 상가 대표들은 밤 12시부터 오전 3~4시까지 물건 정리와 택배를 포장하고, 4시부터 6시 사이에 식사를 한다.

구경을 하고 있노라니, 매장에 신상이 배달되었다. 사장님은 마네킹에서 옷을 벗겨 새롭게 진열을 시작했다.

마네킹에 옷을 입히는 일은 그다지 수고로운 일이 아니라고 생각해 왔기 때문일까. 오랜 시간, 여러 컬러와 디자인의 옷을 마네킹에 입혔다, 벗겼다 하는 모습이 신기하게만 느껴졌다.

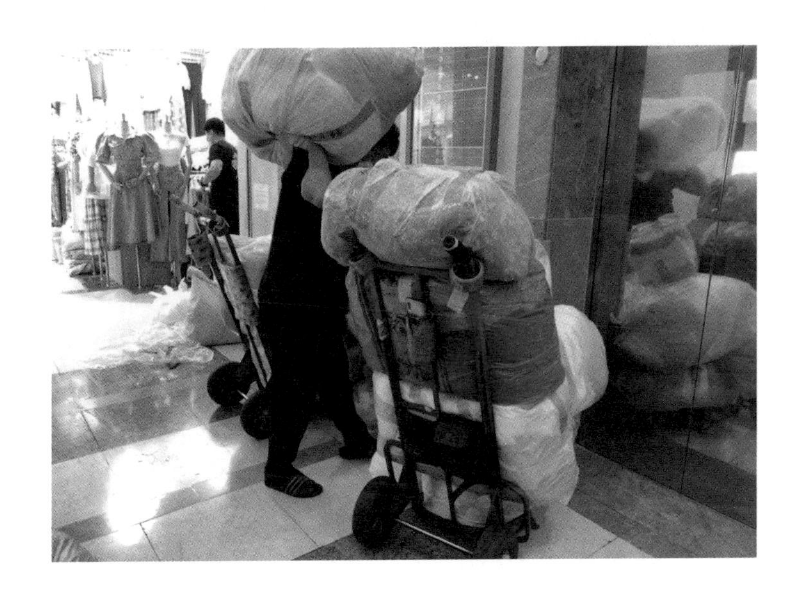

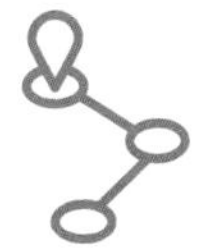

“디스플레이를 원래 이렇게 오래 하느냐?”고 사장님께 물었더니, “평소에는 디스플레이만 4시간 정도 한다.”라는 대답이 돌아왔다. 예쁜 컷을 선정해 올리는 온라인과는 달리, 오프라인은 눈에 보이는 모든 곳을 세심하게 연출해야 하므로 시간이 오래 걸릴 수밖에 없다. 역시 세상에 쉬운 일은 없다.

1:10am

결국 1시가 넘어서야 사입을 마쳤다. 금강산도 식후경이기에 같이 간 일행과 근처 맛집으로 향했다. 이렇게 야식을 먹는 것도 밤 시장 투어의 묘미 중 하나다. 맛있게 먹고 즐기며 사입한 옷 얘기도 나누고, 아이템 회의도 하다 보면 어느새 해가 떠오르는 모습을 볼 수 있다. 불룩 나온 배를 통통 두드리며 기분 좋게 첫차를 타고 집으로 향했다.

CHAPTER THREE

오너십
열정 조절기

누구나 처음 도전할 때는 자신감에 넘쳐 일을 추진하고,

때로는 일확천금을 바라며 주어진 일을 진행하기도 한다.

하지만 방심은 금물이다. 모든 일은 '불꽃'과도 같다.

불길이 너무 세면 한 줌의 재로 바스러지고,

미약한 깜부기불은 금방 식어 버리기 마련이다.

우리는 앞에서 배운 이론과 실무 경험을 바탕으로

적절한 '불꽃'을 유지해 가며 스마트스토어를 운영해 나가야 한다.

처음부터 조바심과 욕심으로 전전긍긍해서도, 아무런 노력 없이

감나무 아래서 달콤한 감이 떨어지기만을 기다려서도 안 된다.

새로운 도전에 나선 당신에게는 다른 사람이 피워 올린 불꽃의 크기가

어떤지를 참고해 보는 방법이 최상의 비책이 될 수 있다.

앞서 간 사람들은 얼마나 많은 성공을, 혹은 어떠한 아픔을 바탕으로

자신만의 노하우를 쌓았을까? 성공 사례와 주의 사항을 통해

당신의 스마트스토어가 성장해 갈 수 있는 비법을 방출한다.

SMART STORE

너무 뜨거우면 재가 되고, 너무 차가우면 불붙지 않는다

001

우리는 배우고자 하는 의지만 있으면 많은 정보를 쉽게 얻을 수 있는 세상에 살고 있다. 다만 흩어진 정보들을 모아 아무리 열심히 공부한다고 한들, 모든 사람이 자신만의 노하우로 탈바꿈시킬 수 있는 것은 아니다. 바쁜 현실에 쫓겨 시간을 내지 못하거나, 여러 강의와 관련 자료들을 공부해도 더 이상 앞으로 나아가지 못하기도 한다. 바로 '내 것'으로 습득하지 못해서다.

우리네 학창 시절을 떠올려 보면, 책상에 앉아 있는 시간이 좋은 성적으로 연결되지 않는다는 사실을 알 수 있다. 무조건 책상 앞에 앉아 있다고 해서 지식이 저절로 머릿속에 입력되지는 않는다. 단 5분을 투자하더라도 내용을 온전히 습득하고 해당 문제를 응용할 줄 아는 습관을 길러 나가야 한다.

스마트스토어도 마찬가지다. 시작해 놓고 노력을 기울이지 않으면, 매출 향상을 기대할 수 없다. 첫 달 매출이 얼마나 발생할지는 아무도 알 수 없고, 월급만큼의 매출이 나오기 위해서는 일정 수준의 시간이 투자되어야 한다. 그럼에도 불구하고 사람이라면 누구나 욕심

을 내기 마련이다. 주변에서 쉽게 찾아볼 수 있는 '월 1천만 원 벌기', '한 달 만에 연봉 벌기' 등의 자극적인 문구도 예비 셀러들의 마음을 조급하게 만들곤 한다.

스마트스토어에서 꾸준히 월 매출 1~2백만 원 이상을 창출하는 셀러들은 '오랜 시간 끈기를 가지고 도전해야 한다'고 입을 모은다. 아이템과 시기, 운 등 최소한 세 박자가 고루 맞아야 꾸준한 매출을 올릴 수 있기 때문이다. 스마트스토어가 다른 쇼핑몰 플랫폼에 비해 진입 장벽이 낮고 성공 확률이 높은 것은 사실이지만, 온라인상에서 떠다니는 '월 매출 ○○○ 보장'이라는 문구에 현혹되지 말라는 얘기다.

초기부터 의욕을 불태우며 사업을 하다 보면, 나만 성공하지 못했다는 자괴감과 낮은 매출로 인해 금방 포기하게 되거나 싫증을 내기 마련이다. 특히 타오바오처럼 해외 구매 대행을 통한 상품을 판매하기 위해서는 긴 배송 기간만큼이나 끈기를 가지고 버텨내야 한다. 고객이 진심을 알아 줄 때까지, 자신이 발굴한 아이템이 고객들에게 매력을 어필할 때까지 말이다.

따라서 한꺼번에 많은 아이템으로 승부하기 보다는 꾸준한 사이클을 유지하면서 운영하라고 조언하고 싶다. 어느 날은 집중적으로 상품을 업로드하고, 다른 날에는 아무것도 하지 않는 것보다는 매일매일 새로운 상품을 업데이트하여 고객들이 새롭게 쇼핑할 여지를 주어야 한다.

우리는 가위 하나, 면봉 하나도 온라인으로 주문하는 시대에 살고 있다. 이런 쇼핑 문화에 익숙해진 고객들은 습관적으로 이곳저곳의 쇼핑몰을 찾아다니고, 때로는 본인이 생각하지도 않았던 물건을 충동적으로 구매하기도 한다. 그런 고객들을 위해 셀러는 일종의 온라인 놀이터를 본인의 스마트스토어에 구축해 놓아야 한다. 일단 놀 수 있는 공간만 마련된다면, 1명의 고객이 10명이 되고, 100명, 1,000명 이상이 되는 건 시간문제다. 그렇게 되기 전까지 끈기와 인내심을 발휘해 오랜 기간 롱런할 수 있는 탄탄한 스마트스토어를 만들자.

이번 3부에서는 일정 수준의 매출을 꾸준히 달성해 왔거나, 우여곡절을 겪으며 성장해 온 셀러들의 인터뷰를 통해 스마트스토어 운영에 피와 살이 되는 실전 노하우를 전수하고자 한다.

SMART STORE

당신의 열정에 불을 지피는 '성공 사례'

002

실현 가능한 목표 설정으로 수익을 창출하다

차상욱 셀러

현재 스마트스토어 운영 6개월 차에 접어든 차상욱 셀러는 IT, 각종 리뷰, 부동산 등을 주제로 한 블로그를 운영하는 전업 블로거다. 현재 블로그 관련 강의를 진행 중인 그는 '여섯 번 망해 본 10년 차 블로거'라는 독특한 캐치프레이즈를 내걸고 사람들에게 블로그의 기초뿐 아니라 수익형 블로그를 운영하는 방법을 전수 중이다.
그런 그가 6개월 전부터 시작한 스마트스토어. 실제 순수익으로만 매월 100만 원 이상의 안정적 재정을 확보한 그의 이야기를 들어보았다.

자기소개 부탁드립니다.

"전업 블로거이자 공인중개사 시험을 준비하고 있는 차상욱이라고 합니다. 블로그뿐만 아니라 인스타그램, 스마트스토어, 네이버 카페 등을 통해 수익을 얻고 있습니다. '탈잉'이라는 플랫폼을 통해 오프라인 강의로 블로그와 관련한 원데이 수업을 진행하고 있고, 최근에는 PDF 전자책 출판도 앞두고 있습니다. 무엇보다 수익의 다각화를 위해 노력하고 있죠."

"스마트스토어라는 것도 일종의 키워드를 판매하는 일이라고 생각합니다."

스마트스토어 운영 방식이 네이버 블로그와 흡사하다는 말, 진짜일까요?

"사실 블로그와 스마트스토어가 전부 네이버 안에 포함돼 있는 것이다 보니, 아이템의 키워드를 잡거나 상세 페이지를 작성할 때 많은 도움을 받고 있습니다. 다만 스마트스토어 운영은 처음이다 보니 조금 어려운 부분들도 있었는데, 이는 시중에 나온 책들을 바탕으로 계속해서 연습해 나갔습니다. 스마트스토어라는 것도 개인적인 생각으로는 상품을 판매한다는 것보다는 일종의 키워드를 판매하는 일이라고 생각합니다. 동일한 아이템을 판매하더라도 어떤 키워드를 선택하느냐에 따라 한 명의 고객이라도 더 유치할 수 있고, 판매로 이어질 수 있는 것이죠."

강의를 듣는 수강생 중, 스마트스토어를 운영하는 이들도 있을까요?

"수강생 대부분이 스마트스토어를 블로그나 인스타그램 등의 소셜 네트워크 서비스로 홍보하려다 보니, 전부 유기적인 관계를 맺고 있는 것 같습니다. 그래서 처음에 스마트스토어를 시작하고자 하는 셀러라면, 블로그나 각종 소셜 네트워크 서비스에 관한 강의도 하나쯤은 들어볼 것을 추천합니다. 제 수업에서도 수익형 블로그를

다루고 있는데, 스마트스토어를 운영해 보니 비슷한 요건들이 꽤 많은 것 같아요. 소비자를 유혹하는 글쓰기 방법부터 키워드를 통해 상위에 노출할 수 있는 비법까지 많은 것을 다루고 있죠. 몇 가지 강의를 선별적으로 듣고, 관련 정보를 습득한 후 스마트스토어에 도전한다면 더 좋은 결과를 가져올 것이라 자신합니다."

스마트스토어에 도전하게 된 계기가 있나요?

"공인중개사 시험을 준비하다 보니 금전적인 부분에서 부담이 있었습니다. 대부분 블로그나 스마트스토어를 운영하는 이들은 직장을 다니면서 투잡 개념으로 접근하는 사람들이 많은데, 저는 그렇지 못한 상황이었죠. 그래서 생활고를 겪게 될 상황을 대비해 수익의 다각화를 고려하게 됐고, 블로그와 스마트스토어를 통해 수익을 창출해야겠다고 마음먹었습니다. 블로그의 경우에는 그동안 도전했던 경험을 바탕으로 영향력 있는 블로거로 자리 잡을 수 있었고, 새롭게 시작한 스마트스토어 역시 힘들여서 한 것이 아님에도 불구하고 첫 달부터 순수익 100만 원 이상을 안정적으로 확보할 수 있었어요. 블로그에 익숙하다 보니 스마트스토어 상세 페이지를 올릴 때도 시간이 많이 줄어들어, 시간 대비 높은 매출을 올릴 수 있었던 것 같습니다. 부동산을 예로 들자면, 부동산에 투자하는 이유 중 하나는 불로소득을 얻기 위함이잖아요. 내가 일을 하지 않아도 월세나 전세로 수익을 창출할 수 있는데, 이처럼 시스템화하여 블로그나 스마트스토어 등에서도 제 힘과 노력을 최소화하면서 고정적인 매출을 가져가고 싶었어요."

잘 모르시는 분들은 순수익 100만 원이 적다고 생각할 수 있을 것 같은데요. 어떻게 생각하시나요?

"적은 돈을 시작으로 단계를 밟아 가다 보면 언젠가 큰돈을 벌 수 있는 방법을 자연스럽게 깨닫게 되더라고요."

"주변에서 '스마트스토어로 월 1천만 원 만들기'라는 문구를 쉽게 볼 수 있는데요. 저를 포함한 많은 사람이 이런 문구 때문에 스트레스를 받을 수 있다고 생각합니다. 그 수치까지 도달하는 사람은 소수, 5% 미만이라고 봅니다. 그리고 처음부터 이렇게 높은 금액을 목표로 달리다 보면, 단기간 안에 포기하기 쉽죠. 돈만 보고 달린다면 롱런할 수 없습니다. 차라리 3개월 이후에 매달 순수익 50만 원, 100만 원을 벌겠다는 목표를 잡고 이어 간다면 힘이 덜 들 거예요. 이렇게 적은 돈을 시작으로 단계를 밟아 가다 보면 언젠가 큰돈을 벌 수 있는 방법을 자연스럽게 깨닫게 되더라고요. 실제로 저 같은 경우는, 먼저 상품을 다각화하기 위해 여러 종류로 50개 정도의 상품을 세팅하고, 나머지는 정말 팔릴 만한 상품으로 키워드를 신중하게 결정해서 올리기 시작했어요. 그렇게 300개까지는 매출에 연연하지 말고 일단 업로드를 해보자는 마음가짐으로 진행했더니 실망도 없었죠. 오히려 계속해서 매출이 발생하니까 그게 신기하기도 했습니다."

자신만의 특별한 노하우가 있을까요?

"해외 구매 대행 상품은 10개 제품 중 1개 정도 불량이 있을 수 있어요. 간단한 수선이 필요한 경우가 있죠. 이럴 때는 예외 없이 철저하게 반품 진행을 도와드리거나 수선비용을 제가 따로 이체해 드려요. 그리고 해외 배송이기 때문에 기본적으로 배송 기간이 오래 걸리는데, 최근처럼 코로나19가 겹쳤을 때는 평소보다 더 늦어질 때가 있죠. 이때 저는 과감하게 제가 가져갈 수 있는 마진이 줄어들더라도 고객들에게 간단한 기프티콘 선물을 드리곤 합니다. 고객에 대한 죄송스러운 마음을 표현하는 제 방법이죠. 덕분에 재구매로 이어지는 경우가 많고, 고객들이 구매 리뷰도 잘 써 주셔서 리뷰 확보에도 도움이 되고 있어요. 자신이 고객의 입장일 때 어떻게 다가가는 것이 중요한지를 항상 떠올리면 될 것 같아요. 그래서 텍스트 리뷰나 포토 리뷰를 작성하는 분들에게는 적립금도 아낌없이 제공하고 있습니다. 따로 고가의 광고를 진행하는 것보다 이런 소소한 배려가 고객들에게 더 진심으로 다가갈 수 있는 방법인 것 같아요."

스마트스토어 운영을 앞둔 이들에게 조언해 주고 싶은 말이 있나요?

"일단 가벼운 마음으로 시작하셨으면 좋겠어요. 그리고 저처럼 스마트스토어 외에도 수익을 낼 수 있는 구조를 여러 개 만들었으면 합니다. 특히 쇼핑몰을 운영하게 되면 고객 응대를 어려워하는 사람이 많은데요. 이때 '아톡'과 같은 인터넷 전화 애플리케이션을 활용해 고객 상담을 진행하셨으면 해요. 본인 휴대폰 번호를 통해 상담을 할 경우에는 24시간 내내 스트레스를 받을 수도 있거든요. 전화 상담보다 '네이버 톡톡' 시스템을 활용해 상담을 유도하는 것도 좋은 방법 중 하나에요. 투잡으로 스마트스토어를 운영하시는 분들은 회사에서 바로바로 전화를 받을 수 없는 일이 많기 때문에, 스트레스를 덜 받으면서 고객에게 글로써 충분히 설명이 가능하죠. 본인에게 잘 맞는 시스템을 찾아서 즐거운 마음으로 스마트스토어를 꾸려 나가셨으면 합니다."

날짜	요일	시간대	결제			배송
			결제 금액	모바일비율 (결제 금액)	결제당 결제 금액	배송비
전체	전체	전체	6,822,500	80%	35,908	823,000
2020-03-31	화	21시	63,000	100%	31,500	9,000
2020-03-31	화	11시	0	0%	0	0
2020-03-31	화	14시	0	0%	0	0
2020-03-31	화	17시	0	0%	0	0
2020-03-30	월	12시	23,500	100%	23,500	3,000
2020-03-30	월	14시	40,500	0%	40,500	3,000
2020-03-30	월	15시	39,500	100%	39,500	3,000
2020-03-30	월	20시	10,500	0%	10,500	3,000
2020-03-29	일	19시	66,900	100%	33,450	6,000
2020-03-29	일	22시	27,000	100%	27,000	3,000
2020-03-28	토	10시	33,000	100%	33,000	6,000
2020-03-28	토	12시	28,900	100%	28,900	3,000
2020-03-28	토	14시	32,600	0%	32,600	6,000
2020-03-28	토	18시	30,500	100%	30,500	3,000
2020-03-28	토	20시	29,900	100%	29,900	3,000
2020-03-27	금	00시	34,300	100%	34,300	6,000
2020-03-27	금	14시	28,000	100%	28,000	3,000
2020-03-27	금	18시	33,600	100%	33,600	6,000
2020-03-26	목	17시	28,000	100%	28,000	3,000
2020-03-26	목	22시	31,500	100%	31,500	3,000

날짜	요일	시간대	결제			배송
			결제 금액	모바일비율 (결제 금액)	결제당 결제 금액	배송비
전체	전체	전체	4,088,900	89%	36,717	390,000
2020-04-30	목	20시	29,900	100%	29,900	3,000
2020-04-29	수	19시	31,500	100%	31,500	3,000
2020-04-29	수	04시	37,000	100%	37,000	3,000
2020-04-29	수	08시	31,500	100%	31,500	6,000
2020-04-27	월	17시	93,000	0%	93,000	3,000
2020-04-27	월	20시	29,800	100%	29,800	6,000
2020-04-26	일	16시	63,000	100%	63,000	3,000
2020-04-26	일	23시	30,500	100%	30,500	3,000
2020-04-25	토	19시	32,600	100%	32,600	6,000
2020-04-25	토	01시	23,500	100%	23,500	3,000
2020-04-25	토	21시	24,500	0%	24,500	3,000
2020-04-25	토	22시	33,600	100%	33,600	6,000
2020-04-24	금	22시	123,000	100%	41,000	12,000
2020-04-24	금	00시	119,300	100%	39,767	6,000
2020-04-24	금	18시	63,000	100%	63,000	6,000
2020-04-24	금	23시	29,500	100%	29,500	3,000
2020-04-24	금	03시	62,000	100%	62,000	3,000
2020-04-24	금	17시	0	0%	0	0
2020-04-23	목	15시	29,800	0%	29,800	6,000
2020-04-23	목	17시	30,000	100%	30,000	3,000

전업 블로거이자 스마트스토어 운영 6개월 차에 접어든 차상욱 셀러의 매출.
자신만의 노하우로 매달 안정적인 수익을 올리고 있다.

Check Point! 최은남 셀러가 분석한 성공 포인트 세 가지는?

첫째, 작은 목표에서 큰 목표로 높여 가기. 처음부터 무리하지 않고 순수익 50만 원, 100만 원 수준으로 단계를 조금씩 높여 가며 매출 목표를 설정해야 롱런할 수 있다.

둘째, 블로그 운영 경험을 스마트스토어에 적용. 블로거 경험을 살려 판매에 도움이 되는 키워드를 찾아 상세 페이지를 작성하고, 고객들에게 한 번이라도 더 상품을 노출시킴으로써 스마트스토어 상위에 오를 수 있었다.

셋째, 인터넷 전화 활용. 투잡을 주로 하는 직장인들이 오랜 기간 스마트스토어를 이어 나갈 수 있는 방법 중 하나다.

트렌드 분석과 벤치마킹으로 아이템을 선정하라

이준오 셀러

여성 의류는 물론 최근에는 아동 의류와 패션 잡화까지 다루기 시작한 이준오 셀러는 '파니사니'라는 이름의 스마트스토어를 6개월간 운영하며 얻은 직장 외 수입으로 소소한 재미를 느끼고 있다. 아이템 선정을 위해 하루 1시간 정도를 트렌드 분석과 벤치마킹 등에 꾸준히 투자할 뿐만 아니라, 지속적인 매출 향상을 위해 유튜브, 책, 강좌 등으로 쉴 새 없이 자기 계발에 매진하고 있다.

간략한 자기소개 부탁드립니다.

"평택에서 회사를 다니고 있는 10년 차 직장인 이준오라고 합니다. 현재 '파니사니'라는 스마트스토어를 6개월째 운영하고 있습니다."

'파니사니'라는 이름이 독특한데요. 무슨 뜻인가요?

"아내가 지어 준 이름인데, 큰 뜻은 없습니다.(웃음) '파니'는 저를 뜻하고, '사니'는 아내를 뜻하는데요. 일종의 애칭이라고 보셔도 좋을 것 같아요. 처음에는 저보다 섬세한 아내가 아이템을 선정하고, 판매는 제가 도맡아 진행했었는데요. 최근에는 제가 주력으로 일을 이어 나가고 있습니다. '파니사니'라는 이름이 독특해서인지 한 번 이름을 들으신 분들은 계속해서 저희를 기억해 주시더라고요."

직장 일과 병행하기 쉽지 않으셨을 텐데요. 스마트스토어를 선택한 이유가 궁금합니다.

"가끔씩 저희 회사 자체적으로 내부 사람들끼리 중고 물품을 거래하곤 하는데, 제가 판매하는 물품의 매출이 생각보다 좋았어요. 그때부터 본격적으로 판매 쪽으로 진로를 정해야겠다고 마음먹었고, 각종 쇼핑몰과 관련한 여러 책과 유튜브로 정보를 얻기 시작했죠. 처음에는 미국 아마존에 도전해 보고 싶었는데요. 생각보다 초기 비용이 많이 발생해서 고민이 되더라고요. 그때 마침 네이버 스마트스토어라는 것을 알게 됐습니다. 처음에는 스마트스토어에 대해 알기 위해서 유튜브를 많이 참고했는데, 동영상을 보는 것만으로는 부족하다는 느낌이 들었어요. 그때 '탈잉'이라는 곳을 알게 되었고, 최은남 셀러를 만나게 되면서 본격적으로 스마트스토어를 시작하게 됐죠."

"무작정 한번 시작해 보라고 말하고 싶어요. 일단 경험해 보면 답이 나올 것이라고 생각합니다."

스마트스토어의 장점과 단점이 있다면, 뭐라고 생각하세요?

"큰 욕심을 내지 않고 소소하게 용돈 벌이를 한다는 식으로 접근하면 장점이 많다고 생각합니다. 저 역시도 큰 욕심 없이 회사 일을 병행해 가며 스토어를 운영하다 보니, 매출로 따졌을 때는 최근 150만 원 정도를 확보할 수 있었어요. 사실 더 큰 금액을 목표로 하고 있긴 한데, 지금은 큰 욕심 없이 본업에 지장이 없을 정도로만 이어나가고 싶어요. 다만 앞으로의 방향성과 마케팅 구성 방식, 좋은 상품을 찾는 방법 등을 꾸준히 고민하고 있죠. 6월부터는 본래 주 아이템이었던 여성 의류 외에도 아동 의류와 패션 잡화를 시작했어요. 해외 구매 대행으로 아이들이 입을 의류를 구매해 달라는 처형의 부탁 덕분이었죠. 이를 기회로 타오바오에서 아동 의류를 구매해 판매하기 시작했어요. 젊은 엄마들의 수요가 많을 것이라고 판단했거든요. 그게 맞아떨어졌는지 현재는 기존에 판매하던 여성 의류보다 아동 의류 쪽 반응이 더 폭발적입니다."

아이템 선정은 어떻게 하시나요?

"벤치마킹을 많이 하고 있어요. 남들이 많이 판매하는 흔한 물건이 아니라, 재미있어 보이거나 독특한 상품을 찾아서 업로드하고 있죠. 덕분에 경쟁자가 많지 않은 편입니다."

스마트스토어에 투자하는 시간은 얼마나 되나요?

"아무리 바빠도 하루에 1시간 정도는 아이템 검색이나 벤치마킹을 하는 데 시간을 쓰고 있어요. 그 외에 아이템 업로드에도 꾸준

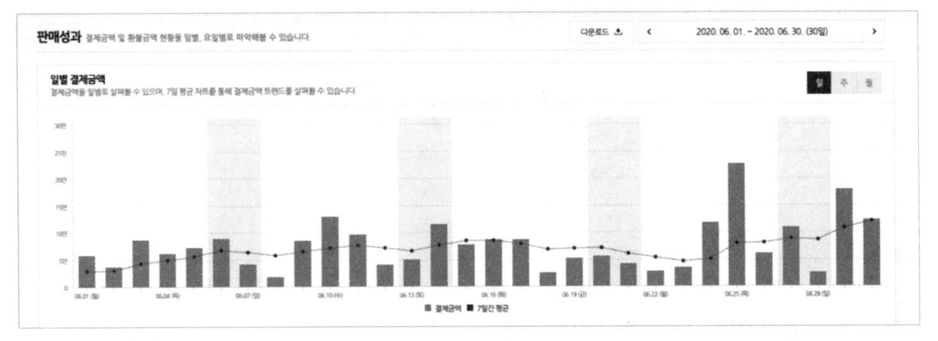

여성 의류를 시작으로 최근에는 아동 의류와 패션 잡화를 다루기 시작한 이준오 셀러는 매달 조금씩 향상된 매출을 기록하고 있다.

히 집중하고 있는데, 처음에는 손에 익숙하지 않아서 상세 페이지를 구성하고 올리는 데 많은 시간이 필요했어요. 하지만 이제는 10개 상품을 올리는 데 3시간 정도밖에 소요되지 않습니다. 익숙해지다 보니 금방금방 필요한 부분만 집중적으로 선별하는 능력이 생겼어요."

투잡 혹은 전업을 고려하는 예비 셀러들에게 조언해 줄 말이 있다면?

"많은 창업 유튜브에서 얘기하는 것처럼, '무작정 한번 시작해 보라'고 말하고 싶어요. 대부분 수업이나 관련 자료만 공부하고 도전하지 않는 사람들이 많은데, 일단 경험해 보면 답이 나올 것이라고 생각합니다. 처음엔 하얀 도화지처럼 아무것도 없던 내 스마트스토어가 하나씩 아이템이 늘어나며 풍성해지는 모습을 보면 신기하기도 하고, 굉장한 재미를 느낄 수 있어요. 많은 사람이 스마트스토어를 통해 제2의 용돈을 벌길 바랍니다."

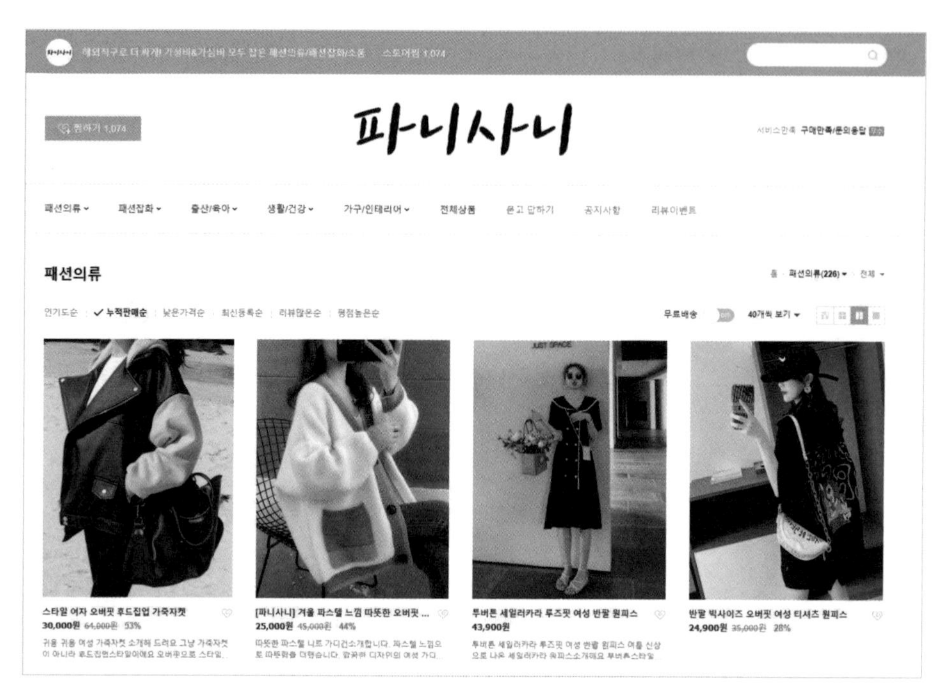

이준오 셀러가 운영하고 있는 스마트스토어 '파니사니'.

Check Point! 최은남 셀러가 분석한 성공 포인트 세 가지는?

첫째, 지인에게 얻은 정보를 바탕으로 아이템 선정. 지인의 반응을 통해 상품의 특성과 착용 후기 등 다양한 정보를 미리 파악할 수 있다.

둘째, 독특한 아이템으로 승부. 남들이 주로 판매하는 상품의 경우에는 최저가 경쟁을 할 수밖에 없지만, 남들이 잘 접근하지 않는 독특한 아이템은 내 쇼핑몰에서 효자템 역할을 한다.

셋째, 빠른 추진력이 성공 포인트. 고민은 시작만 늦출 뿐이다. 원하는 아이템을 찾아냈다면 경쟁자가 생기기 전에 발 빠른 행보로 스마트스토어를 구축해야 한다.

도전하는 20대, 아르바이트 대신 스마트스토어를 선택하다

양승빈 셀러

풋풋한 스무 살. 이제 막 고등학교를 졸업한 앳된 모습의 양승빈 셀러는 3개월 전부터 여성 의류를 주로 판매하는 스마트스토어 '양군 쇼핑몰'을 운영 중이다. 여러 아르바이트를 경험하고 정착한 스마트스토어는, 초기에 고정적인 매출을 보장받을 수 없다는 단점이 있었다. 하지만 다른 아르바이트에 비해 체력적으로 힘들지 않고 무엇보다 스트레스가 훨씬 덜하다는 장점이 있어 만족스러운 생활을 보내고 있다.

자기소개 및 본인의 스마트스토어에 대한 설명 부탁드립니다.

"스무 살, 양승빈이라고 합니다. 현재 스마트스토어를 전업으로 운영하고 있고, 스마트스토어를 시작한 지는 3개월 정도 됐습니다. 주로 여성 의류를 판매하고 있는데, 최근에는 캠핑용품도 판매하고 있어요. 제가 사업을 해본 경험이 없다 보니, 아무래도 진입 장벽이 낮고 아이템이 많은 여성 의류를 선택하게 됐는데요. 요새는 여름 계절에 맞춰 캠핑용품을 판매 중인데, 의외로 고객들의 반응이 좋은 편입니다. 처음에는 주 아이템이 여성 의류이다 보니, 뜬금없이 웬 캠핑용품을 판매하느냐는 편견이 생길까 두려웠어요. 그런데 상품을 업로드한지 1주일 만에 캠핑용품에서 매출이 발생했어요."

또래 친구들은 스마트스토어보다는 고정 수입이 보장된 일반 아르바이트를 더 선호하지 않나요?

"저 역시도 스마트스토어를 운영하기 전에는 아르바이트를 했었는데, 몸과 마음이 모두 힘들어 스트레스가 이만저만이 아니더라고요. 그러던 중, 내가 잘하는 것이 과연 무엇일까 고민하게 됐고, 평소에 네이버 블로그에 포스팅 하는 일을 좋아하던 게 생각났죠. 중고등학생 시절 게임 관련 포스팅을 했었는데, 재미있게 운영했거든요. 그렇게 블로그처럼 접근할 수 있는 판매 플랫폼을 찾아보다가 네이버 스마트스토어를 알게 됐습니다. 스마트스토어를 실제로 운영해보니, 아르바이트에 연연하던 때와는 달리 몸과 마음에 안정이 찾아오는 것이 느껴졌어요. 물론 생각 외로 처음부터 매출이 바로 발생하지 않아서 심적 스트레스는 있었지만요.(웃음)"

그동안 판매한 상품들이 하나하나 기억에 남을 것 같은데, 어떤가요?

"처음에는 알지 못했는데, 확실히 상세 페이지를 꾸미는데 많은 시간을 들인 상품들이 판매량도 좋더라고요. 귀여운 캐릭터가 그려진 아이들 장난감이나, 접이식 캠핑 의자도 예상 외로 반응이 좋았죠. 상세 페이지를 잘 꾸미기 위해서 간단한 포토샵도 익혔는데, 많은 도움이 됐어요. 상품 사진에 고객들이 궁금해할 만 한 문구를 넣어 시선을 끌었던 점이 매출 도움에 한몫했던 것 같습니다."

아이템 선정은 주로 어떻게 하고 있나요?

"타오바오 상품을 스마트스토어에 등록해서 판매하고 있는데요. 수

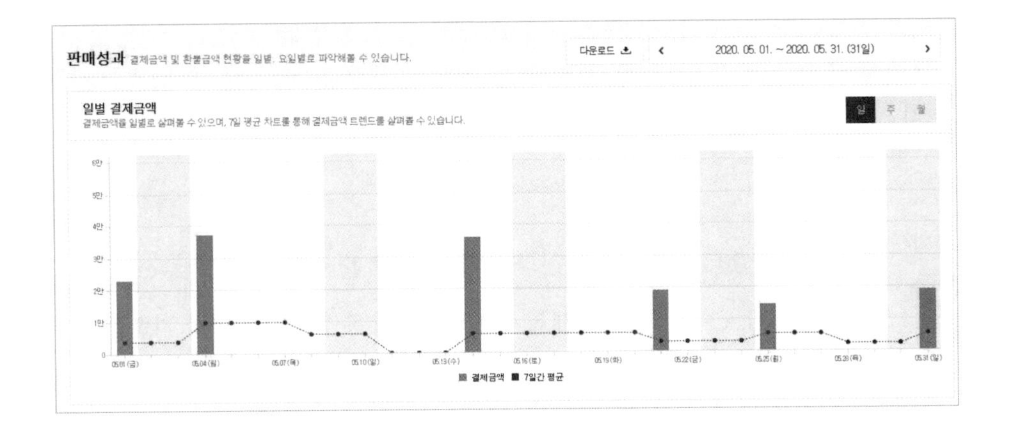

시작한 지 3개월밖에 되지 않았지만, 매출이 꾸준히 발생하고 있다.

시로 타오바오에 접속해 상품을 찾고, 고객들이 남긴 리뷰 중에서 구매 후기가 가장 좋은 상품들을 선정하고 있어요. 그리고 저 스스로 탐이 나는 상품들을 가져와서 판매하고 있습니다."

전업이라고 하셨는데, 하루에 투자하는 시간은 얼마나 되나요?

"아직 초보이다 보니, 하루에 평균 5~6시간은 사용하고 있어요. 상품을 찾고, 상세 페이지를 구성하고, 업로드를 하다 보면 많은 시간이 걸리더라고요. 평균 시간으로 따지면 꽤 많은 시간이 소요되는 셈인데, 그럼에도 불구하고 개인 사업이다 보니 많이 힘들지는 않습니다."

워낙 많은 스마트스토어가 존재하다 보니, 쇼핑몰을 알리는 방법도 중요할 것 같은데요. 별도로 홍보를 진행하고 있나요?

"얼마 전부터 유튜브를 시작했는데요. 지금은 브이로그(VLOG)를 올리는 소소한 공간이지만, 추후에는 스마트스토어 홍보에도 도움이 될 수 있는 장소로 키우고 싶습니다. 이 밖에도 인스타그램이나 다른 소셜 네트워크 서비스에서도 꾸준히 제 쇼핑몰을 홍보하기 위해 노력할 예정이에요."

스마트스토어, 주변 친구들에게 추천해 줄 만 한가요?

"초보자들도 쉽게 배울 수 있고, 판매 수수료도 비교적 저렴할뿐더러 정산도 빨라서 적극 추천해 주고 싶습니다. 시간적 여유가 없는 경우에는 초반에 조급함이 느껴질 수 있는데, 소소한 금액이라고 할지라도 자리만 잡힌다면 꾸준한 수익을 얻을 수 있는 장점이 있는 것 같아요. 그래서 처음 시작하시는 분들은 투잡의 개념으로 서서히 접근해 가면서 경험을 쌓길 바랍니다."

Check Point! 최은남 셀러가 분석한 성공 포인트 세 가지는?

첫째, 타오바오에서 아이템 선정 시 후기 스캔. 해외 구매자들의 후기(사진&동영상 리뷰)를 통한 간접 경험. 내가 직접 샘플을 구매하지 않아도 고객의 궁금증을 해소해 줄 수 있는 단서를 미리 공부해야 한다.

둘째, 유튜브 활용. 유튜브를 기점으로 인스타그램, 트위터 등 각종 소셜 네트워크 서비스를 통해 고객에게 쉽게 다가갈 수 있는 기회를 마련해야 한다.

셋째, 상세 페이지를 위한 투자. 포토샵을 활용하여 다른 판매자의 상품보다 디자인 면에서 눈에 띌 수 있는 차별화가 필요하다.

양승빈 셀러가 운영하고 있는 '양군쇼핑몰'은 여성 의류를 주로 판매하고 있다.

SMART STORE

당신의 위기를 예방하는 '주의 사항'

003

해외 배송의 단점에 대비하세요!

김인옥 셀러

15년 육아를 전담해 온 전업주부였던 김인옥 셀러. '인터넷 쇼핑몰을 1도 해본 적 없는 전업주부'라고 본인을 소개한 그녀는 우연한 계기로 '마이빈스'라는 스마트스토어의 오너가 됐다. 그러나 최근 코로나19 여파로 인해 해외 구매 대행에 차질이 생기자 매출에 어려움을 겪으며 새로운 돌파구를 찾고 있다. 인터넷 쇼핑몰을 잘 알지 못했던 그녀가 스마트스토어 오너가 되기까지의 스토리를 알아봤다.

스마트스토어를 운영하기 전에는 무슨 일을 하셨나요?

"15년이라는 긴 세월 동안 전업주부로서 아이들을 키우고 살림을 도맡아 해왔어요. 아이들이 성장한 후에는 재택 근무에 도전해 볼까 하는 찰나에 스마트스토어를 알게 됐고, 인터넷 쇼핑몰을 한 번도 해보지는 않았지만 과감하게 스마트스토어 세계에 발을 들였습니다."

어떤 스마트스토어를 운영 중이신가요?

"아동 의류를 주로 하고 있는데, 가방, 신발, 화장품으로까지 영역을 넓혔어요. 처음 스마트스토어를 시작할 때는 '인터넷 쇼핑몰은 해본 적도 없는데 대체 뭘 팔면 좋지?' 하고 고민하다가 '그래, 내가 주로 구매했던 제품을 팔아보자!'라고 결론을 냈죠. 그래서 보기에도 좋고, 아이템도 비교적 많은 여아용 의류를 다루기 시작했어요. 스마트스토어 운영 자체는 2019년 1월부터 시작했는데, 본격적으로 시작한 시기는 2019년 6월부터라고 할 수 있어요. 국내 제품과 해외 제품 모두 판매해 봤는데, 장단점이 있는 것 같습니다."

국내 제품과 해외 제품의 장단점이라고 한다면?

"해외 제품의 경우, 사실 판매자가 해당 제품에 대해 100% 숙지하고 판매하기가 어렵기 때문에 고객에게 질문이 들어왔을 때 바로바로 답변하기 힘든 점이 많아요. 다만 가성비가 좋고 물건이 다양하다 보니 아이템을 선정할 때 비교적 힘이 덜 들어가죠. 반면에 국내 제품은 판매자도 잘 알 수 있는 제품이 많기 때문에, 고객 응대가 훨씬 수월합니다. 대신 경쟁자가 많아서 마진이 너무 적다는 단점이 있어요."

인터넷 쇼핑몰을 잘 모르는 상태에서 시작하셨다면,
어려운 점이 많았을 것 같습니다. 어땠나요?

"스마트스토어에 처음 도전했을 때보다, 오히려 시간이 지날수록 어려운 점이 더 많아지더라고요. 여기저기서 정보를 얻기는 했지만, 내 것으로 바로 습득하기가 힘들었던 것 같아요. 운영 기간이 늘어날수록 양파를 까는 것처럼 계속해서 어려운 점이 발생했어요. 유튜브를 보거나, 네이버 카페, 블로그도 검색해 보고, 컨설팅도 받아 봤지만 해소되지 않는 무언가가 있었죠. 관련 모임 사람들에게 조언을 구했을 때는 되레 상처를 받기도 했습니다. 사람들이 같은 목적으로 모여 있는 공간에서도 은근한 선 긋기를 하고 있다는 것을 느낄 때가 많았는데요. 저와 같은 초보 셀러들이 너무 디테일한 부분까지 질문하면 대부분 경계를 하시더라고요. 어떤 분들은 처음에는 잘 상담해 주다가 어느 순간부터 본인이 이득을 취하기 위해 돌변하기도 했습니다. 그래서 지레 겁을 먹었던 것 같아요."

인터넷 쇼핑몰에 대한 경험이 전무한 상태로 시작하셨기 때문에,
예비 셀러들에게 도움이 될 만한 팁도 많이 아실 것 같은데요.
초보 셀러들을 위해 공개해 주실 수 있을까요?

"그렇지 않아도 스마트스토어를 오픈하고 나서 가장 많이 후회했던 부분이 '아, 조금만 더 알고 시작할 걸'이었어요. 간혹 스마트스토어 수업 중에서 '무작정 상품을 많이 올려야 한다'고 알려주는 곳들이 있는데, 어떠한 이유에서인지 정확히 짚어 주지 않는 경우가 많아서 아쉬움이 컸습니다. 그렇게 알려 주는 대로만 하다 보니, 매출이

바로 발생하지는 않더라고요. 단순히 상품을 많이 올리는 것만이 정답은 아니기 때문이었죠. 상품 개수만 많아져서 관리하기 힘들다는 단점은 알려 주는 사람이 없었어요. 그리고 초창기에는 24시간 동안 여기에만 매달려 있다 보니, 마음만 조급하고 오히려 매출은 쉽게 오르지 않았습니다. 그 후로는 오전 9시에 일을 시작해서 오후 5시 전에 마무리를 합니다."

김인옥 셀러가 운영 중인 스마트스토어 '마이빈스'. 아동 의류 외에 화장품, 가방, 신발 등도 판매하고 있다.

코로나19로 인해 매출에 타격이 있었나요?

"중국 타오바오를 통해 상품을 공수해 오다 보니, 코로나19로 인해 직격탄을 맞았어요. 배송 기간이 잘 지켜지지 않아 네이버 내에서도 점수가 계속 깎여서 스토어를 유지하는 데 어려움이 있었죠. 지금은 예전에 비해 중국 공장들도 정상화가 되어 가고 있어서 새로운 시작이라는 생각으로 다시 재정비할 계획입니다."

아이템 선정은 어떻게 하시나요?

"처음에는 무작정 많은 아이템을 올리는 데만 급급했었습니다. 하지만 요즘은 한 가지 테마를 정해 놓고 운영해 나가고 있어요. 최근에는 제가 좋아하는 '캠핑'을 주제로 아이템을 선정했죠. 마침 '감성 캠핑'이 인기를 얻어서 시기와도 잘 맞는다고 생각했습니다. 단순하고 평범한 캠핑을 다녀오는 것보다는 한 번 즐기더라도 멋스러운 아이템을 통해 보다 양질의 시간을 즐기는 거죠. 더 좋은 아이템을 발굴하고 싶고, 열심히 하고 싶어서 얼마 전부터 인스타그램이나 페이스북 수업도 듣고, 네이버 블로그도 시작했어요. 같은 상품이라도 키워드 검색에 따라서 판가름이 나기 때문에, 이런 것들도 공부하고 있습니다."

셀러들에게 실질적인 조언을 해준다면?

"해외 제품을 판매하는 셀러들이라면 재고 관리에 심혈을 기울여야 할 것 같아요. 저만 하더라도 1시간 전에 제 스마트스토어에 물건을 업로드하고 타오바오에 들어가서 주문을 하려고 보니, 품절이

된 경우도 있었습니다. 그리고 '다들 하니까 나도 도전해 봐야지'라는 막연한 생각보다는 천천히 온라인 쇼핑몰에 대한 정보를 수집하고, 여러 쇼핑몰의 흐름을 익히면서 자기 것으로 만든 다음에 도전했으면 합니다. 물건을 판매하는 자체에 재미를 느끼는 것도 중요한 것 같아요. 저만 해도 예전에 한 화장품 회사의 수분 크림 2,000개를 완판한 경험이 있는데, 더 잘하고 싶은 욕심이 들었죠. 이런 식으로 판매하는 일 자체에 재미를 붙이는 것도 좋을 것 같아요."

Check Point! 최은남 셀러가 제시하는 주의할 점 세 가지
'이것만 지키면 롱런할 수 있다'

첫째, 무작정 많은 수의 상품을 올리기보다는 테마에 맞는 아이템을 선정하자. 제품의 양보다는, 적은 수를 올리더라도 본인의 테마를 기준으로 선정한 아이템을 올려 스마트스토어의 정체성을 확립해야 한다.

둘째, 완판의 기쁨을 원동력으로 긍정적 마인드를 장착하자. 자신감 없이 판매를 하다 보면 포기하기 쉽다. 사소하더라도 성공의 경험을 바탕으로 동기를 부여한다면, 결국 매출은 올라가기 마련이다.

셋째, 후회를 기회로 바꾸자. 그동안의 경험을 바탕으로 어떤 시련이 와도 탄탄하게 다져진 기초를 통해 이겨낼 수 있는 자신감을 갖자.

배송 기간과 카피 제품에 유의하세요!

홍유진 셀러

연구 간호사로 일하고 있는 홍유진 셀러는 애견 의류와 소품 등을 판매하는 쇼핑몰 '도그홀릭'을 운영 중이다. 아직 오픈한 지 반년밖에 되지 않았지만, 첫 달부터 꾸준한 매출을 이어 왔으며, 매출이 높은 달은 400만 원 이상의 고수익을 얻기도 했다. 그러나 최근에는 코로나19의 여파로 정해진 배송 기간을 지키지 못해 네이버에서 페널티를 받아 계정이 영구 정지되는 아픔을 겪기도 했다. 여러 우여곡절 끝에 다시 출발점에 선 그녀를 만났다.

자기소개 부탁드립니다.

"원래 일반 간호사로 일하다, 최근 연구 간호사가 되어 근무를 시작한 홍유진이라고 합니다. 간호사 업무는 3교대가 기본인데, 연구 간호사로 이직을 하고 나니 시간적인 여유로움이 생겼어요. 대신에 연봉이 줄어 금전적인 면에서는 여유가 없는 상황이었죠. 그때부터 스마트스토어를 시작하게 됐습니다."

어떤 스마트스토어를 운영 중이신가요?

"애견 의류를 주로 다루고 있는데, 그 외에도 애견과 관련한 각종 용품을 판매 중에 있어요. 최근에는 여성 잠옷도 판매한 적이 있는데, 의외로 잠옷이 판매 1위를 차지했죠. 그래서 잠옷 관련 쇼핑몰도 함께 운영 중인데, 더 나아가 멀티숍으로의 확장도 생각하고 있습니다."

스마트스토어를 시작하기 위해 어떻게 준비하셨나요?

"각종 오프라인에서 진행하는 원데이 수업 등에 여러 번 참여했어요. 가볍게 진행하는 원데이 수업을 서너 번 정도 들었고, 3시간에 20만 원 정도 하는 강의도 들었죠. 아예 아무것도 몰랐을 때보다는 도움이 많이 됐던 것 같습니다."

최근 스마트스토어 계정이 영구 정지를 당했다가 다시 풀렸는데요. 어떤 사정이 있었나요?

"코로나19로 인해 배송이 지연되면서 네이버로부터 페널티를 받게 됐습니다. 아무래도 코로나19가 장기화 되면서 몇 번의 배송 지연이 발생했고, 불가피하게 제 스마트스토어가 영구 폐쇄됐어요. 다행히 관련 입증 자료를 통해 소명 신청을 했고, 지금은 다시 오픈했죠. 폐쇄가 됐을 때는 아예 제 스마트스토어에 접속할 수조차 없었는데, 정지가 풀리고 나니 언제 그랬냐는 듯이 그 자리에 그대로 자료가 남아 있더라고요. 갑작스러운 상황에 많이 힘들었지만 큰 고비는 넘긴 것 같습니다."

우여곡절을 겪으셨는데, 스마트스토어를 운영해 보니 어떠셨나요?

"초반에는 상품 올리는 것에 혈안이 돼서 일을 진행했었어요. 늦은 시간 지친 몸을 이끌고 퇴근한 후에도 근처 PC방으로 달려가 상품을 찾고 업로드를 할 정도로 열정을 다했죠. 그렇게 열정을 쏟았음에도 불구하고, 처음이라 손도 느리고 고객을 응대하는데도 요령이 없었던 것 같아요. 불필요한 요구는 거절할 줄도 알아야 했는데, 쉽

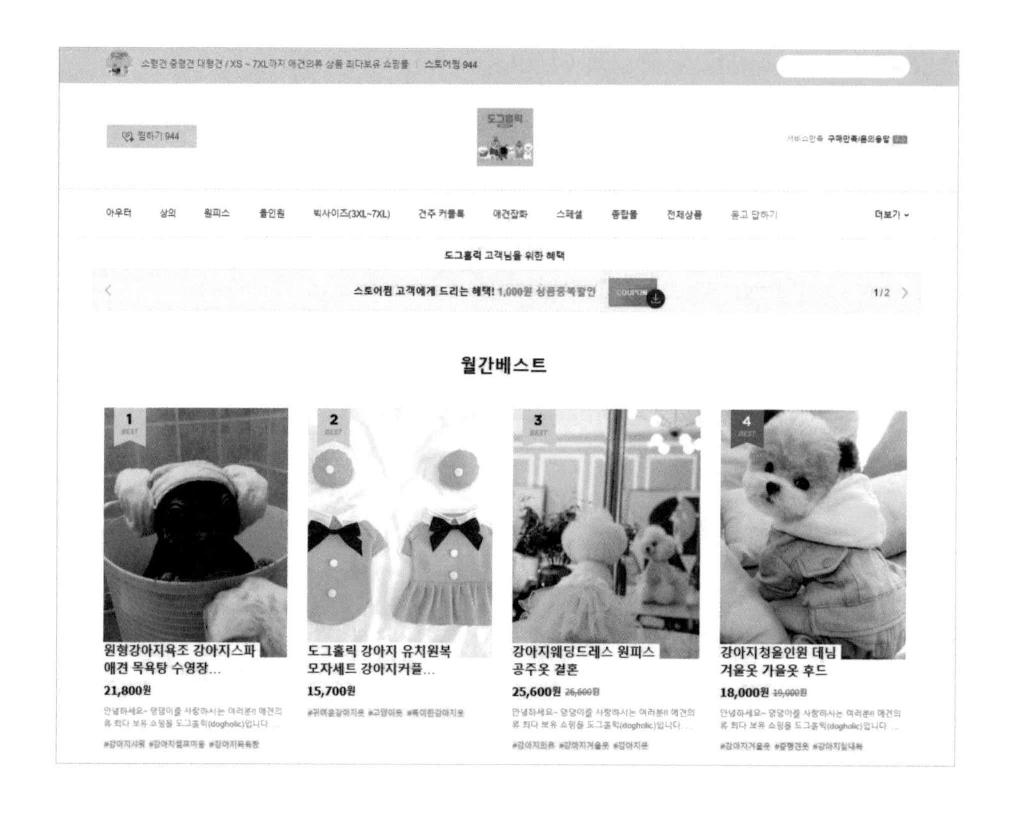

홍유진 셀러가 운영하는 '도그홀릭'. 애견 의류를 주로 판매한다.

지만은 않았죠. 심지어 어떤 고객이 배송에 대한 불만을 토로해서 하루라도 더 빨리 배송하기 위해 제가 다른 사이트에서 먼저 물건을 주문해서 받은 다음, 고객에게 전달할 정도였어요. 그래도 운영 첫 달부터 꾸준히 매출이 발생했고, 많을 때는 400만 원 가까이 나오기도 해서 금전적인 부분에서는 도움을 받은 것이 사실입니다."

첫 달부터 400만 원의 매출을 올리셨는데, 홍보는 어떻게 하셨나요?

"먼저 아이템 선정에 심혈을 기울였는데요. 저의 눈이 아닌, 소비자의 눈으로 봤을 때 귀엽거나 눈에 띄는 아이템이 있다면 주저 없이 선택했습니다. 그리고 운영 초반에는 인스타그램으로 홍보를 많이 진행했는데, 단순히 게시글을 올리는 데만 그치지 않았어요. 제 게시물을 남에게 알리는 데 도움이 되도록 '리그램(내가 올린 게시물을 다른 곳에 공유하는 일)' 이벤트를 진행했는데 매출에 좋은 영향을 끼쳤죠."

투자하는 시간도 많았을 것 같은데, 몇 시간을 투자하시나요?

"기존에는 하루에 5~6시간 정도 꾸준히 투자했던 것 같습니다. 상품을 워낙 많이 업데이트했었고, 익숙해지는 데 시간이 걸렸기 때문이에요. 하지만 체계가 잡힌 지금은 계절이 바뀌거나 시즌이 바뀔 때만 하루에 5~6시간 정도를 1주일가량 투자하고, 보통 때는 1~2시간 가볍게 운영하는 편입니다."

셀러들에게 조언해 주고 싶은 말씀이 있다면?

"먼저 타오바오의 특성을 잘 고민하고 접근했으면 합니다. 국내 제품에 비해 가격이 훨씬 저렴한 대신, 아이템을 잘못 고르거나 회사를 잘못 선택하면 상품을 팔기까지의 과정이 매우 험난할 수 있어요. 거기다 불량품으로 인해 스트레스를 받을 수도 있죠. 또한 가장 중요한 부분인데, 중국은 브랜드를 무단으로 사용한 카피 제품이 워낙 많아서 잘 확인한 후, 판매를 진행해야 합니다. 실수로 카피 제품을 등록할 경우에는 관련 업체와 법적 분쟁이 일어날 수 있기 때문이죠. 마지막으로 조급함을 갖지 않았으면 합니다. 아주 기초적인 지식은 공부하고 나서 스마트스토어에 접근했으면 좋겠고, 스마트스토어 도움말에도 하나하나 자세히 나와 있으니, 궁금한 사항이 있다면 먼저 그곳을 참고한 후 주변이나 네이버 측에 도움을 요청하시기 바랍니다."

Check Point! **최은남 저자가 제시하는 주의할 점 세 가지**
'이것만 지키면 롱런할 수 있다'

첫째, 코로나19 등 예측할 수 없는 상황에서의 배송 지연에 대처하기. 처음에는 점차 쌓여 가는 판매 페널티 점수로 인해 당황할 수 있으나, 소명 자료 제출 등을 통해 해결할 수 있기 때문에 차근히 알아보고 대처하면 된다.

둘째, 타오바오에서 제품 선정 시 믿음직한 판매자 선정하기. 불량률을 최소화할 수 있고, 고객의 만족도를 올릴 수 있는 지름길이다.

셋째, 퇴근 후 지친 몸을 혹사하는 방식은 금물. 평소에 마음에 드는 물건을 타오바오 장바구니에 틈틈이 담아 놓는 습관을 들이는 것이 좋다. 그렇게 하면 추후 상품을 등록할 때, 필요한 상품만 간추려 등록하면 되므로 시간을 절약할 수 있다.

오랜 고민 대신 추진력을 발휘하세요!

최미연 셀러

온라인, 오프라인을 통틀어 수많은 스마트스토어와 해외 구매 대행 강의가 존재하지만, 그 강의를 들은 모든 사람이 100% 스마트스토어 운영을 시작하는 것은 아니다. 무엇이든 실전이 중요한 법임에도 시간에 쫓겨서 혹은 용기가 나지 않아서 스마트스토어에 도전하지 못하는 사람이 많다. 그렇다면 최미연 셀러는 어떠한 연유로 아직 이곳의 문을 두드리지 못할 것일까? 그녀의 진솔한 이야기를 들어보았다.

자기소개를 부탁드립니다.

"인천에서 노루페인트를 취급하는 '마고도장'이라는 매장을 운영 중인 최미연이라고 합니다."

오프라인 매장 업무만으로도 바쁘실 텐데, 온라인 스마트스토어를 시작해 보겠다고 마음먹은 계기가 있었나요?

"우연한 계기를 통해 최은남 셀러가 운영하는 쇼핑몰 소모임 '욕망셀러'에 가입하게 됐어요. 그리고 이곳 사람들이 스마트스토어에 참여하는 것을 보며 저도 호기심에 스마트스토어를 운영해 봐야겠다는 생각을 했습니다. 특히 마음먹고 도전한다면 제2의 월급이 될 수도 있다는 점이 눈길을 끌었죠. 이후, 최은남 셀러에게 여러 번 강의를 들으며 스마트스토어 운영의 꿈을 키워 나갔어요."

스마트스토어 운영을 위해 어떤 준비를 하셨나요?

"관련 수업은 물론 유튜브도 많이 찾아봤어요. 그런데 하나에 집중하기 보다는 다방면으로 훑고 지나가는 정도였죠. 아무래도 본업에 집중하게 되고, 스마트스토어는 두 번째 일이라는 생각으로 쉽게 넘기다 보니 이해하지 못한 부분이 많았던 것 같아요."

어떤 쇼핑몰을 구상하셨나요?

"아무래도 페인트 관련 매장을 운영하다 보니, 페인트와 관련한 부자재들을 다루고 싶었습니다. 그리고 남편이 종합 집수리를 하다 보니, 다양한 공구에도 관심이 많았어요. 저희 부부가 직접 사용해 본 후 좋다고 느낀 자재와 공구들을 많은 사람에게 알리고 싶었죠. 최근 단독 주택에 대한 수요도 늘어나고, '내 집은 내가 수리해야지'라는 생각을 지닌 집주인들이 간단한 문제들은 직접 수리를 진행하는 경우가 많은데요. 이럴 때 대부분은 어떤 자재와 공구를 사용해야 하는지 궁금해 하거나 망설이더라고요. 그때 저희가 '묻고 답하기'를 통해 간단한 상담도 진행하고, 여러모로 도움도 드릴 수 있다는 생각에 스마트스토어를 운영하고 싶었어요."

그렇게 좋은 계획을 세우셨는데, 왜 아직까지 도전하지 않으셨나요?

"많은 사람의 핑계 중 하나인 정말 말 그대로 '시간이 없어서'예요. 매장 업무만 보는 것이 아니라, 남편을 따라 늘 현장에 나가 있다 보니 저녁이 되면 녹초가 되어서 집으로 돌아오는 경우가 많죠. 남편이 '마고종합집수리'라는 곳을 운영하고 있는데, 집수리부터 보일러

누수 검사, 각종 하자에 대한 보수, 목공 작업 등 모든 것을 다루고 있다 보니 잠잘 시간도 부족할 정도로 일하고 있거든요. 그래서 스마트스토어에 선불리 도전하기 힘들었고, 자신감도 부족했죠."

그중 가장 큰 장애물이 있다면요?

"아무래도 자신감 결여겠죠. 일반 오프라인에서 판매하는 것이 아니라, 온라인을 통해서 판매를 진행하다 보니 컴퓨터가 익숙하지 않은 저에게는 부담스럽게 느껴졌어요. 그리고 심리적인 압박감보다도 '과연 팔리긴 할까?'라는 의구심이 더 컸죠."

'이 고비만 넘기면 누구나 스마트스토어에 도전할 수 있다!'라고 생각하는 지점이 있을까요?

"저 역시도 이 마지막 단계에서 앞으로 나아가지 못하고 있는데요. 일단 판매가 될까 하는 의구심을 갖는 것보다는 먼저 상품을 등록해 보라고 말해 주고 싶습니다. 저 역시도 그렇게 해야 한다고 생각하고요. 무작정 상품 등록에만 열을 올려서는 안 되겠지만, 한두 개라도 업데이트를 하다 보면 정이 쌓이게 되고, 더 잘하고 싶은 욕심이 생길 것 같아요. 바쁘다는 핑계로 스마트스토어 개설조차 하지 않고 일종의 숙제처럼 마냥 미뤄 두기만 했었는데, 최근 스마트스토어 개설까지 성공했어요.(웃음) 앞으로 시간을 두고 하나하나 이뤄갈 예정입니다. 그러다 보면 다른 분들처럼 높은 매출을 올릴 수 있는 날도 오겠죠?"

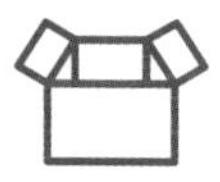

Check Point! **최은남 셀러가 제시하는 주의할 점 세 가지 '이것만 지키면 롱런할 수 있다'**

첫째, 시작이 반이라는 생각으로 도전하자. '과연 이게 될까?' 하는 의구심에 시작을 늦추지 말 것! 판매 여부를 떠나 일단 상품 하나라도 등록해 보자.

둘째, 컴퓨터가 익숙하지 않은 사람이라도 스마트스토어가 하나의 게임이라는 생각으로 도전하자. 스마트스토어가 단순히 일이라고 생각하면 부담스러울 수밖에 없다. 재미있는 게임에 도전한다는 느낌으로 한 발 한 발 나아가 보자.

셋째, 아이템 발굴 능력을 키우자. 본인의 직업과 연계된 아이템을 찾아내 스마트스토어에 등록하고, 보다 전문적인 응대로 고객 만족도를 높여 보자.

Epilogue

여정의 끝에서 여정의 시작을 떠올리며

나는 안정성을 중시하는 성격이다. 그래서 직장 생활을 선호했다. 일정 기간 이상 근무하면 경력이 쌓이고, 매달 정해진 월급을 받으며 사는 생활. 그렇게 '안정적인 삶'을 최우선으로 삼았던 나에게는 사업이 먼 나라 이야기처럼 느껴지곤 했다. 하지만 주변에서 회사를 그만두고 창업하는 친구들이 하나둘 늘어나면서 사업을 향한 내 시선은 달라졌다. 수많은 고충 속에서도 웃음을 잃지 않고, 성장할 미래의 자신을 기대하며 앞을 향해 나아가는 그들의 모습을 보며 생각이 바뀐 것이다.

이 책을 쓰면서, 무엇보다 예비 셀러들의 입장에 서기 위해 노력했다. 아직 스마트스토어를 시작하지 않았기에 어떤 것이 궁금한지, 혹은 어떤 점에서 불안을 느끼는지 분석하고 파악하려 애썼다. 어쩌면 그러한 부분이 이 책의 정체성일 수도 있다. 이 책은 전문가와 비전문가가 소통하며 만든 책이다. 그렇기에 나 같은 비전문가는 초보자만이 떠올릴 수 있는 질문을 던졌고, 최은남 셀러와 같은 전문가는 베테랑으로서 해줄 수 있는 답변을 건넸다. 그러한 질문과 답이 씨줄과 날줄로 얽혀 한 권의 책으로 탄생했다. 바라건대, 이 책이 독자 여러분의 마음에 순수한 질문과 노련한 해답이 담긴 책으로 여겨졌으면 한다.

한편으로는 이 책이 '누구나 쉽게' 편안한 마음으로 선택할 수 있는 책이라고 자신한다. 평생을 직장인으로 지낼 줄 알았던 한 사람이 '레고 팔찌'라는 작은 아이템을 기점으로 프리마켓에 참가하고, 스마트스토어의 오너, 인기 강사가 되기까지의 과정은 결코 특별한 사람들만의 이야기가 아니다. 우리는 도전하고자 하는 마음과 실천할 수 있는 의지만 있다면 누구나 할 수 있는 일에 대한 이야기를 들려주고자 했다. 사실, 스마트스토어의 존재 자체가 그러하다. 누구나 시작할 수 있는 열려 있는 마켓, 그것이 스마트스토어다.

몇 날 며칠을 고민하고 밤을 꼬박 새운 후에야 빛을 본 이 책이 보다 많은 사람의 책장에, 책상에, 가방 속에서 함께했으면 하는 바람이다. 이 책을 읽자마자 도전하지 않아도 좋다. 그저 마켓을 운영하는 자신의 모습을 그려볼 수 있게 하는 것만으로도 이 책에는 가치가 있다고 생각한다. 모든 여정의 시작은 여정 끝에 다다른 자신의 모습을 떠올리는 것에서 시작하지 않는가. 당신도 모르던 당신을 찾기를, 그리고 어느 날 문득 스마트스토어에 첫 아이템을 올리는 그 날이 오기를 진심으로 바라고 응원한다.

끝으로 이 책을 출판하는 데 도움을 주신 출판사 포북과 셀러픽 심성일 대표님, 최윤석 세무사님, 베타테스터로 참여해 책의 완성도를 높여 준 여러 예비 셀러분들에게 감사드린다. 또한 더 나은 문장과 내용을 고민하던 나에게 멋진 글 솜씨와 번뜩이는 아이디어로 해답을 준 남편에게 사랑한다는 말을 전한다.

2020년 8월

홍예지 씀

수업 너무 알차게 듣구왔습니다^^ 선생님께서 하나라도 더 알려주시려고 애써주셨고, 차근차근 설명해주셔서 좋았어요. 수업이 끝나고도 지속적으로 도움주시려고하는 부분과 소소한 배려해주심이 감동인 것 같습니다. 처음 접하는 분야이다보니 아직 시작이 어렵고 막막하기도하지만, 새로운 분야를 알게된 점도 좋았고, 신선한 열정도 느낄 수 있었던 점 만으로도 큰 수확이지 않았나 싶습니다. 저는 해보고싶다! 라는 막연한 생각으로 강의를 들으러갔는데, 저처럼 망설이시거나 막막했던 분들도 강의를 듣고나게되면 분명히 느끼는 바가 있으실거라 믿어 의심치 않습니다! 이제 시작인데 선생님께 전수받았던 노하우를 바탕으로 차근차근 시작해나아가보고싶네요. 다시한번 알차게 강의 이끌어주신 선생님 고생많으셨고 정말 든든합니다. 할수있다는 용기주셔서 감사해요 저만 열심히 따라가면 될듯! ^^

스마트스토어 입문자라서 어떤 강의가 적절할지,, 어떤 강의를 들어야할지 엄청 고민 많이 하고 고른 강의였는데 진짜 후회 1도 없는 강의 였어요!!!
이해하기 쉽게 설명도 잘해주셨지만, 꿀팁도 많이 받을 수 있어서 좋았구요~ 그리고 무엇보다 내가 할 수 있을까? 그런 고민을 많이 했는데 엄청난 용기를 주셔서 힘이 되는 그런 강의였어요~
3시간이라는 시간이 짧은 시간이 아닌데 간만에 엇? 벌써 3시간이 다 지났다고?? 할정도로 강의가 너무 재밌었고 중간중간 질문을 계속 드렸지만 한개도 안빼고 친절하게 설명을 잘해주신 것도 참 좋았어요~
저처럼 스마트 스토어 해봐? 말아? 라고 생각하시는 분이 계시다면 적극 추천 드려요!!!!

어디서부터 어떻게 시작해야할지 막막하신 분들
인터넷, 블로그 서칭해도 감이 잘 안오시는 분들
전반적인 프로세스를 압축해서 배우고 싶으신 분들
강추드립니다!

이론이 아닌 실무적인 부분을 배울 수 있어서 정말 도움이 많이 됐구요, 저는 수업 끝난 그날 스토어 개설해서 물건도 업로드 할 수 있었어요

할까말까, 과연 이게 될까 싶었는데 수업을 통해서 내딛기 힘든 한발은 내딛었어용!!
차분하게 친절하게 알려쥬셔서 진심으로 감사드립니다

항상 관심만 있고 시작이 두렵기만 했었는데 실행력과 자신감을 상승 시켜줘서 감사합니다~^^ 타오바오,배대지, 스마트스토어의 전반적인 이해를 돕고 자신만의 경험과 노하우를 이렇게 쉽게 알려줘도 되나 할정도로 너무 쉽고 바로 실행가능 하도록 알려주시네요~ 짧고 굵고 알찬강의로 부수익을 원하시는분들 고민하지 마시고 추천합니다^^

어제 막 강의들었던 사람으로서
아주 뜨끈뜨끈한(?) 후기 적어봅니다 ㅎㅎ
사실 예전에 호기심에 스토어팜이나 마케팅 등에 대해서
혼자 알아도 보고 기초 강의도 들어봤는데
정말.. 조금만 덜 친절하셨다면..? ㅎㅎㅎ
후기 안 적고 나만 알고싶은 그런 강의예요... ㅎㅎ
강의 듣는 동안은 이해되지만 막상 실천하려면
막히는 부분이 많아 아직 개설도 못하고 있었는데..
혹시나 또 반복될 까봐 걱정했었지만,
미리 문의드렸을 때도 너무 친절하게 & 메시지 몇 줄로도 신뢰감이 생길 만한 좋은 분이라는 확신이 들어서 바로 결정하고 들었네요. 결과는 아주 아주 대만족.

수업만 제대로 듣는다면, 누구든 할 수 있을 정도로 잘 알려주시고 한 명 한 명 이해될 때까지 계속 반복해주시는 모습에 더 감사했어요.
솔직히.. 알려주시는 분들은 많지만 직접 할 수 있게끔 하나하나 다 피드백해주는 분은 거의 없거든요.. ㅠ
근데 은남튜터님은 증말.. ㅋ
이렇게 그냥 다 떠먹여주려는 분이 있구나.. 싶어서
강의 듣는 내내 감동이었습니다.

평소 중국 시장에 대해서 알고만 있었지
중국 시장에 대한 신뢰도는 아무 이유없이 낮은 편이 있는데
이번에 튜터님 수업 듣고 제가 너무 중국을 과소평가하고 있었다는 생각이 들었어요! 게다가 튜터님께서 직접 본인의 계정을 보여주시면서 강의를 진행하셔서 이해하기도 쉬웠도 바로 실행 할 수 있는 자신감이 생겼어요!
정말 저만 알고 싶은 강의였어요!

구매대행 강의가 여러개라 뭘 들어야 할지
고민 되는 분들은 이 수업부터 들으면
좋을 것 같아요.
하나하나 모니터로 보면서 직간접적인 실습이 이루어지는 수업이라 따라가다보면 전반적 프로세스를
이해할 수 있었습니다.
좋은 멘토를 만난 것 같아서
들인 시간 노력 돈보다 더 큰 가치를 얻게 된 느낌입니다.
강추합니다^^

처음에는 반신반의하게 수업을 들었습니다
애로사항도 있었지만 정말 부업으로 돈을 더 벌어야지 라는 마음으로 최대한 집중해서 들었고 애로사항이 힘들지 않을만큼 정말 뜻깊은 강의라 생각이 듭니다!
강의료가 전혀 아깝지 않을정도의 강의였고 다른분들은 더이상 수강안했으면 좋겠다는 생각도 욕심내봅니다ㅎㅎ
정말 제2의 수익구조를 생각하시는분들에겐 정말 신세계가 될것이라 생각이드네요!

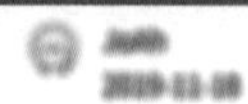

스마트스토어에 대한 기본적인 지식이 없었는데도 불구하고 처음부터 초보자가 따라가기 쉽게 설명해주셨습니다:-) 총 3파트로 나누어 소수정예로 수업이 진행되어 좋았고 집에 오자마자 바로 네이버 스마트 스토어 개설해서 물건 올리고 시작했습니다! 궁금한 점 있으면 계속 알려주시고 필요한 문구나 소소한 팁들 따로 자세히 알려주셔서 좋아요^^ 이 강의 강추드립니다^^

안녕하세요!수업을 듣고 올립니다!
현제 수많은 수업이 잇습니다!
진짜 원하는 수업을 들어야 만족을 하겠지요?
스마트 스토어 하고싶은데 방법으로는 모른다?거짓말 간다?
한번 속아 보시고 들어보시지요 !돈 누구는 아깝다 하겠지만
그만큼 원하는 답을 찾을수 있습니다!
현제 스마트 스토어 입점자들이 늘구있으며 언제까지 스마트스토어가 이대로 갈지 아무도 모르는단계일뿐더러
하루빨리 시작하는것을 강추 합니다!
답은 여기있습니다! 튜터 최은남 선생님 수업을 들으신다면
입문자부터 친절하게 말씀을 해주시며 궁금히신것부터
피드백을 해주세요 지금까지 몇까지 수업을 들은결과
이수업에서 속시원하게 윈하는 말들을 해주셔서 감사합니다!
다른 교육과수업을 들어보시면 중국 타오바오 아니면 알리바바 이마존 여기 까지 밖에 말들을 않해주세요 하지만
수업을 들으시면 구매하는 방법과 국내로 들오는과

늦게도착해 앞부분을 조금 못들었는데, 쉬는시간에 못들었던 내용에 대해서 간단히 알려주셨어요.
책이나 유튜브로 공부는 해봤지만 정확하게 잡히는게 없어서 오프라인으로 신청을 하게되었어요.
후기에 적혀있듯이 친절하게 하나하나 알려주셨고,
수강생들에게 계속 문의사항있는지 확인하시고 세세하게 알려주셨어요.
저와 비슷하게 스마트스토어에 대한 지식이 없으신분들에게는 어느정도 그림을 그리게 해주는 강의였습니다.

해보고 싶은데 시작을 어떻게 해야할지 모르시는분들 꼭 강추합니다~!
일단 시작할수 있게 길을 만들어 주십니다. 초보분들도 잘 따라할수 있게 하나하나디테일하게 잘 알려주십니다~!
수업후에도 모르는 부분에대해 물어보면 아낌없이 조언과 꿀팁도 알려주셔서 너무 든든합니다 !!
정말 저에게 유용한 시간 이었습니다 ~ !!
진짜 좋은 멘토님 덕분에 용기있게 하나하나 시도할수 있게 되었습니다
정말 감사합니다~~!

찬내용들 온라인쇼핑몰에대한 막연한도전이
만하면손해라는생각이들정도로 알찬강의였어요
거 100만원짜리강의아냐? 라고생각될정도로 아낌없는노하우를 알려주신 튜터님 너무감사드려요 거기다 친절하게 묻는질문들마다 성의있게 답해주시고 최고이십니다^^
다른데서헤메지마시고 쇼핑몰준비하고계시거나 하고계신분들도 꼭들어야하는 인생강의입니다^^
저희언니도 들어보라고 추천할생각이에요

최은남 튜터님께 우선 감사하다는 말씀을 드리고 싶습니다. 튜터님 덕분에 많은 것을 알게 되었습니다. 저 같은 경우 온라인/오프라인을 포함하여 여러 튜터님들의 강의를 들어 보았지만 이렇게까지 상세히 설명해주시는 분을 보지 못했습니다. 최은남 튜터님의 수업이 제일 좋은 점은 튜터님의 노하우를 아낌없이 전수해주시는 것이 제일 좋은점 이였습니다. 보통 강의를 수강하면 튜터님들이 어느 정도 까지 내용을 공개를 하지만 진짜 중요한 노하우를 자세히 수강생에게 가르쳐주지는 않습니다. 수강생에게 노하우를 전수하면 경쟁자가 늘어나게 되고 경쟁이 심해져서 결국에는 경쟁에서 도태되어지기 때문 입니다. 그러나 최은남 튜터님께서는 정말 튜터님의 알고 계시는 본인의 노하우를 정말 하나도 빠짐없이 전수를 해주시는게 수업내내 기억에 많이 남습니다. 또한 저 같은 경우 타지에서 오기 때문에 걱정이 많았는데, 그런 걱정을 날려주셨습니다. 보통 강의를 수강하게 되면 튜터 분들이 수업 내용을 쉽게 설명해준다고 하지만 실제 수업을 받는 입장에서는 쉬운 설명이 아닌 경우가 부지기수 입니다. 하지만 최은남 튜터님께서는 계속해서 수강생에게 이해되었는지 물어보고 이해가 되지 않으면 다시 설명해주시고 그리고 수업 내용 자체를 수강생에게 쉽게 전달도 해주시지만 더욱 좋은 점은 튜터님께서 수강생에

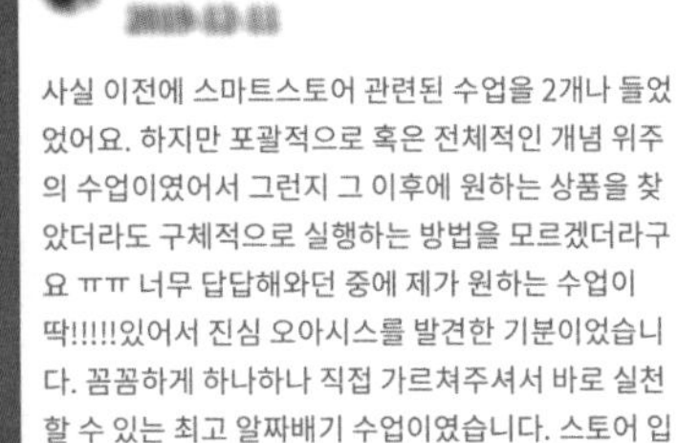

사실 이전에 스마트스토어 관련된 수업을 2개나 들었었어요. 하지만 포괄적으로 혹은 전체적인 개념 위주의 수업이였어서 그런지 그 이후에 원하는 상품을 찾았더라도 구체적으로 실행하는 방법을 모르겠더라구요 ㅠㅠ 너무 답답해와던 중에 제가 원하는 수업이 딱!!!!!있어서 진심 오아시스를 발견한 기분이었습니다. 꼼꼼하게 하나하나 직접 가르쳐주셔서 바로 실천할 수 있는 최고 알짜배기 수업이였습니다. 스토어 입문아시려는 분들은 다른 수업 들어봤자 아이템 고르고 어떻게 해야할지 막혀 유투브 또 따로 보거나 포기하기 일쑤니 이 수업듣는걸 추천드립니다.^^

아마 리뷰가 다 좋아서 의심하시는 분들도 있으시겠지만
진짜...이강의는 찐입니다.
저같은 초심자 분들 뿐만 아니라 스마트 스토어를 이미 오픈 하신 분들도 굉장히 도움이 될 내용들이 잔뜩 담겨있어요.
세시간에 걸쳐 차근이 설명해주며
수업이 끝나고도 질문을 다 받아주셔요 ㅠㅠ
저는 이강의 끝나고 지금막 타오바오 가입해서
소싱상품을 정했구요 누구든 도전할수 있게 해주는 그런 강의랍니다

상품소싱과 상위노출에 대해 알고 싶어서 강의신청 하였는데 비교적 단순한 방법으로 좋은 매출 발생하는것에 놀라웠습니다. 좋은 배송대행지도 알려주셔서 사용해 보려합니다. 다른 수업은 수강생을 결국은 경쟁자로 생각해서 자신의 정보 노출을 꺼리는데 모든 정보를 다 오픈하시고 수강생을 위해서 자료를 아낌없이 주시는 부분이 좋았습니다. 앞으로도 계속 질문하고 배우면서 발전하고 싶습니다. 감사합니다.

초분분들에겐 팩트폭탄입니다
의심제로!!! 온남쌤과의 만남이 인생의 한 획이될수있을지모릅니다
전 벌써 달라지고있으니까요 ·· 스마트스토어 관심이 있으시다면 수업들어보세요 ·· 의심따윈 버리시구요
~~^^쉬우면서두 가볍게~~
저처럼 손못대고있으신분들 진심 시작할수있게 도와쥬십니다
쌤 앞으로두마니도와쥬시겠지만 다 감사드려요
~~^^♡

수업 두 번 들은 학생이에요. 처음 수업도 너무너무 ×100 좋았는데
다시 한번 더 듣고싶어서 몰래 강의신청을 했습니다 ㅎㅎ
그때와도 다를게 없이 아낌없이 전달해주시려는게 보이셨고
노하우와 팁들을 다 알려주시더라구요.
이번엔 하나라도 놓치지 않으려고 귀를 쫑긋 세우고 들은 것 같아요!!
그래서 시간도 너무 빨리 지나간 것 같구요... 너무 짧게 느껴질 정도로..
예전엔 몰라서 질문을 많이 못했다면 이번엔 시작하면서 겪은
어려움들을 질문했는데, 먼저 물어봐주시고 너무 친절보스십니다...!!!!!
덕분에 쉽게 해결됐네요 ㅎㅎ 알바같으시겠지만.. 적으라고 강요받은것도 아니고 정말 개인적으로 적고싶어서 적은 리뷰입니다.. 하핫..
관심있으신 분이라면 수업 듣길 추천 드려요.
수업 들으신 분들은 아마 제말이 무슨 말인지 이해하실 거예요.
설명도 되게 쉽게 하셔서 이해하는 데도 문제없을 겁니다 bbbbb

다른 강의도 들었었는데 최은남 강사님 강의가 제일 와닿았던것 같아요. 쉽게 설명해주시고 용기도 북돋아주시구요! 시작해보는게 일단 중요한거 같아요. 강사님의 큰 포부와 비전에 놀라기도 했어요. 꼭 이루시길 바라겠습니다. 또 뵈면 좋겠네요!

지인이 들어보고 추천해줘서 수업을 듣게 되었는데요! 왜 추천을 해주셨는지 알겠습니다! 수업들어보니 이거다!!! 싶더라구요ㅎㅎA to Z까지 하나하나 자세히 알려주셨어요. 실전에서 익히신 모든 노하우들을 아낌없이 알려주셔서 너무 좋은 시간이었습니다! 수업후에도 피드백이 이루어질 수 있게 해주셔서 너무 좋아요! 많은 자료들도 나눠주셔서 정말 추천합니다!!!:-)

실제 투잡으로 판매 활동을 진행하고 계신 강사님의 타오바오를 통한 판매 노하우를 듣는 값진 시간이였습니다. 3시간 강의가 참 짧게 느껴졌지만, 사후관리라고 할까요. 앞으로 이루어지는 활동에 대해 하나하나 체크해 주고 도움을 주신다고 하니 감사할 따름입니다. 배웠던 내용 숙지해서 하루 빨리 진행해봐야겠네요. 유튜버 신사임당의 노하우 전파로 온라인 쇼핑몰 시장이 많이 바뀌었다는 말을 들었었는데, 나만 알고 싶은 강의인지라 강사님의 이 강의가 구매대행 시장 또한 바뀌게 할 듯 싶어 걱정됩니다...^^;

이 수업을 왜 이제 들었을까요 ㅠㅠ 너무 후회됩니다
예전에 다른 수업도 들어봤는데 막상 바로 시작하기에는 무리가 있는 내용이었거든요. 근데 이 수업에서 알려주는 방법은 진짜... 할 의지만 있다면 누구나 할 수 있는 방법이라서 정말 좋았습니다.
수업 듣고 집에 오자마자 스토어 이름 짓고 스토어 만들고 무슨 물건 팔아야 되나 한참 뒤적거리다가 새벽에 잠들었네요. 수업에서 유일하게 아쉬운 점은 스터디룸 시설이 너무 노후되고 좁아서 불편한 점이었어요. 근데 이러한 점도 강사님께 말씀 드렸으니 앞으로는 개선 될 거라고 믿습니다. 이제 막 걸음마 단계이니까 앞으로도 열심히 해보는 일만 남았네요. 아낌없이 꿀팁 전수 해주셔서 감사합니다! :-)

수업들으러 갈때 까지만 해도 제가 실제로 스마트스토어를 운영할 수 있을거라 생각지 않았어요. 그냥 세상에 이런거도 있구나 하는 정도로 신청한 수업이였는데 수업을 듣고 마음이 확! 바꼈습니다. 친절하고 쉽게 알려주시고 직접 하다가 모르시겠거든 연락달라고 하시는 말씀을 수업중에 몇번이나 해주셨어요. 감덩ㅠ 저는 어서 팔 물건 찾으러 가야겠네요. 망설이시는 분들 꼭한번 들어보세요!

장소에 구애받지 않고 돈을버는 방법을 찾다가 구매대행을 알게되었습니다. 유튜브로 공부하면서 혼자 해보려고 했지만 정말 막막하더라구요.그러다가 탈잉에서 구매대행 강의를 한다는걸 알게 되었고, 여러강의들 중에서 욕망셀러님 강의커리큘럼이 가장 실전과 비슷한거 같아서 신청을 했습니다.

역시나 강의를 들어보니 전부 실전에 맞춰진 강의였고 ,아무것도 모르는 초보자가 타오바오를 어떻게 활용하고 어떤 상품을 소싱하고 올려야 하는지 까지 다알려주셔서 모든 궁금증이 해소가 되었습니다.

오늘 수업 정말 꽉차게 잘 들었습니다! 정말 구매대행의 구자도 모르고 호기심 반 두려움 반으로 수업을 신청하게 되었어요! 언어적인 한계때문에 잘 접근하지 못했던 타오바오에 대해서 자세하고 쉽게 설명을 들으면서 괜찮다는 생각을 단번에 가지게 되어서 신기했어요. 또 저는 보통 직구에 대해서 생각했을 때 배대지에 대한 두려움이 있었는데 설명을 듣고 정말 쉬운 부분이구나 라고 생각했어요!! 당장 시작할 수있게 요점만 딱딱 말해주시고 수업 이후에도 언제든지 연락해서 질문해도 된다고 해주셔서 정말 든든했습니다!
수업 내내 흥미있는 분야나 궁금한점에 대해서 계속 물어봐주시고 답변도 친절하게 잘 해주셨어요!
당장 시작하고 싶으신분들에게는 최고의 수업입니다!
저도 당장 시작해볼려고 합니다!!

수원강의 참여하였습니다.
많은 정보 홍수 속에 지인 추천으로 듣게 되었는데,
역시 교육은 면대면 이란 걸 느꼈습니다.
저처럼 초보 눈높이에 맞추어 A부터 시작하는 강의라 쫓아가는데 부담없었고, 오히려 사전 교재가 없어서 수업하는데 더 집중할 수 있었던 것 같습니다.
또 수업 후 자료와 스토어 오픈 후에도 부담없이 질의응답을
할 수 있다는 점이 제일 좋았던 것 같습니다.
긴 시간 수고 많으셨어요, 걱정보다 기대를 갖고 조심스레
시작해볼 용기가 생겼습니다^^

1/21일 7시 수강생입니다!
처음에 올려놓으신 커리큘럼만 읽어보고 사전지식이 거의 없이 갔는데 기본부터 하나하나 너무 자세하게 설명해주셔서 이해가 쏙쏙 됐습니다. 어제 강의듣고 집으로 돌아가면서 바로 실천해 보고 싶은 생각이 확고하게 들더라구요^^ 이것저것 질문 많이 드리고 싶었는데 실제로 시작해봐야 필요한 부분 질문할 수 있을 것 같아서 아쉬웠는데, 언제든지 궁금한 부분은 알려주겠다고 하셔서 마음이 놓였습니다. 정말 많은 도움이 되니 강의 필요하신 분들은 걱정 놓으시고 강의 들어보시기 바랍니다. 수고하셨습니다!!

7/09 강의를 들었어요.
구매대행이 어려울것 같다고 생각을 했는데, 생각했던 것보다 구조가 단순하고 쉽게 접근할 수 있어서 놀랬어요.
튜터님께서 잘 설명을 해주시고 같이 따라해보면서 하니까 아주 이해가 잘 되어서 그런것 같아요.
처음 구매대행을 접하는 사람, 관심있는 사람들 한테는 아주 신세계라고 생각됩니다~^^

너무 친절하게 잘 알려주신 튜터님 감사합니다!

강사님이 너무 친절하고 수업 종료되고 케어도 정말 잘해주세요. 저는 몇년전에 잠깐 스토어팜 경력이 있었는데, 그럼에도 분명히 배울수 있는 점이 많은 강의였어요.

강사님 덕분에 바로 스토어를 개설했고 10일만에 주문 두 건이 들어왔습니다. 꾸준히 하다보면 분명히 좋은 결과를 얻을 수 있을거라는 생각이 들었어요. 평소에 후기는 잘 작성하지 않는 편이지만, 강사님께서 너무 잘 도와주셔서 감동의 후기를 남깁니다.

탈잉에서 처음 듣는 첫수업이었습니다! 사실 가볍게 강의들어보려고해서 수업료가 비싼것같기도해서 고민을 했었는데 수업을 들어보니 튜터님의 꿀팁과 자료들을 보고 전혀 아깝지 않았고 들을까말까 고민했던게 후회되었네요 ^^; 조기마감되었다는 얘길듣고 빨리 신청하길 잘했다는 생각을 했습니다 알아듣기 쉽게 차근차근 알려주셔서 너무 좋았습니다 중간중간 계속 궁금한거 물어보라고도 해주시고 저는 사실 아는게 없어서 알아듣기 쉬운 설명이 좋았고 질문을 마니 못한게 아쉽긴한데 수업후에도 자료도 주시고 소통을 해주신다고해서 더 믿음이가고 감사했습니다! 보내주신자료로 열공해야겠습니다 감사합니다^^*

21일 7시 수강생입니다.
처음 접하는 분야이기도 하고 저한테는 생소한 부분이라 그동안 생각만하고 주저 대다 오늘 처음 수업을 듣게 되었습니다. 제가 우려했던거는 아예 무지생태여서 어떻게 이해를 하고 다가가야 되는지 막막했지만 막상 수업을 들으니 그런 걱정들은 다 사라졌습니다. 처음부터 차근차근 필요한부분을 상세히 알려주셔서 많은 도움이 되었고 바로 해보고 싶은 마음까지 들었습니다. 이 교육이 끝이 아니고 차후 지도까지 해주신다고 하니 앞으로도 모르는부분이나 난해한 부분이 있어도 걱정 없을것 같습니다. 강사님 밥그릇까지 뺏기면 어쩔실려고 그러는지 모르겠지만 저도 한번 도전해보고 제가 그렸던 그림을 완성하려고 합니다. 수고하셨습니다.

이글을 보고계신 예비 수강자님들에게 솔직한 후기 겨드립니다.
(직장인이자 스마트스토어 상품도 올려보지 못한 초보셀러의 1:1코칭후기)

1. 타오바오 이용법에 대해 알게되었다. (왜 타오바오인지?)
2. 직장인 특성상 위탁, 구매대행이 필요하며 어떻게 이용해야하는지 등등 구체적이고 자세한설명 (자료있음)
3. 스마트스토어에 실전 상품등록 (직접 하나하나 설명해주시면서 상품등록까지 해주셨습니다.)(실제로 현재 상품등록되어있음)

제가 이 튜터님을 선택한 이유
- 저는 평소 물건하나를 사도 까다롭게 구매합니다. 상품가격에 대해 그만한 가치가 없다면 구매할 이유가 없다고 생각합니다.
- 현재 스마트스토어 붐이 일어났고 다양한 채널에서 다양한 분들이 광고를 하고있습니다.
- " 저는 지속적으로 커뮤니케이션하며 케어가능한 동반자가 필요했고, 수강 후 아주 만족하고 있습니다. "

온라인에도 스마트스토어 수업이 많이 떠있는걸 보았지만
엄청난 커리큘럼과 시간때문에 감히 엄두도 못냈었어요.
누구나 "내가 하는일 외에 수입이 낼만한 일이 없을까?"를 고민할까라고 생각합니다.

그렇다면 이 수업을 추천드랴요. 스마트 스토어에 대해 아무것도 모르는 사람도 들을 수 있을 많큼 유익한 정보들로 가득했습니다. 3시감 동안 하품하는 시간도 아깝다고 생각이 들 정도였어요.

돈을 벌려면 돈을 잘 버는 분을 따라다니리고 했는데 다음에 아마존 강의 하시면 또 찾이뵙겠습니다.~!!

스마트스토어 언제부터 해봐야지 하고 걸적대고 있었는데
오프라인에서 튜터님과 함께 상품 올리는 시뮬레이션도 해보고
필요한 사이트 정보도 얻고 하니까
시작함에 있어 훨씬 수월하고 하면서 문의사항도 물어볼 수 있는 튜터님이 있다는 자체로 든든합니다!
어제 수업 들었으니 이번 주말 통해 배운 대로 상품 올려봐야겠어요:)
수업 내용이 쉽고 명확해서 시도하는데 진입장벽이 낮게 느껴져요
수업의 가장 큰 장점이 아니었나 싶습니다:)
배대지와 이미지 번역하는 정보까지 전부 잘 겟 하였으니
열심히 활용해서 셀러 시작 외쳐봅니다! 좋은 수업 감사합니다^^!